体育非物质文化遗产的
反思与重建

武陵山实践

Reflection and Reconstruction
of Sports Intangible Cultural Heritage

Practice of Wuling Mountain

万义——**著**

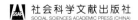

社会科学文献出版社
SOCIAL SCIENCES ACADEMIC PRESS (CHINA)

前　言

20 世纪 90 年代，年逾 80 岁的费孝通先生前往凉山彝族自治州进行田野调研活动。调研结束以后，费孝通先生发出"原始的贫困"的感慨。20多年后的今天，武陵山片区的民众并没有因为拥有"原始的、丰富的"体育非物质文化遗产而脱贫致富。因此，武陵山片区体育非物质文化遗产可持续发展问题不是单一因素催生的，而是经济贫困、人口迁移、社会分工、社会发育程度等综合作用的结果，必须准确认知文化生态环境恶化与社会经济发展滞后的深层次原因。武陵山片区体育非物质文化遗产与各个少数民族地区的地形条件、气候水文、生物分布等自然生态，人口问题、民族分布、宗教信仰、生活习俗等文化生态都存在紧密的内在联系，所以只有对武陵山片区体育非物质文化遗产的生存现状、结构特征、社会功能、生态保护等具体问题展开研究，建立动态、完整、和谐的文化生态系统，才能确保体育非物质文化遗产与人类社会、自然环境的和谐发展。

武陵山片区社会转型进程中体育非物质文化遗产存在如下文化生态问题：生态环境发生巨变，体育非物质文化遗产的生存环境弱化；生活方式发生巨变，群众轻视体育非物质文化遗产生活；政府服务、管理失衡，体育非物质文化遗产社会政策缺位；社会价值观念失衡，伪遗产影响体育非物质文化遗产发展。需要贯彻落实：制定体育非物质文化遗产发展战略，积极促进大众健身娱乐；依靠习近平新时代中国特色社会主义思想，指导体育非物质文化遗产建设；尊重体育非物质文化遗产发展规律，树立正确的体育非物质文化遗产保护观念；依靠政府主导力量，有效推动城乡体育非物质文化遗产的统筹发展；充分发挥群众的主体作用，激发体育非物质文化遗产建设活力等文化生态重建措施。

武陵山片区旅游经济进程中体育非物质文化遗产存在：体育非物质文化遗产旅游过度依赖官办模式，缺乏社会组织活力；体育非物质文化遗产旅游被赋予过多内涵，而且内涵偏离正确的价值轨道；体育非物质文化遗产旅游过度商业化，失去多样化生存空间；体育非物质文化遗产旅游传承方式单一，濒临失传等文化生态问题。需要贯彻落实：加强体育非物质文化遗产旅游经济功能嬗变的动力机制；改善体育非物质文化遗产旅游经济功能嬗变的外在形式；注重体育非物质文化遗产旅游经济功能嬗变的调节原理；完善体育非物质文化遗产旅游经济功能嬗变的组织保障等文化生态重建措施。

武陵山片区全民健身进程中体育非物质文化遗产存在：体育非物质文化遗产产业化程度偏低，与现代社会发展脱轨；少数民族群众生活方式的转变，使具有农耕文化特征的体育非物质文化遗产发展举步维艰；政府相关部门对体育非物质文化遗产保护的重视程度不够，群众参与体育非物质文化遗产活动的兴致不高；现代体育的冲击和影响，使体育非物质文化遗产代际传承受阻等文化生态问题。需要贯彻落实：政府相关部门提高认识，加强对体育非物质文化遗产健身的宣传；依靠民间体育协会，丰富体育非物质文化遗产健身活动；依靠基层文化体育站，发挥社会体育指导员的工作积极性；以"亿万农民健身活动"为中心，推动体育非物质文化遗产发展；以体育非物质文化遗产节日为契机，扩大体育非物质文化遗产的影响力；打造体育非物质文化遗产品牌，精心培育体育非物质文化遗产项目等文化生态重建措施。

武陵山片区文化建设进程中体育非物质文化遗产存在：体育非物质文化遗产保护机制需要进一步完善，体育非物质文化遗产法规建设跟不上时代步伐，体育非物质文化遗产保护思想淡漠，体育非物质文化遗产保护理论研究和政策研究还相对滞后等文化生态问题。需要贯彻落实：对体育非物质文化遗产加强守护和创新；广泛宣传，加强交流，丰富体育非物质文化遗产活动；加强对体育非物质文化遗产各种资料的收集、整理和管理；开展体育非物质文化遗产的教育、推广和复兴工作等文化生态重建措施。

目　录

理论篇

个案篇

理 论 篇

第一章　武陵山片区体育非物质文化遗产研究的意义

第一节　武陵山片区体育非遗的文化生态问题

体育非物质文化遗产是人类民间社会的精神生活和物质生活中经文化传承形成的相对稳定的风俗习尚，它与人类进程相伴始终，在人类史和民族史上展示了社会文明发展演化过程。政府历来重视民间体育非物质文化遗产活动的传承与保护工作。1987年，中共中央、国务院批转的《〈关于民族工作几个重要问题的报告〉的通知》中明确指出："在精神文明建设中，既要尊重和发展一切优秀健康的文化、习俗和丰富多彩的民族形式。"2005年，《国务院关于加强文化遗产保护的通知》中将"民俗活动和礼仪与节庆"界定为非物质文化遗产的重要组成部分，并于2006年将龙舞、狮舞、湘西土家族摆手舞与毛古斯舞、锅庄舞、苗族芦笙舞、朝鲜族跳板与秋千、达斡尔族传统曲棍球竞技、蒙古族搏克等项目列入第一批国家级非物质文化遗产名录。体育非物质文化遗产的传播，不仅在于运动项目的推广，更重要的是民族文化的传承、交流与弘扬，所以体育非物质文化遗产所体现的不仅仅只是运动项目，它还携带了一个民族深厚的文化积累，是具有民族特色的社会主义文化中的一个重要组成部分。在全球化趋势加剧的宏观背景下，对武陵山片区体育非物质文化遗产文化生态进行实地考察并进行深入研究，更凸显出时代性和紧迫感。

武陵山片区地域辽阔，区域内有2500多万人口，涵盖渝、鄂、湘、黔

4省市边区40多个区、市、县，世居有土家族、苗族、侗族、白族等少数民族，有着丰富的非物质文化遗产资源，是一个比较独特的老、少、边、山、穷地区。武陵山片区体育非物质文化遗产项目覆盖湖南、重庆、贵州、湖北4省市交界的"老、少、边、山、穷"40余县市。据不完全统计，我国第一批至第三批国家级非物质文化遗产代表性项目共计1219项（含扩展项目名录），仅武陵山片区就达到68项（占5.6%），涉及少数民族（土家族、苗族、侗族、瑶族、仡佬族、白族）的有45项，① 以及143项省级少数民族非物质文化遗产项目。② 但是，这些历经岁月洗礼的宝贵遗产如今却面临着生存环境遭受冲击，保护工作认识不足、管理不到位，保护机制不完善、法律法规缺位，文化传承人未得到应有的社会承认，缺少管理人员和研究队伍，保护财力支持不足等诸多问题。这些问题归根结底是体育非物质文化遗产"自然-人类（体育）-社会"的文化生态失衡问题，必须从文化生态学的视角、方法、理论和实践入手去解决。所以，本项研究针对体育非物质文化遗产的文化建设这一特定文化现象，运用科学发展观的相关理论与方法，从以人为本的民生视角，对武陵山片区体育非物质文化遗产的文化生态现状、传承机制、社会功能、存在价值等具体问题展开研究，充分体现出体育非物质文化遗产文化变迁与转型的时代特征和需求，有利于丰富体育学学科内容和学科体系，具体表现在如下几个方面。

（1）进一步充实和完善体育学理论和实践体系。本项研究拟构建武陵山片区体育非物质文化遗产文化生态体系，将文化生态理论与发展人类学理论相结合，通过生态系统诊断和社会评估方法，将基础理论拓展到应用实践中，凸显本项研究成果的社会效益和经济效益。

（2）"文化生态理论"首次引入对体育非遗的研究。本项研究将对武陵山片区体育非物质文化遗产的文化生态结构、文化生态变迁、生态系统诊断、生态系统评估、生态补偿机制等展开理论和实践的系统探索。

---

① 孙志国、钟儒刚、刘之杨：《武陵山片区非物质文化遗产的保护与文化产业发展》，《江西农业学报》2012年第10期，第160~165页。
② 孙志国、钟儒刚、刘之杨：《武陵山片区少数民族非物质文化遗产的保护与传承》，《重庆与世界》2012年第9期，第10~15页。

（3）建立体育非遗的生态保护模式与机制。本项研究提倡"必须从政府扶持繁育的单一发展取向，走向政府补偿、市场补偿的综合干预取向"，使多元化的文化生态模式和机制与体育传承、文化繁荣、经济发展、群众需求等紧密结合在一起，满足武陵山片区体育非物质文化遗产"源于民众、服务民众"的发展理念。

（4）立足于体育非物质文化遗产发展的持续性。本项研究着眼于武陵山片区体育非物质文化遗产在自然生态和人文生态中的适应性，运用生态诊断、生态评估、生态修复和生态重建等基础理论和方法体系，解决武陵山片区体育非物质文化遗产发展的生态化、可持续困境。

（5）服务于武陵山片区地方性知识应用与实践。本项研究注重武陵山片区地方性知识的特定价值和存在意义，综合运用参与式社会评估与生态系统综合诊断等方法，探索适应武陵山片区体育非物质文化遗产保护、全民健身体系构建、社区居民健康促进、区域文化竞争力等协同发展的实践。

（6）有利于武陵山片区国家扶贫战略的推动和实施。本项研究将全民健身工程、社区居民健康促进与体育非物质文化遗产保护有效融合，有利于促进体育非物质文化遗产保护和区域文化竞争力等发展，增强地方性知识的特定价值和存在意义，有利于国家扶贫战略的推动和实施，从而对促进武陵山片区民族团结，维护社会稳定，具有战略性意义。

第二节 体育非物质文化遗产研究回顾和发展趋势

一 体育非物质文化遗产研究的四个阶段

1. 1949～1979 年，民族识别和文化普查阶段

新中国成立初始，党和国家举全国之力，开展了规模宏大、史无前例的民族识别与认定工作。民族识别与认定工作按时间基本可以划分为三个阶段：1950～1954 年，确认了 38 个少数民族；1954 年至 1978 年底，确认了 16 个少数民族；1979 年，确认了基诺族为单一的少数民族。民族识别

是史无前例、规模空前的民族工作，也是一次涉及学科最广、专家最多、历时最长的集体性研究工作，"20 世纪中国人类学界、民族学界、民俗学界的名家，以及大批普通学者、民族工作者都为此做出了杰出的贡献"。① 比如，潘光旦对"土家白虎崇拜仪式变迁进行了深入剖析，为土家确定为单一民族做出了不可磨灭的贡献"；② 傅乐焕描述了"达斡尔族妇女喜跳'罕伯舞'、青年人喜打'抱考球'，大型集会有赛马、比箭、摔跤等游戏"；③ 杨成志对"苗族摇马郎游戏、傣族泼水节、彝族锅庄舞、壮族铜鼓舞等进行了描述"；④ 杨堃对"洱海及其周边地区的白族'火把节'和'绕三灵'习俗展开调查分析"；⑤ 梁钊韬对"佤族宗教祭祀活动中的'拉木鼓'和'剽牛'等展开了调研考察"；⑥ 宝音套克图认为"蒙古族安代舞被誉为'中国蒙古族第一舞'，是古代踏歌顿足、连臂而舞、绕树而舞等集体舞形式的演变和发展"；⑦ 尔东对彝族建水花灯，⑧ 陈雨帆等对彝族花灯、摸黑，⑨ 常任霞对傣族泼水习俗、泼寒胡舞的形式、风情、内涵等进行了解读。⑩ 20 世纪 50 年代的民族识别与认定工作，推动了体育非物质文化遗产研究优秀成果的集中涌现，也培养出一大批体育非物质文化遗产研究的先驱者，奠定了体育非物质文化遗产研究的理论和实践基础。20 世纪 60 年代，受多种因素的影响，体育非物质文化遗产活动被强行压制、割裂，体育非物质文化遗产研究几乎停滞。

2. 1980～2002 年，先行试点和抢救濒危阶段

1980 年，中共中央发布《关于认真学习贯彻第四次全国文代会精神的通知》，明确了新时期的文艺工作任务，成为我国当代文化政策史上的一

① 国家民族事务委员会研究室：《新中国民族工作十讲》，民族出版社，2006，第 65～79 页。
② 潘光旦：《潘光旦民族研究文集》，民族出版社，1995，第 160～330 页。
③ 傅乐焕：《关于达斡尔的民族成份和识别问题》，载中央民族学院研究部《中国民族问题研究集刊》（第 1 辑），中央民族学院出版社，1955，第 1～32 页。
④ 杨成志：《杨成志人类学民族学文集》，民族出版社，2003，第 391～423 页。
⑤ 杨堃：《杨堃民族研究文集》，民族出版社，1991，第 242～255 页。
⑥ 梁钊韬：《梁钊韬人类学民族学研究文集》，民族出版社，1994。
⑦ 宝音套克图：《蒙古族民间歌舞"安代"》，《内蒙古日报》1962 年 1 月 26 日。
⑧ 尔东：《富有彝族风味的建水花灯》，《云南日报》1962 年 1 月 25 日。
⑨ 陈雨帆、涂花脸、祝丰年：《倮罗族春节习俗见闻》，《广西日报》1962 年 2 月 17 日。
⑩ 常任霞：《泼水节与泼寒胡舞》，《光明日报》1962 年 1 月 27 日。

个转折点，① 推动了非物质文化遗产保护的先行试点和抢救濒危工作。
1983 年 9 月，全国艺术科学规划座谈会在长沙召开，旨在抢救、保护民族
民间文化遗产，文化部、国家民委先后与中国音乐家协会、中国舞蹈家协
会、中国戏剧家协会、中国民间文艺家协会、中国曲艺家协会等联合开展
了十部《中国民族民间文艺集成志书》的编纂工作，"它是对中国民族民
间无形文艺资源进行系统抢救和全面整理的一次最壮观的系统工程"。② 体
育非物质文化遗产具有民间音乐、民间舞蹈、民间戏曲、民间故事、民间
曲艺等多种复合要素，也受到国内学者普遍关注。比如，容观夐认为"贵
州清水江流域的苗族'龙船节'，与屈原投水自尽的故事无关，而是古代
越族的习俗"。③ 施联朱对"台湾高山族与广西壮族'春堂舞'等习俗的
对比分析，认为高山族是中国古越人的一个分支"。④ 莫俊卿认为"侗族撒
妈、撒堂崇拜中'哆耶舞'及其'斗牛'竞赛，有祈福消灾、保村安寨、
风调雨顺、五谷丰登的社会功能"。⑤ 李竹青对"壮族的'歌圩'、苗族的
'游方'、侗族的'抢花炮'、布朗族的'赶表'、傣族的'开门节'、仡佬
族的'走坡'、景颇族的'目脑纵歌'等习俗的社交性进行了研究"。⑥
1995 年，在中国体育博物馆、国家体育文史委员会的统筹策划之下，各
省、自治区、直辖市体育委员会以及地方志编纂委员会共同努力开展了针
对全国体育非物质文化遗产的抢救、挖掘、编目、整理工作，编辑出版了
《中华民族传统体育志》这个划时代作品，体育非物质文化遗产研究开始
立足现实、放眼未来。⑦ 1998 年，全国人大教科文卫委员会召开了"民族民
间文化保护法"立法座谈会和国际研讨会，并于 2002 年形成了《中华人民共

① 邢娟：《公共文化服务的政策法规分析》，《现代经济信息》2014 年第 11 期，第 392、395 页。
② 朱飞跃：《追寻历史的风——十部文艺集成志书编纂纪事》，《文化月刊》2004 年第 3 期，第 10～18 页。
③ 容观夐：《容观夐人类学民族学文集》，民族出版社，2003，第 124～129 页。
④ 施联朱：《施联朱民族研究文集》，民族出版社，2003，第 166～175 页。
⑤ 莫俊卿：《母系氏族社会对女性崇拜的典型范例》，载中央民族学院民族研究所《民族学论文选（1951～1983）》，中央民族学院出版社，1986，第 148～158 页。
⑥ 李竹青：《谈谈少数民族节日的特点》，《中国民族》1983 年第 7 期，第 38～39 页。
⑦ 闻史：《全国体育文史工作会议暨论文报告会在兰州举行》，《体育科学》1999 年第 6 期，第 98 页。

和国民族民间传统文化保护法（草案）》，① 非物质文化遗产保护的工作重心由先行试点、抢救濒危向全面展开、重点保护转变。

3. 2003～2010 年，全面展开和重点保护阶段

2003 年 11 月，全国人大教科文卫委员会通过了《中华人民共和国民族民间传统文化保护法（草案）》，"在全国范围内实施中国民族民间文化保护工程"。② 2005 年，国务院在原有的民族民间文化保护工程基础上出台了《非物质文化遗产保护工作部际联席会议制度》，构建了由文化部、发展改革委、教育部等中央部委统筹协作的部际联席会议制度。自此，我国的非物质文化遗产保护工作沿着两条路径展开：一方面，在《关于开展非物质文化遗产普查工作的通知》③ 指导下，对全国范围内的非物质文化遗产进行普查建档；另一方面，在文化部《关于申报第一批国家级非物质文化遗产代表作的通知》指导下，对非物质文化遗产代表作进行重点保护。④ 与此同时，体育领域的专家学者也围绕这两项基础工作展开了积极的讨论。比如，倪依克等认为传统体育文化遗产的保护与传承"应结合民族传统体育文化自身的特点，在发展中体现原真、生态和多样性"。⑤ 虞定海等认为"太极拳应作为一个包含各式流派的整体'申遗'项目，并抓住联合国'申遗'制度改革的有利时机，建立长效机制，完善准备材料，健全申报机构，为成功申报奠定良好基础，并提出'申遗'的具体步骤与方案"。⑥ 尹碧昌等从"国家文化安全、非物质文化遗产保护、武术文化产业发展与武术文化传播等层面论证了武术文化发展

---

① 臧小丽：《〈民族民间传统文化保护法（草案）〉的特点及立法建议》，《湖北民族学院学报》（哲学社会科学版）2004 年第 5 期，第 21～26 页。

② 中华人民共和国文化部、财政部：《关于实施中国民族民间文化保护工程的通知》，http://www.ihchina.cn，2004 年 4 月 8 日。

③ 中华人民共和国文化部办公厅：《关于开展非物质文化遗产普查工作的通知》，http://www.ihchina.cn，2005 年 6 月 9 日。

④ 中华人民共和国文化部：《关于申报第一批国家级非物质文化遗产代表作的通知》，http://www.ihchina.cn，2005 年 6 月 30 日。

⑤ 倪依克、胡小明：《论民族传统体育文化遗产保护》，《体育科学》2006 年第 8 期，第 66～70 页。

⑥ 虞定海、牛爱军：《太极拳申报"人类非物质文化遗产代表作"的研究》，《上海体育学院学报》2008 年第 6 期，第 63～65、73 页。

与文化政策结合的必要性"。① 王岗等认为"在保护我国民间传统武术的进程中,国家和民间武术传承人双方各自应承担的责任和义务"。② 我国优秀的体育非物质文化遗产作为世界文化多样性的重要组成部分,在非物质文化遗产全面普查、重点保护两项基础性研究工作的拉动之下掀起了体育非物质文化遗产的普查、整理、申遗、保护等研究热潮。

4. 2011～2020 年,补充完善和健全机制阶段

2011 年 2 月,《中华人民共和国非物质文化遗产保护法》颁布,"标志着我国对非物质文化遗产的保存和保护进入了有法可依的历史时期"。③《中华人民共和国非物质文化遗产保护法》对于推动体育非物质文化遗产发展有三个方面的划时代意义。首先,"传统体育和游艺"得到了法律范畴的确认和保障,破坏"传统体育和游艺"文化表现形式以及相关实物和场所的行为都必须受到相应的法律制裁。其次,树立了"以人为本"的保护核心理念。非物质文化是依靠传承人口传心授的活态形式传承下来的,一般不以固化的形式存在,具有典型的流动性和发展性特征,所以非物质文化遗产保护工作的核心是"人"的保护和发展。相对于以前民族民间保护工程注重项目的挖掘与整理而言,《中华人民共和国非物质文化遗产保护法》重点强调了尊重非物质文化遗产传承人和当地居民的意愿,非物质文化遗产的传承、传播活动也因此有了法律的保障。最后,确立了保护与发展并重的工作策略。《中华人民共和国非物质文化遗产保护法》第三十七条规定,"合理利用非物质文化遗产代表性项目开发具有地方、民族特色和市场潜力的文化产品和文化服务"。非物质文化遗产不仅仅作为存储历史信息的文化遗存,也应该作为文化服务产品来丰富人民群众的物质、精神文化生活。因此,国内有学者提出了非物质文化遗产与"体育旅游融合"④ "学校

① 尹碧昌、彭鹏、郑锋:《文化政策视野下中国武术文化发展研究》,《中国体育科技》2010年第 1 期,第 106～112 页。
② 王岗、吴志强:《民间传统武术保护中国家与传承人的双向责任》,《天津体育学院学报》2010 年第 3 期,第 53～55 页。
③ 于浩:《中国"重装保护"民族优秀传统文化》,《中国人大》2011 年第 5 期,第 53～54 页。
④ 袁海强、卢玉、方新普:《非物质文化遗产与体育旅游融合的现状分析及对策——以安徽省为例》,《成都体育学院学报》2015 年第 3 期,第 60～63 页。

教育结合"①"体育产业结合"② 等保护与利用并重的发展思路，意味着我国非物质文化遗产保护工作由档案机制向健全机制转变，体育非物质文化遗产保护与发展成为提升区域经济、促进全民健身活动、展示国家形象等文化软实力的重要手段。

二　体育非物质文化遗产研究的时代特征

1. 研究定位从研究边缘向研究中心的转变

2004 年 8 月，全国人大常委会批准通过《保护非物质文化遗产公约》，激发了国内学者对非物质文化遗产保护的密切关注。由于封闭社会基础被摧毁、生活方式的改变和搏杀技能的退化等原因，传统武术已然成为"我们民族最大宗也最珍贵的濒危非物质文化遗产"，③ 要被作为"人类非物质文化遗产"进行抢救与保护。④ 2006 年，少林功夫、武当武术、沧州武术、太极拳、邢台梅花拳等传统武术被列入第一批国家级非物质文化遗产名录的"杂技与竞技"类别，土家傩堂舞⑤、陕北腰鼓⑥、新疆方棋⑦、遂溪醒狮⑧等体育非物质文化遗产保护研究也结出了硕果。但是，在早期非物质文化遗产保护工作中，由于"传统武术并没有引起文化部门的太多重视；文化部门对传统武术一定程度的陌生和隔阂；体育主管部门未列入非

① 吉灿忠、韩东：《当代高校武术教育的突围与跨越》，《首都体育学院学报》2014 年第 2 期，第 127～129、136 页。

② 宋天华、罗萍：《非物质文化遗产视野下峨眉武术产业发展的困境与出路》，《成都体育学院学报》2011 年第 2 期，第 63～66 页。

③ 程大力：《传统武术我们最大宗最珍贵的濒危非物质文化遗产》，《体育文化导刊》2003 年第 4 期，第 17～21 页。

④ 蔡宝忠、于海：《传统武术纳入"人类非物质文化遗产"体系进行抢救与保护的研究》，《沈阳体育学院学报》2006 年第 6 期，第 120～123。

⑤ 杨秀芳：《试论贵州土家族傩堂舞戏的体育渊源及其开发保护》，《体育文化导刊》2006 年第 10 期，第 96～97 页。

⑥ 杜春斌：《陕北腰鼓进课堂》，《体育学刊》2007 年第 9 期，第 30 页。

⑦ 韩春英、韩甲：《新疆方棋——亟待保护和研究的非物质文化遗产》，《体育学刊》2007 年第 9 期，第 94～95 页。

⑧ 苏雄：《国家非物质文化遗产之遂溪醒狮研究》，《体育文化导刊》2007 年第 4 期，第 26～28 页。

物质文化遗产保护工作部际联席会议制度"等原因，① 有的省市将传统武术列入"杂技与竞技"类别，有的列入"游艺、传统体育与竞技"类别，有的列入"传统体育与竞技"类别，传统体育项目与非物质文化遗产类别之间的归类界限模糊不清。在该时期，我国学术界一般将传统体育作为非物质文化遗产的下位概念来理解，用"非物质文化遗产之传统体育"的方式进行表述，② 强调了传统体育作为非物质文化遗产的普遍性，忽视了传统体育作为身体运动行为的特殊性。2008 年，文化部在国家级非物质文化遗产名录中增列了"传统体育、游艺与杂技"类别，之后国内学者开始热衷于用"体育类非物质文化遗产"进行研究表述，③ 希望通过"类"字既强调传统体育作为非物质文化遗产的普遍性，又强调传统体育作为身体运动行为的特殊性。2011 年，国家体育总局体育文化发展中心举办了首届"中国体育非物质文化遗产学术大会"；2013 年出台了《中国体育非物质文化遗产保护与推广管理办法》，进一步明确了体育非物质文化遗产的概念与范畴；《体育非物质文化遗产保护与推广集萃》《齐鲁体育非物质文化遗产研究》《体育非物质文化遗产保护的路径研究》等专著也相继出版。从"非物质文化遗产之传统体育""体育类非物质文化遗产"到"体育非物质文化遗产"研究表述的改变，意味着传统体育从非物质文化遗产的研究边缘走向了研究中心。

2. 研究技术从单一学科向交叉学科的转变

非物质文化遗产保护是一项系统工程，体育非物质文化遗产的展示、开发、利用和创新等需要多种研究技术的介入，多样复合的保护手段有利于体育非物质文化遗产的传承和发展。数字化技术常用于文物、古籍、壁画、碑刻、民居、服饰等物质文化遗产的保护工程中，目前也应用于对体育非物质文化遗产项目的静态保护中。国家社会科学基金重大项目招标课题"中国体育非物质文化遗产资源数据库建设研究"立项，"使用最先进的数字化技术

---

① 牛爱军、虞定海：《传统武术在非物质文化遗产名录中的归类研究》，《体育文化导刊》2008 年第 4 期，第 119～120 页。

② 刘晖：《我国非物质文化遗产之传统体育文化的保护与传承》，《体育与科学》2007 年第 6 期，第 21～23 页。

③ 华志、卢兵：《论我国体育类非物质文化遗产的现状及其保护》，《贵州民族研究》2010 年第 1 期，第 103～107 页。

来保护古老的非物质文化遗产",① 推动了体育非物质文化遗产保护的信息采集、数字加工、资源分类、网络管理等工作。"静态"技术与"活态"现象的融合度,是体育非物质文化遗产数字化与物质文化遗产数字化之间的主要区别。国内有学者将数字化"静态"技术与苗族独木龙舟"活态"现象融合,对苗族独木龙舟的文化景象进行了追踪研究。② 此外,数字化资源库的建设主体、权利主体、知识产权和跨区域协调等问题也应该在体育非物质文化遗产保护工作中引起重视。③ 马冬雪等利用地理信息科学研究的 GIS 空间技术提取了我国体育非物质文化遗产资源的数目、种类、分布、空间特征以及影响因素,发现"中国体育非物质文化遗产的空间分布不均衡,呈组团状分布"。④ 鲁平俊等利用资源依赖理论和结构化理论的 STEEP 环境分析技术对体育非物质文化遗产濒危状态进行了评价和解释。⑤ 胡波利用文化生态理论的"生态场"技术手段分析了峨眉武术非物质文化遗产的自然场、社会场、文化场和意识场等生存状态。⑥ 应菊英利用"生态位"变化分析了我国体育非物质文化遗产濒危的原因。⑦ 龙佩林等利用不完全信息动态博弈模型技术分析了政府、遗产保有者和社会组织三者之间的博弈关系。⑧ 郑国华等利用群体心理学的沉浸模型分析了打竹杠、板鞋、师公舞、抢花炮、游神赛马、龙舟竞渡、九狮拜象等非物质文化遗产参与人的内部动机。⑨ 体

① 陈小蓉:《我国体育非物质文化遗产的资源数据库建设》,《体育文化导刊》2013 年第 8 期,第 105～108 页。

② 卢塞军、代刚:《贵州苗族独木龙舟非物质文化遗产景象追踪研究》,《武汉体育学院学报》2011 年第 6 期,第 70～75 页。

③ 吕炳斌、王小维:《体育非物质文化遗产数字化保护的法律问题研究》,《体育与科学》2013 年第 3 期,第 57～61 页。

④ 马冬雪、江芸、朱明勇:《基于 GIS 的中国体育非物质文化遗产空间分布研究》,《体育科学》2015 年第 6 期,第 19～24 页。

⑤ 鲁平俊、丁先琼、白晋湘:《民族传统体育非物质文化遗产濒危状态评价的实证研究》,《体育科学》2014 年第 11 期,第 16～26 页。

⑥ 胡波:《生态场视阈下峨眉武术生存发展研究》,《成都体育学院学报》2012 年第 12 期,第 38～41 页。

⑦ 应菊英:《基于生态位理论的体育非物质文化遗产保护研究》,《浙江体育科学》2009 年第 1 期,第 7～10、13 页。

⑧ 龙佩林、舒颜开、鲁林波:《我国传统体育文化遗产保护的模式及主体博弈模型》,《南京体育学院学报》(社会科学版)2014 年第 4 期,第 22～26 页。

⑨ 郑国华、何元春:《我国民族传统体育沉浸的影响模型》,《体育科学》2011 年第 10 期,第 50～60 页。

育的非物质文化遗产保护可以分为传统的文化表现形式和文化空间两大类，包括民俗活动、表演艺术、传统知识和技能、器具、实物、手工制品等表现形式，涉及文化、教育、民族、宗教、旅游、文物等相关学科及其部门的相关工作，① 研究技术从单一学科到交叉学科的改变是非物质文化遗产保护理论研究的现实需要，也是实践工作的技术支撑。

3. 研究方法从文献整理向田野实证的转变

20 世纪 50 年代，出于民族识别与认定工作的需要，早期具有欧美留学经历的归国学者深入少数民族地区，将体育非物质文化遗产的起源、演变、同化、濡化等文化现象作为民族识别和认定的重要参考依据。改革开放之后，体育非物质文化遗产研究工作逐渐恢复，学者从现有的政策、法规、制度、精神等出发，借助文献的检索、整理、分析等手段，进行逻辑思辨和定性分析，促进了体育非物质文化遗产的理论提升和工作实践。这种以逻辑思辨为主的研究方式渗透着学者"经验至上"的思维方式，容易忽视文化归属地居民的内在需求，正如冯·哈耶克的警告："经过长时间适应过程的社会，其处理问题的能力更强，而知识分子们使用最先进的理论和工具并被计算机模型彻底证明其'合理干涉'效果，结果使社会状态更糟。"② 全国人大常委会批准通过《保护非物质文化遗产公约》以后，部分学者开始注重踏入"田野"，深入非物质文化遗产区域的日常生产、生活和社会交往等方面，探索体育非物质文化遗产的可持续发展问题。这种"'基于日常生活'和'深度理解'的研究方式"，③ 使体育非物质文化遗产保护研究焕发出新的生命力。比如，胡小明等通过"体质人类学的复测、环境和器物测量、参与性观察及深度访谈"等田野调查手段对黔东南独木龙舟的系列研究，④ "为倡导生

---

① 国务院办公厅：《国务院办公厅关于加强我国非物质文化遗产保护工作的意见》，2005 年 3 月 26 日，http://www.gov.cn/zwgk/2005 - 08/15/content_21681.htm。
② 保罗·费耶阿本德：《告别理性》，陈健译，江苏人民出版社，2002，第 18 ~ 19 页。
③ 黄振华：《中国农村研究的两条进路——"社会化小农"与"国家建构农村"分析框架述评》，载邓正来主编《转型正义——中国社会科学论丛》，复旦大学出版社，2011，第 120 ~ 132 页。
④ 胡小明、杨世如、夏五四等：《独木龙舟的文化解析——体育人类学的实证研究（一）》，《体育学刊》2009 年第 12 期，第 1 ~ 8 页。

态体育和保护文化遗产提供更完善的思路"。① 李志清 "采取的是以实践为根据的认识方法和以田野调查结合文献研究的具体方法"，对桂北侗乡的抢花炮中的大小传统互动和国家与社会关系进行了民族志描述，展示了桂北侗乡的社会面貌及其社会变迁。② 万义等通过对双凤村土家族毛古斯、摆手舞，丽江纳西族东巴跳、达巴跳③、兰溪古寨瑶族长鼓舞④、德夯苗族鼓舞⑤，通道侗族舞春牛⑥，芙蓉桥白族游神⑦等进行田野调查，提出了体育非物质文化遗产保护的文化生态观。⑧ 此外，汪雄、林小美、虞定海、丁先琼、顾海勇、汤立许、段全伟、夏成前、李吉远、李达伟、孟林盛等学者通过对花腰彝女子舞龙⑨、回族掼牛⑩、太极拳⑪、吹枪（箭）⑫、殷巷石锁⑬、蔡李佛拳⑭、

① 胡小明、杨世如：《独木龙舟的文化解析——体育人类学的实证研究（二）》，《体育学刊》2010 年第 1 期，第 1～9 页。

② 李志清：《乡土中国的仪式性少数民族体育——以桂北侗乡抢花炮为个案的研究》，中国社会科学出版社，2008。

③ 万义、王健、龙佩林等：《少数民族原始宗教与身体运动文化形成的文化生态学分析——东巴跳与达巴跳的田野调查报告》，《体育科学》2014 年第 3 期，第 54～61 页。

④ 万义、王健、龙佩林等：《村落族群关系变迁中传统体育社会功能的衍生研究——兰溪古寨勾蓝瑶族长鼓舞的田野调查报告》，《北京体育大学学报》2014 年第 3 期，第 33～40，106 页。

⑤ 万义、胡建文、白晋湘：《苗族鼓舞文化生态变迁的人类学研究——湘西德夯的田野调查报告》，《西安体育学院学报》2010 年第 6 期，第 695～699 页。

⑥ 万义：《侗族 "舞春牛" 文化生态的变迁——通道侗族自治县菁芜洲镇的田野调查》，《体育学刊》2010 年第 12 期，第 92～95 页。

⑦ 万义、胡建文、白晋湘：《少数民族地区民俗保护与全民健身体系的同构》，《上海体育学院学报》2009 年第 6 期，第 25～29 页。

⑧ 万义：《村落少数民族传统体育发展的文化生态学研究—— "土家族第一村" 双凤村的田野调查报告》，《体育科学》2011 年第 9 期，第 41～50 页。

⑨ 汪雄、聂锐新、李延超等：《族群记忆与文化认同：花腰彝 "女子舞龙" 文化生态变迁的人类学考察——基于滇南石屏县慕善村的田野调查》，《武汉体育学院学报》2014 年第 12 期，第 47～54、92 页。

⑩ 林小美、林天孩：《 "掼牛" 运动文化生态要素分析与结构模型建构》，《北京体育大学学报》2015 年第 8 期，第 36～41 页。

⑪ 虞定海、牛爱军：《太极拳申报 "人类非物质文化遗产代表作" 的研究》，《上海体育学院学报》2008 年第 6 期，第 63～65、73 页。

⑫ 丁先琼、鲁平俊、聂啸虎：《 "吹枪（箭）" 的起源与发展研究》，《成都体育学院学报》2010 年第 3 期，第 34～37 页。

⑬ 顾海勇：《非物质文化遗产 "殷巷石锁" 的传承与保护》，《成都体育学院学报》2012 年第 7 期，第 60～62 页。

⑭ 汤立许、蔡仲林、秦明珠：《蔡李佛拳非物质文化遗产的内涵及传承》，《体育学刊》2011年第 5 期，第 114～118 页。

白纸坊太狮①、义丰龙舞②、广东南拳③、轩辕车会习俗④、忻州挠羊⑤等的田野调查，阐释了体育非物质文化遗产与民间组织、族群记忆、象征符号、乡土情结、历史传承、文化认同等要素之间的生态关系。但是，从整体而言，我国体育非物质文化遗产的田野调查成果显现出理论沉淀不够、历时时间过短、调查深度不够、理论提升不足等诸多问题。部分学者虽然"下乡"，却鲜有"入户"，将田野调查研究工作理解成看一看表演，照一照照片，问一问问题，然后酒足饭饱、意气风发地回归到案牍。这种"观光式"的田野调查，延续了"殿堂的气息"，难有"田野的芬芳"，也不会真正理解非物质文化遗产对于地方性知识构建的价值和意义。

4. 研究思维从国家逻辑向历史逻辑的转变

非物质文化遗产发展受到两种力量的形塑和影响，"一种是社会内部生成的形塑力量，遵循历史的逻辑，民众是社会的主要行动者；一种是社会外部的政权渗透和变革的力量，遵循国家的逻辑，国家是社会的主要行动者"。⑥ 因此，体育非物质文化遗产研究基本上也遵循两种不同的研究范式：一种是由内向外，由下至上，遵循历史逻辑，强调社会行为的地方性知识解释；另一种是由外向内，由上至下，遵循国家逻辑，强调社会行动的"顶层设计"需求。目前，我国体育非物质文化遗产保护的研究成果多集中于保护政策、保护方案、保护手段、保护体系、保护机制、保护意识等方面的思考，这种服务国家需求的"顶层设计"思维强调社会外部的政权渗透和变革的力量，遵循着一种国家利益至上的研究逻辑，成果数量较

① 段全伟、吕韶钧、雷军蓉等：《非物质文化遗产"白纸坊太狮"传承与保护》，《北京体育大学学报》2011 年第 9 期，第 38～40、47 页。
② 夏成前：《农村体育非物质文化遗产的困境及其救赎——以盐城地区义丰龙舞及楼王莲湘为个案》，《体育与科学》2011 年第 5 期，第 60～63 页。
③ 李吉远、牛爱军：《从非物质文化遗产视角探究广东南拳形成的地域文化》，《武汉体育学院学报》2008 年第 6 期，第 76～79 页。
④ 李达伟、简波、齐莹：《轩辕车会的文化生态变迁和价值开发——安徽仙源镇和甘棠镇的田野调查报告》，《沈阳体育学院学报》2010 年第 6 期，第 130～133 页。
⑤ 孟林盛、李建英：《民间体育非物质文化遗产的法律保护研究——以山西忻州挠羊赛为视角》，《体育与科学》2012 年第 2 期，第 75～79 页。
⑥ 黄振华：《中国农村研究的两条进路——"社会化小农"与"国家建构农村"分析框架述评》，载邓正来主编《转型正义——中国社会科学论丛》，复旦大学出版社，2011，第 120～132 页。

多，经验丰富。比如，王晓指出，"要根据不同的情形实施不同的保护方案与手段，区别对待，分类保护，严禁保护工作中出现文化沙文主义"。① 陈永辉等提出，体育非物质文化遗产保护要"构建分级保护体系，建立资料数据库，加强对传承人的保护与培养"。② 黄聪等指出，我国体育非物质文化遗产保护的"机制逐步完善，遗产保护意识提高，但存在申遗重点失衡，侧重于传统武术的保护，国际一级保护名录'民族体育'空白，遗产属地归属不明确，过分注重生产性保护"。③ 20 世纪初，北京大学刘半农、沈尹默等学者的"歌谣运动"打破了中国历史上重文本、重思辨、重整理的研究范式，"使中国民间文化第一次登上了中国文化的大雅之堂，汇入主流文化，开启了中国民俗学的科学史"。④ 但是，这种关注民间文化，体悟民众需求，遵循历史逻辑的研究传统，在体育非物质文化遗产研究中尚不多见。所以，我国体育的非物质文化遗产保护研究从国家逻辑到历史逻辑的思维转变，遵从"基层民众"需求的思考，一定会拓宽体育非物质文化遗产研究的学术视野。

5. 研究视角从项目中心向生态中心的转变

20 世纪 80 年代初，"为深入发掘、抢救散落在各地乡野、民间的少数民族体育文化遗产"，⑤ 党和国家组织了全国性民族民间体育的普查工作。20 世纪 90 年代，中国体育博物馆、国家体育文史委员会统筹，"全国近200 位体育史志工作者，历经 4 年搜集、整理、编纂而成"⑥ 跨世纪巨著《中华民族传统体育志》。21 世纪之后，有关少数民族传统体育方面的国家

① 王晓：《非物质文化遗产视野下民族传统体育保护的若干思考》，《上海体育学院学报》2007 年第 1 期，第 76 ~ 79 页。

② 陈永辉、白晋湘：《非物质文化遗产视角下我国少数民族民俗体育文化的保护》，《体育学刊》2009 年第 5 期，第 91 ~ 94 页。

③ 黄聪、李妙：《我国民族体育文化遗产申遗研究》，《体育文化导刊》2014 年第 1 期，第 188 ~ 191 页。

④ 陈永香：《对北大歌谣运动的再认识》，《上海师范大学学报》（哲学社会科学版）2000 年第 3 期，第 90 ~ 95 页。

⑤ 韩斌、高文洁、詹全友：《中国共产党少数民族传统体育文化保护和利用研究》，湖北人民出版社，2014，第 275 页。

⑥ 万义：《我国民族传统体育志的历史发展研究》，《上海体育学院学报》2011 年第 6 期，第 61 ~ 65、83 页。

社会科学基金重点项目和国家社会科学基金重大招标项目相继立项，将体育非物质文化遗产项目的抢救、挖掘、编目、整理、研究工作推向了另一个时代高峰。这些以"项目为中心"的体育非物质文化遗产保护研究，"对不同民族和地区或不同历史发展阶段的相同或类似体育活动作了深入充分的比较分析"。① 投壶文化②、击壤文化③、传统龙舟文化④、传统"高脚狮"⑤、达瓦孜文化⑥、基诺族大鼓舞⑦、羌族萨朗舞⑧、壮族板鞋⑨等非物质文化遗产项目都得到了挖掘和整理，"对现存少数体育非物质文化遗产项目的活动过程进行录音、录像和摄影，搜集相关民间传说，对所获得的资料做信息处理等"，⑩ 推动了体育非物质文化遗产保护工作的开展。2010 年，文化部颁发《关于加强国家级文化生态保护区建设的指导意见》，提倡建立以保护非物质文化遗产为核心的文化生态保护区，⑪ 标志着体育非物质文化遗产保护由"遗产项目中心"向"文化生态中心"转变。体育非物质文化遗产的"项目中心"研究视角，容易将体育非物质文化遗产与

---

① 雪凌：《〈中华民族传统体育志〉采编总结暨民族传统体育研讨会综述》，《浙江体育科学》1992 年第 1 期，第 24～26 页。

② 汝安、张越：《"投壶"历史文化考》，《成都体育学院学报》2009 年第 8 期，第 32～35 页。

③ 张宝强：《中国古代击壤文化初论》，《成都体育学院学报》2013 年第 3 期，第 59～64 页。

④ 刘跃军、杨明珠：《中国传统龙舟文化遗产保护现状审视与考辨》，《成都体育学院学报》2010 年第 5 期，第 43～47 页。

⑤ 黄帝全、崔建、余中：《广东传统"高脚狮"的特点及发展》，《体育学刊》2008 年第 4 期，第 110～112 页。

⑥ 臧留鸿、张志新：《维吾尔族传统体育项目达瓦孜的传承与变迁》，《体育学刊》2010 年第 1 期，第 88～91 页。

⑦ 刘少英、李祥、张璐：《基诺族大鼓舞的起源与变迁》，《体育文化导刊》2013 年第 2 期，第 123～125 页。

⑧ 刘少英、李祥：《羌族萨朗舞的演变》，《体育文化导刊》2014 年第 2 期，第 167～169，189 页。

⑨ 杨海晨、沈柳红、赵芳、周少军：《民族传统体育的变迁与传承研究——以广西南丹那地村板鞋运动为个案》，《体育科学》2010 年第 12 期，第 36～43、77 页。

⑩ 白晋湘：《少数民族传统体育项目及其文化编目的价值与方法》，《体育学刊》2008 年第 9 期，第 97～100 页。

⑪ 中华人民共和国文化部办公厅：《文化部关于加强国家级文化生态保护区建设的指导意见》，浙江省非物质文化遗产网，2010 年 2 月 10 日，http://www.zjfeiyi.cn/xiazai/detail/4～98.html。

周围的文化生态环境强行剥离，忽视文化空间的整体性。《中华人民共和国非物质文化遗产法》指出，非物质文化遗产保护应该注重"非物质文化遗产项目以及文化空间的真实性、整体性和传承性"。① 体育非物质文化遗产的"生态中心"研究视角，容易将体育非物质文化遗产与周围自然生态环境、社会生态环境放在同一个分析框架里进行思考，"解释那些具有不同地方特色的独特的文化形貌和模式的起源"。② "文化空间特点决定体育非物质文化遗产保护的基本范围"，"赖以生存的文化空间发生巨大变异"是体育非物质文化遗产保护面临的困境，③ 体育非物质文化遗产与文化空间之间的整体性保护越来越受到当前体育学术界的重视。④

6. 研究内容从外造秩序向内生秩序的转变

英国学者哈耶克将"秩序"分为两类，"一类是源于外部的、人造的秩序，指由某人通过把一系列要素各置其位且指导或控制其运动的方式而确立起来的秩序；另一类则是源于内部的、自发的秩序，指众多人之间的互动模式所显示出的一种并非任何人可以创造的秩序"。⑤ 换句话说，"外造秩序"是指那些建立在特定目的和刻意设计的规则之上，并由外生力量（个人或集团的强制力量）所建造的程序；"内生秩序"是许多人行动的产物，而不是个人设计的结果，是由人们自发的社会交往经历"试错过程"和"赢者生存"的实践过程逐步演化形成的秩序。⑥ 我国体育非物质文化遗产研究一直沿袭着注重外造秩序营造的传统。比如，牛爱军、李娟、刘洋、王卓、张春燕、曾小娥等学者阐述了体育非物质文化遗

---

① 《中华人民共和国非物质文化遗产法》，2011 年 2 月 25 日，http://www.gov.cn/flfg/2011 - 02/25/content_1857449.htm。
② 万义、白晋湘、胡建文：《土家族烧龙习俗的文化生态变迁与体育价值——湘西马颈坳镇的田野调查报告》，《体育学刊》2009 年第 10 期，第 94～97 页。
③ 王晓：《非物质文化遗产视野下民族传统体育保护的若干思考》，《上海体育学院学报》2007 年第 1 期，第 76～79 页。
④ 牛爱军、虞定海：《非物质文化遗产与民族传统体育研究中若干问题的思考——兼与王晓同志商榷》，《上海体育学院学报》2007 年第 4 期，第 57～59 页。
⑤ 弗里德利希·冯·哈耶克：《法律、立法与自由》（第一卷），邓正来等译，中国大百科全书出版社，2000，第 55～56 页。
⑥ 孙锐：《冲突与调适——国家在刑事诉讼中的角色分析》，中国检察出版社，2012，第 31～34 页。

产的传承制度①、推广策略②、开发策略③、路径选择④、公益诉讼⑤、遗产立法⑥、知识产权⑦等体育非物质文化遗产的外造秩序问题。这些研究服务于国家需求的"顶层设计",强调社会外部的政权渗透和变革的力量,通过特定目的、经验设计营造适合体育非物质文化遗产发展的外造秩序。20世纪中期,欧洲国家兴起了"活态博物馆""生态博物馆运动"。"生态博物馆运动"以地域内的原有居民为参与主体,把非物质文化遗产的自然生态环境和社会生态环境作为整体,集研究、保存、展示、利用等多功能于一体,构建非物质文化遗产保护的"自生自发的秩序",探索文化事项、自然环境、产业环境协同保护的可持续发展模式。1997 年,我国应用人类学领域的专家也开始提出"民族文化生态村"理念。"民族文化生态村"强调社区居民拥有主导地位,经济分享和文化自觉是关键要素,⑧ 良好的社区参与、良好的民族传统文化保护和发展方案,⑨ 二者之间的整合、联动发展会产生积极效应,⑩ 能促进"活态博物馆"建设与民族地区非遗保护的耦合。⑪ 在体育研究领域,白晋湘通过对湘西大兴寨及其周边地区抢

① 牛爱军、虞定海:《非物质文化遗产保护视野下的传统武术传承制度研究》,《体育文化导刊》2007 年第 4 期,第 20 ~ 22 页。

② 国家体育总局体育文化发展中心:《体育非物质文化遗产保护与推广集萃》,科学出版社,2015。

③ 李娟、乔佳、张宗伟等:《基于旅游的传统体育遗产保护与开发研究》,《武汉体育学院学报》2011 年第 5 期,第 54 ~ 57 页。

④ 刘洋:《体育非物质文化遗产保护的路径研究——以"达瓦孜"为个案》,博士学位论文,北京体育大学,2012。

⑤ 王卓:《公益诉讼——传统体育非物质文化遗产法律保护的新思路》,《上海体育学院学报》2013 年第 4 期,第 23 ~ 28 页。

⑥ 张春燕:《我国民族传统体育非物质文化遗产法律保护现状与路径》,《武汉体育学院学报》2011 年第 10 期,第 16 ~ 19 页。

⑦ 曾小娥、肖谋文:《我国民族传统体育非物质文化遗产的法律保护——以知识产权保护为视角》,《体育与科学》2013 年第 5 期,第 85 ~ 88 页。

⑧ 李强:《少数民族村寨旅游的社区自主和民族文化保护与发展——以云南泸沽湖与青海小庄村为例》,《贵州民族研究》2010 年第 2 期,第 106 ~ 112 页。

⑨ 艾菊红:《文化生态旅游的社区参与和传统文化保护与发展——云南三个傣族文化生态旅游村的比较研究》,《民族研究》2007 年第 4 期,第 49 ~ 58 页。

⑩ 金露:《生态博物馆理念、功能转向及中国实践》,《贵州社会科学》2014 年第 6 期,第 46 ~ 51 页。

⑪ 葛米娜:《"活态"博物馆建设与民族地区非遗保护耦合研究》,《贵州民族研究》2014 年第 9 期,第 121 ~ 124 页。

狮习俗的田野调查，提出了"以村民自治为核心的，少数民族聚居区体育非物质文化遗产保护的社会建构模式"，① 并认为村民自治能力是构建体育非物质文化遗产保护"自生自发的秩序"的关键。万义对可邑彝族文化生态村阿细跳月进行了田野调查，提出"将体育非物质文化遗产保护纳入到村落发展的生态空间……促进体育非物质文化遗产保护与村落经济发展、村落政治建设、村落先进文化之间 3 个双赢局面"的内生秩序构建理念。② 但是从整体来说，国内体育非物质文化遗产研究多集中于"外造秩序"营造方面，"内生秩序"构建方面的研究明显偏少，特别是"人"对体育非物质文化遗产保护的意义和价值的关注不够。

三　体育非物质文化遗产研究的发展趋势

首先，"人"的重要性将成为体育非物质文化遗产保护研究的"核心主体"。"活态"的非物质文化遗产与"静态"的物质文化遗产相比，最大的区别在于"人"的价值呈现。物质文化遗产最宝贵的是"物"，"物"的存在形式承载着所有的文化信息，"物"的完整性也保证了文化信息的完整性。但是，非物质文化遗产最宝贵的是"人"，"人"是非物质文化遗产保护的根基和灵魂。2008 年 5 月，《国家级非物质文化遗产项目代表性传承人认定与管理暂行办法》颁布，国内不乏关注非物质文化遗产项目代表性传承人的相关研究，但是"人"的价值和"主体"地位并没有得到深度体现。体育非物质文化遗产作为一种"俗"文化，与生产方式、生活方式、民间习惯法、宗教伦理、社会心理、文化认同等社会要素交织在一起，是社会精英群体和普通大众群体共同创造的产物。所以，对于未来体育非物质文化遗产保护研究来说，研究人员不仅要"下乡"，还要"入户"，从文化隔离的"学者"转变成文化融入的"他者"，通过长时间"田野"的定性观察和深度访谈，感悟文化拥有者的内在情感和发展意愿，"人"的重要性也将成为体育非物质文化遗产研究的"核心主体"。

---

① 白晋湘：《少数民族聚居区传统体育非物质文化遗产保护的社会建构研究——以湘西大兴寨苗族抢狮习俗为例》，《体育科学》2012 年第 8 期，第 18～26 页。

② 万义：《村落社会结构变迁中传统体育的非物质文化遗产保护——以弥勒县可邑村彝族阿细跳月为例》，《体育科学》2011 年第 2 期，第 12～18、35 页。

其次，"生态"重要性将成为体育非物质文化遗产保护研究的"核心内容"。近几年来，我国体育非物质文化遗产研究逐渐将研究重心从"项目"衍生至"生态"，希望从体育非物质文化遗产与自然生态环境、社会生态环境之间的适应性角度探讨体育非物质文化遗产的可持续发展问题。但是从研究的整体性而言，关注体育非物质文化遗产保护外造秩序的相关研究不够深入，关注体育非物质文化遗产保护内生秩序的研究成果凤毛麟角。2010 年 2 月，文化部推动了文化生态保护区建设工程，希望以非物质文化遗产为核心，强化非物质文化遗产的生产性保护、整体保护和生态保护，推动物质文化遗产、非物质文化遗产和自然景观的有效融合，构建集物质文化遗产保护、展示、利用、发展多功能于一体的创新模式。目前我国已经建立了 18 个国家级文化生态保护实验区，各省文化厅也在大力推动省级文化生态保护区以及文化生态村项目。在这样一个文化政策背景之下，体育非物质文化遗产保护研究与地区政治、经济、文化、教育、宗教、生活、健康等生态因子之间的关系会越来越受到重视，所以"生态"重要性一定会成为体育非物质文化遗产保护研究的"核心内容"。

最后，"发展"重要性将成为体育非物质文化遗产保护研究的"核心理念"。体育非物质文化遗产的"保护"和"利用"是一对永恒的博弈主题，如何处理好两者之间的博弈关系是体育非物质文化遗产研究必须关注的问题。以前的体育非物质文化遗产研究呈现了两种过度倾向：一种过度强调对体育非物质文化遗产的抢救和挖掘，忽视了体育非物质文化遗产的生态应用性；另一种过度强调对体育非物质文化遗产的开发和利用，忽视了体育非物质文化遗产的生态脆弱性。非物质文化遗产保护不仅仅是保护、弘扬和展示，还要在注重"保护"的基础上努力做到"享用"，并对"享用这种遗产的特殊方面的习俗做法予以尊重，建立非物质文化遗产文献机构并创造条件促进对它的利用"。① 非物质文化遗产保护的目的是"发展"，而非物质文化遗产发展的前提是"保护"，两者有效融合才能推动非物质文化遗产的可持续发展，部分地区也在努力探索"生产作坊 + 传习

---

① 联合国教科文组织：《保护非物质文化遗产公约》，中国非物质文化遗产网·中国非物质文化遗产数字博物馆，2013 年 10 月 17 日，http://www.ihchina.cn。

所＋社区文化服务中心"非营利保护扶持模式、"工厂＋博物馆＋传习所＋文化观光旅游线"人文生态整体保护模式等实践模式，希望恢复非物质文化遗产的"自我造血"功能，使其生命活力得到延续。① 所以，未来的体育非物质文化遗产研究一定会打破"保守主义"倾向，重塑体育非物质文化遗产研究与时俱进的"发展理念"。

第三节　体育非物质文化遗产研究对象与方法

一　研究对象

本项研究以武陵山片区体育非物质文化遗产项目及其文化生态为研究对象。武陵山片区体育非物质文化遗产项目涵盖湖南、重庆、贵州、湖北等4省市交界的"老、少、边、山、穷"40余县市，以列入国家级、省级、县市级非物质文化遗产的体育项目为核心，涉及部分尚未被列入各级非物质文化遗产项目的体育项目；以土家族、苗族、侗族、瑶族、仡佬族、白族等世居少数民族为核心主体，涉及汉族或非世居少数民族；以身体肢体运动的文化展演为核心主体，涉及地理环境、生产方式、制度民约、宗教信仰、生活习俗、伦理道德等结构层次。因此，可以运用文化生态学研究武陵山片区体育非物质文化遗产的可持续发展问题。

二　研究思路

研究武陵山片区体育非物质文化遗产文化生态问题，目的是批判地继承和吸收体育非物质文化遗产的精华，增强民族自豪感和自信心，强化中华民族的凝聚力。为此，必须坚持辩证唯物主义和历史唯物主义世界观，认真研究体育非物质文化遗产的产生、发展和演变规律，正确地分析各种体育非物质文化遗产，揭示体育非物质文化遗产的内在逻辑，为社会主义精神文明建设服务。武陵山片区体育非物质文化遗产研究要立足于社会主义精神文明与道德建设战略的实施，以体育非物质文化遗产发展为

---

① 邱春林：《生产性保护——非遗的"自我造血"》，《中国文化报》2012年2月21日。

切入点，以体育非物质文化遗产的功能建设和全方位的生态保护为着眼点，以辩证唯物主义和历史唯物主义为指导，运用体育学、社会学、人类学、文化学、民族学等学科理论，通过文献资料法、田野考察法、专家访谈法和逻辑分析法，对武陵山片区体育非物质文化遗产的生存现状、结构特征、社会功能、生态保护等问题进行辩证思考。具体体现在以下三个方面。

（1）定性分析与定量分析相结合：对于涉及本项研究的基本问题，我们注重定性分析，同时注重利用大量资料进行定量分析。

（2）宏观研究与微观研究相结合：在研究实践中采用宏观归纳总结与个案微观分析相结合，能从整体与局部、群体与个体、宏观与微观等方面把握体育非物质文化遗产研究问题。

（3）体育学研究与其他学科交叉研究：把科学发展观理论融入体育的研究中，实现体育学、社会学、人类学、文化学、民族学等多学科的交叉研究，以全新的视角探讨体育非物质文化遗产的发展问题。

三 研究方法

体育非物质文化遗产研究的方法多种多样，但归根结底无外乎有两大类：一是体育非物质文化遗产研究的一般方法，二是体育非物质文化遗产研究的特殊方法。所谓体育非物质文化遗产研究的一般方法，指的是对体育非物质文化遗产及其理论认识和探索的总体方法。这类方法主要有两种，一种是归纳法，另一种是演绎法。所谓体育非物质文化遗产研究的归纳法，是从具体的体育非物质文化遗产观察和研究出发，在不断增加和扩充体育非物质文化遗产资料的基础上，进行较为全面的综合性研究，在逐步形成体育非物质文化遗产的基本范畴的前提下，提出体育非物质文化遗产的一般理论问题。以此种方法进行体育非物质文化遗产研究，可以取得逐步深入的效果，这种方法是多数体育非物质文化遗产工作者所采取的一种研究方法。演绎法则是指首先对体育非物质文化遗产的概念、对象和理论进行了解，然后按照体育非物质文化遗产所涉及的理论不断展开研究。这是一种从体育非物质文化遗产理论出发进行研究的方法，虽有一定的难度，但可以具有更强的理论研究自觉性，能够在更高的理论层次上取得突破。所谓体育非物质文化遗产特殊的研究方法，指的是体育非物质文化遗产研究必须具备的研究方法。这些研究方法主要有田野作业法、历史研究法、比较研究法和结构分析法。

1. 田野作业法

体育非物质文化遗产的田野作业法，是指从事体育非物质文化遗产研究必须深入体育非物质文化遗产发生地，对体育非物质文化遗产进行详细的实地调查，以取得第一手资料的体育非物质文化遗产研究方法。体育非物质文化遗产研究必须进行较为持久的民间调查，才有可能取得可喜的成果。体育非物质文化遗产是一种与社会生活紧密结合的社会文化事象，是民间社会生活的一个不可缺少的组成部分。尽管古往今来有许多学者对各种体育非物质文化遗产曾经予以关注，并有不少体育非物质文化遗产被记载于文献中而成为体育非物质文化遗产研究不可缺少的材料，但是由于体育非物质文化遗产本身是一种动态性的社会文化事象，即使以前的学者对于某种体育非物质文化遗产的记载较为详细，一段时间之后，这种体育非物质文化遗产是否还仍然以原来的面貌存在于民众之中并没有被发现，需要体育非物质文化遗产研究者深入其中进行挖掘，而且在体育非物质文化遗产调查中可以发现那些根本不可能用言语和文字来表达的体育非物质文化遗产传承者的情绪和场面气氛等。因此，体育非物质文化遗产研究必须依靠田野工作法。众多体育非物质文化遗产不仅仍然在民间自生自灭，而且在目前我国由农业社会向工业社会和后工业社会过渡的转型时期，大量的原有体育非物质文化遗产正在迅速消失，对传统社会曾经广泛存在的体育非物质文化遗产进行抢救性搜集，当是现代体育非物质文化遗产保护的一项重要任务。

2. 历史研究法

体育非物质文化遗产的历史研究法，指的是追溯体育非物质文化遗产产生和发展的历史流变规律的一种研究方法。体育非物质文化遗产不仅是一种现实之学，而且是一种历史之学。固然，体育非物质文化遗产的一个重要特点在于产生于很久以前的体育非物质文化遗产仍然被保留在当今的社会生活中，从而使历史这位时间老人的年龄得到无情的压缩。但是，这并不等于说，时间对体育非物质文化遗产就不起任何作用。伴随时间的流逝，岁月同样能够使体育非物质文化遗产这种既古老又年轻的社会生活文化事象留下深深的时间烙印。因此，探讨体育非物质文化遗产产生的本来面貌及其在历史长河中的演变，则成为体育非物质文化遗产研究的一个重要课题。这种研究不仅能够恢复体育非物质文化遗产的本来面貌及其在不同历史时期的表现，而且对于人类社会历史产生、发展和演变的规律研究都有极为重要的意义。在体育非物质文化遗产学研究中，运用历史研究法分析体育非物质文化遗产已经成为体育非物质文化遗产学者所惯用的一种研究方法。历史研究方法主要采用"阿奈尔—汤姆逊体系"的研究方法，即通常所说的"AT 分类法"。"AT 分类法"不仅为类型学研究方法的建立和民间故事这种语言体育非物质文化遗产的研究奠定了基础，而且适用于对体育非物质文化遗产的研究，是一种较为流行的体育非物质文化遗产研究法，任何体育非物质文化遗产的产生、发展和演变本身即为一种历史过程。

3. 比较研究法

体育非物质文化遗产学的比较研究法，指的是将不同地区、不同民众群体和不同国度以及不同历史时期的同类体育非物质文化遗产集中在一起，比较其中的异同，寻找它们之间的联系，探讨体育非物质文化遗产产生、发展和演变规律的一种方法。体育非物质文化遗产作为一种社会文化事象，是以一个整体的面貌出现的，运用比较研究法研究某种体育非物质文化遗产，不仅能够将这种体育非物质文化遗产与其同类体育非物质文化遗产进行比较，而且可以把不属于同一个类别的体育非物质文化遗产拿来进行比较研究。即使研究某种体育非物质文化遗产的历史演变，也可以把这种体育非物质文化遗产与其他国家和地区的历史演变规律进行比较研究。这样，不仅能够打破地域对于体育非物质文化遗产的限制，而且能够突破体育非物质文化遗产自身的制约，使体育非物质文化遗产可以在更为广阔的时空内进行多种对比研究，更为准确地把握体育非物质文化遗产产生、发展和演变的规律。运用体育非物质文化遗产比较研究法，可以从某种体育非物质文化遗产表现较为特殊的地区出发，将这一地区体育非物质文化遗产与其他地区相同类别或不同类别的体育非物质文化遗产进行比较研究，从而找出这种体育非物质文化遗产的性质与特征所在，为体育非物质文化遗产类别的划分奠定一个坚实的基础。体育非物质文化遗产比较研究的目的在于弄清楚体育非物质文化遗产的真正含义及其在某个地区所起到的社会控制作用。因此，就地区体育非物质文化遗产研究而言，最为重要的是这一地区的整体性体育非物质文化遗产研究的深入开展。运用比较法，不仅可以将所研究地区的某种体育非物质文化遗产与其他地区的同类体育非物质文化遗产进行比较，而且可以将这一地区的体育非物质文化遗产与其他地区的体育非物质文化遗产进行全面的比较，从而寻找出体育非物质文化遗产整体所代表的体育非物质文化遗产内涵，为地区性体育非物质文化遗产精髓研究奠定一个坚实的基础。要进行地区性整体体育非物质文化遗产研究，就必须全面调查和发掘这一地区的各种体育非物质文化遗产，只有如此，才能具备地区性体育非物质文化遗产研究最关键的基础。

4. 结构分析法

所谓结构分析法，指的是依靠分析和研究体育非物质文化遗产自身所带有的构成要素和成分，以达到研究和分析体育非物质文化遗产产生、发展和演变规律的目的。由于结构分析法产生的时间较晚，发展并不充分，因而还没有得到与其同时产生的比较研究法那样广泛的承认与使用率。因此，结构分析法在国际上已经开始得到广泛的使用，并成为体育非物质文化遗产学研究的一种新的潮流。这种研究方法特别强调研究对象自身带有的体育非物质文化遗产要素，从表层结构分析入手，进而探讨体育非物质文化遗产的深层结构，在找出体育非物质文化遗产所带有的普遍信息和结构原则的同时，达到揭示体育非物质文化遗产发生、发展与演变规律的目的。因此，结构分析法不仅是分析体育非物质文化遗产的一种普遍性方法，而且是一种较为切实可行的方法。

当然，体育非物质文化遗产学的研究方法还有多种，如现代刚刚兴起的信息论、系统论、控制论等，无疑都将成为体育非物质文化遗产学的极为重要的研究方法，对促进体育非物质文化遗产学的发展将起到至关重要的作用。

第四节 体育非物质文化遗产研究的概念界定

国家及武陵山片区各级地方政府，历来十分重视体育非物质文化遗产的可持续发展。2009 年 7 月国务院发布的《关于进一步繁荣发展少数民族文化事业的若干意见》指出，"繁荣发展少数民族文化事业，是一项长期而重大的战略任务"，应"鼓励民族文化产业多样化发展，促进文化产业与教育、体育、旅游、休闲等领域联动发展"。[①] 目前的武陵山片区体育非物质文化遗产发展面临着西方文化全球化的冲击，少数民族地区的社会转型，群众生产生活方式的改变，发展经济和保护文化的两难抉择等众多原因，使武陵山片区体育非物质文化遗产可持续发展举步维艰。体育非物质文化遗产和各种工具、消费品，各种社会群体的体制特征，以及人类各种观念、技艺、信仰和习惯共同组成一个整体。因此，体育非物质文化遗产发展问题不应局限在体育非物质文化遗产本身，注重体育非物质文化遗产文化生态研究才是解决体育非物质文化遗产发展困境的"金钥匙"。

一 文化生态的概念与内涵

在中国古籍中，"文化"是个动词，是"文治教化"的意思。"文"指道德、礼乐、典章制度，"化"指感化、教化，而用一定的道德、礼乐去教化人民就是文化。所以，汉朝刘向说："文化不改，然后加诛。"[②] 在西方，"文化"（"culture"）一词在拉丁文中原义是指农耕和对植物的栽培，后来推而广之，把对人的品德和能力的培养也称"文化"，和中国古代的"文化"含义相近。第一个给文化下明确定义的是英国人类学家爱德华·泰勒（1832~1917 年），他在《原始文化》中给文化下过两个定义，"其一、文化是一个复杂的总体，包括知识、艺术、宗教、神话、法律、

---

① 国务院：《关于进一步繁荣发展少数民族文化事业的若干意见》，2009 年 7 月 5 日，http://www.gapp.gov.cn/。

② （汉）刘向：《说苑·指武篇》，转引自司马云杰《文化社会学》，中国社会科学出版社，2007，第 6 页。

风俗以及其他社会现象；其二、从人类志学的观点看，文化或文明是一个复杂的总体，它包含知识、信仰、艺术、伦理道德、法律、风俗以及作为一个社会成员的个人通过学习获得的任何其他能力和习惯"。① 当代对文化较为全面的定义是由美国人类学家 A. L. 克鲁伯（1887～1967 年）和 C. 克拉克洪（1905～1960 年）提出的。他们两人在《文化：一个概念的考评》中，统计了 1871～1951 年关于文化的 164 种定义，并提出了他们自己的看法。书中提到："文化存在于各种外显的和内蕴的模式中，借助符号的运用得以学习与传播，并构成人类群体的特殊成就。这些成就包括他们制造物品的具体式样由传统（或由历史衍生和由选择得到）思想观念和价值组成的文化基本核心，其中尤以价值最为重要。"② 他们的定义是综合性的，既有文化的内容和基本核心，也包括文化的发生和特征，所以比较能为当代学术界所普遍接受。英国人类学家马林诺夫斯基对"文化"的界定不仅较泰勒更为全面，而且不像 A. L. 克鲁伯和 C. 克拉克洪及其他文化人类学家一样将"文化"与"文明"混用，他认为"文明"是发展了的"文化"。马林诺夫斯基说："作为一个开始，应该对文化的多种多样的现象作出概括性的论述。它明显是指由各种工具，各种消费品，各种社会群体的体制特征，以及人类各种观念、技艺、信仰和习惯所组成的整体。无论我们考虑的是其中最简单、最原始的文化，还是一种复杂的、充分发展的文化，我们总是会面对巨大的装备，这种装备部分是物质的，部分是人类的，部分是精神的。通过这种装备，人才能去克服他所面临的一些具体而特殊的问题。"③ 马林诺夫斯基"第二性环境""人工环境""世界没有'自然人'"等文化观点是在论述文化时将人类文化与自然之间关系互相比较和联系的重要体现。从爱德华·泰勒到马林诺夫斯基对文化概念的理解，都认为文化不是孤立存在的，它和一个民族的知识、艺术、宗教、神话、法

---

① 爱德华·泰勒：《原始文化》，转引自朱狄《原始文化研究》，生活·读书·新知三联书店，1988，第 16 页。
② A. L. 克鲁伯、C. 克拉克洪：《文化：一个概念的考评》，转引自刘豪兴《社会学概论》，高等教育出版社，1999，第 113 页。
③ 布罗尼斯拉夫·马林诺夫斯基：《文化论》，费孝通译，中国民间文艺出版社，1987，第 2 页。

律、风俗以及其他社会现象紧密相关，这些因素促进了文化的发生及其质的规定性，也为文化生态理论的提出奠定了基础。

文化生态学的概念是由美国学者朱利安·斯图尔德提出来的。斯图尔德认为："生态学观点的两个基本思想是互为因果概念中固有的，即：一是环境和文化皆非'既定的'，而是互相界定的；二是环境在人类事物中的作用是积极的，而不仅仅是限制或选择。同时还必须牢记，在反馈关系中环境和文化的相对影响是不同等的。"①朱利安·斯图尔德文化生态观点包含两个重要的层次。①人对环境的能动作用。植物和动物通过机体的变异来适应变化着的环境条件。"物竞天择，适者生存。"不适应者淘汰，是生物界"天演之公例"。人类作为有机界进化长链中的一个环节，是这种"天演之公例"的产物，同时又超越于其，具有愈加鲜明的自为能力。人类在劳动生活中形成并发展了别种生物所缺乏的自觉和主观能动性，他们不仅接受自然的选择，而且因其有意识、会劳动，还可以选择自然；他们主要不是依赖身体器官的变异消极地顺应环境，而是通过改变自己的思想和行为，尤其是不断革新物质生产方式和社会组织，积极地增进对环境的制驭力，并不断发展自身的智能，由环境的奴隶变成环境的主人，从必然王国走向自由王国。②环境对人的制约。人类即使得到高度发展，也不能为所欲为地处置自然。经济增长、社会进步及各领域的进步，都存在自然资源（空间、原料、能源等）的潜在限制。那种认为环境的负荷能力无限，永无匮乏可能的观点，不过是一厢情愿的主观想象。人类作为自然的一员，只有遵循自然界的生态规律，才能事半功倍，否则便事倍功半，甚至受到自然无情的惩罚。人类正是在应付环境的压力、不断克服人与环境间的矛盾、协调人与环境的相互关系过程中获得进步动力的。

人类与其文化生态是双向同构关系，人创造环境，环境也创造人，这便是我们从事文化研究要从生态研究入手的缘故。文化生态学的思想远可以追溯到达尔文"适者生存"的生物进化论思想。达尔文曾用生物适应环境的进化论思想论述过人类的由来和发展。其后，以拉策尔为代表的文化

---

① 曾繁仁：《生态美学：后现代语境下崭新的生态存在论美学观》，《陕西师范大学学报》（哲学社会科学版）2002 年第 3 期，第 5～16 页。

地理学派、以格雷布内尔为代表的文化圈派等都从地理环境方面论述对人类文化的创造。现代进化论者、文化相对主义者等其他学者，也都在不同民族环境下论述过文化模式、文化类型的形成。但他们的理论不是斯图尔德的文化生态学思想，尽管文化生态学是建立在"环境适应"这一概念基础上的。"生态"一词源于希腊语"Oicos"，含有"住所""区位""环境"诸意。后来，一些生物学家用之研究生物体居住条件、物种构成及其与周围环境的关系，遂形成一种生态学说，即有机体与环境关系的学问。

文化生态学认为，"人类是一定环境中的总生命网的一部分，并与物种群的生成体构成一个生物层的亚社会层，这个层次通常被称为群落。如果这个总生命网中引进超有机体的文化因素，在生物层之上就建立起了一个文化层。这两个层次之间交互影响、交互作用，在生态上有一种共存关系。这种共存关系不仅影响着人类一般的生存和发展，也影响着人类社会文化的创造活动"。① 人虽然是总生命网的一部分，但是是社会化了的动物，在体质上是受文化活动影响的。此外，它在研究方法上与 19 世纪的简单文化进化论和环境决定论是不同的，同时它着重研究的是人类文化行为，研究环境适应的不同区域的文化特征，而不是生命网本身，所以它与一般人的人类生态学和社会生态学也是不同的，尽管人类生态学家和社会生态学家在调查研究中也注意到了文化现象，但后者毕竟还没有成为他们研究的主要目标。文化生态学在寻求用各种环境因素的交互作用解释不同区域文化特征方面无疑有其独到的见解，特别是在从整体的观点研究人口、居住条件、亲属结构、土地使用及其他资源的利用与技术发展等相互关系方面，比起那种孤立地考虑文化因素增长的观点，有很大的优越性。由此看来，文化生态学是一种综合、整体、全面、动态的社会文化研究，而不是孤立地考察文化因素的某一项内容或某一方面，"如果孤立地考虑人口、居住模式、亲属关系结构、土地占有形式及使用制度、技术等文化因素，就不能掌握它们之间的关系及与环境的联系"。② 文化生态学理论将

① 司马云杰：《文化社会学》，中国社会科学出版社，2007，第 153 ~ 154 页。
② 中国大百科全书编辑委员会：《中国大百科全书》（社会学卷），中国大百科全书出版社，1991，第 471 页。

文化创造活动与环境之间的关系联结起来，使人文社科研究与自然科学相融合，这无疑有着重要的进步意义。因而，文化生态学的观点和方法尽管存在一定的自然主义倾向，但其作为一种文化理论和方法论，有着重要的理论指导和实践意义。对于当前人类社会环境问题严峻的形势，文化生态学对自然环境的重视无疑有着现实、积极的意义。以一种整体、系统的理论和方法开展文化研究，无疑是一种开阔、全面的视角和研究方法，文化生态学可以进一步从自然－人类－社会的关系入手，从历史的、现实的、时间的、空间的综合维度展开文化的讨论，既重视有形的、自然的物质文化的创造，又重视无形的、非物质文化的创造，并注意二者的结合，以及文化与自然环境、人类社会的关系及其相互影响。

二　文化生态结构与文化生态观

朱利安·斯图尔德的文化生态学理论说明了不同地区特殊的文化类型、文化模式的起源，考察了人类社会适应环境的行为方式是固定不变的，而且具有某种程度的可塑性，并提出了"核心文化"的概念。"社会经济部分——与生计活动和经济安排最密切相关的社会特征，构成文化核心。"[1] 核心文化对于环境的适应，可以通过三个程序来审定："①对生产技术与环境之间相互关系的分析；②生产方式的分析；③确定生产方式对文化的其他方面所施加影响的程度。"[2] 斯图尔德通过这一程序，比较研究了文化的形成和分布在怎样的程度上受到环境因素的制约。斯图尔德的文化生态理论重视文化的技术、经济因素，也重视文化对其环境的适应性，同时这又是一个创造的过程。科技是人类文化创造的结果，由于科技的发展和人类价值观念的变化和影响，离科技最近、最易受影响的自然环境发生了重要变化，产生了环境问题，从而使人类的生存受到威胁。要确保人类社会的永恒，就要正确处理人类的文化创造与自然环境之间的关系，既要依存于自然环境，又要合理地开发和利用自然。对于文化来说，人类的科技创造、经济体制、社会组织制度、价值观念之间也要互相协调，建立

---

① 唐纳德·L. 哈迪斯蒂：《生态人类学》，郭凡、邹和译，文物出版社，2002，第8页。
② 绫部恒雄：《文化人类学的十五种理论》，周星等译，贵州人民出版社，1988，第148页。

动态、完整、和谐的文化生态系统，如此才能确保人类社会、自然环境以及二者之间相互关系的永恒。因此，作为一种文化理论和方法论，无论是对人类的自然环境，还是对社会环境，都有着重要的理论指导和实践意义。

民众要确保体育非物质文化遗产的永恒创造，首先，必须提高正确处理体育非物质文化遗产与自然界的关系的自觉性。近百年来，科学技术突飞猛进的发展使一些人忧心忡忡。现代社会几乎在人类尚未来得及充分考虑科学与人、科学与社会、科学与自然之间的种种关系的时候，科学就出人意外地发展起来了。特别是现代科学技术转化为技术体系为人类社会服务所带来的后果，是人们没有意料到的。人类在进入现代工业生产时，几乎没有考虑能源、水源及空间生态条件等一系列问题，因为在当时人们看来，能源、水源都是取之不尽、用之不竭的。但是实践证明，人类无限制地进行工业化生产，会带来燃料、水源的不足等问题，同时也会给生存环境造成极大的破坏。只要总结这些经验，民众就可以提升自己、认识自己，提高认识体育非物质文化遗产创造与自然环境关系的水平。随着科学向深度和广度发展，民众利用和控制自然的能力必然越来越大。只有化不利因素为有利因素，人类才能创造出越来越发达的体育非物质文化遗产，从而为自身的生存谋得更大、更多的幸福。其次，要确保体育非物质文化遗产的永恒创造，还必须建立起积极的社会文化新陈代谢体系。这种体系要求人们在进行体育非物质文化遗产创造时充分考虑人、科学技术、社会组织、经济体制、价值观念与自然环境构成的体育非物质文化遗产文化生态综合体中的各种变量关系。人类是包括自然环境在内的整个环境的客体，同时又是社会、文化环境的主体。人作为客体，受整个环境（包括自然环境）的制约，所以应该强调环境对人类及其体育非物质文化遗产创造的影响和作用。人是社会化的动物，是体育非物质文化遗产的创造者，因此他们的行为、价值观念可以对环境施加更为积极的影响。当一种社会文化环境不能适合人类生存的需要时，他们就会抛弃这种社会文化环境而另外创造一种社会文化环境。这是一个积极的社会文化新陈代谢过程。这个过程一方面表现出社会体系、文化体系与自然体系之间的交互影响，另一方面反映出社会文化一体化水平，即人类不断地创造和适应社会文化环境的整体一致性。任何体育非物质文化遗产的产生、发展、演变都离不开一定的时间、空间。体育非物质文化遗产在一定时间、空间里产生、积累、发展、传播，有些被保留下来，有些慢慢消失，有些在交互作用中又获得再生。我们运用文化生态观点研究体育非物质文化遗产在一定时间、空间内的延续，可以看出体育非物质文化遗产各个层面的形态及结构、特征，看出体育非物质文化遗产由简到繁、由不稳定到稳定的积累、聚集直至发展为不同文化类型、文化模式的自然史般的历史进程，这是文化生态学所坚持的基本观点。

第五节　体育非物质文化遗产研究的重要价值

在武陵山片区体育非物质文化遗产的形成过程中，出于人类生存的需要，自然倾向性是普遍存在的，一定的自然环境仍然是体育非物质文化遗产创造的重要变量，因而人类在不同的自然环境中所创造的体育非物质文化遗产是具有不同特质的。但是，在体育非物质文化遗产形成的过程中，自然环境已不是唯一的决定条件，更为重要的条件是人类所创造的文化环境本身。一些文化一旦被创造出来，便不会消极地存在，而是积极地影响人类的生存活动，这就是人类生存的文化环境。人类创造出一种文化环境，同时为了适应这种文化环境，又要进行新的文化创造。因此，文化环境本身就构成了文化创造的重要变量。特别是一些根基性物质文化的出现，它们构成了人类活动的物质基础，从而推动了整个文化的发展。研究武陵山片区的体育非物质文化遗产具有重要的意义和内涵。首先，文化生态学具有创新性。从时间上说，文化生态学正式形成于20世纪60年代，而被引进我国不过十余年时间；从内容上说，其理论和方法统一形成新的研究领域，得出新的原理和结论，是学科的新突破，被国际公认为新兴学科，其影响力正在逐步扩大。其次，文化生态学具有时代性。文化在当今时代的地位十分突出，文化学已经成为显学，并促进了文化学的众多子学科如雨后春笋般涌现。文化生态学的内容，也具有强烈的时代色彩，是社会在一定历史时期内的真实本质、价值取向和民族精神的体现。再次，文化生态学具有应用性。新兴学科有一个普遍的特点，就是强调应用，而文化生态学的主要目的在于应用。文化生态学要求人们用生态学的理论和方法对待文化，注重文化资源的保护和合理配置、文化环境的协调和优化、文化发展的繁荣和平衡，科学地指导文化建设，促进文化的进步和发展。最后，文化生态学具有发展性。文化生态学正在蓬勃发展，与时俱进是一门新兴学科的重要特征，也是文化生态学固有的品格。随着时代的发展和重视文化愈益成为人们的共识，对文化生态的研究也将越居跨学科的前沿，更趋科学和成熟。随着文化学、生态学成为显学，文化生态学也将成为显学，并在实践中不断被修正和走向成熟。从体育学的角度来看，运用文化生态学研究武陵山片区体育非物质文化遗产，具有重要的理论和实践意义。

（1）理论意义。①以次生态的体育非物质文化遗产为特定的研究对象，对武陵山片区体育非物质文化遗产的生存现状、结构特征、社会功能、生态保护等具体问题展开研究，充分体现出体育非物质文化遗产社会功能变迁与转型的时代特征和需求，对丰富民族体育非物质文化遗产学学科内容，完善体育学学科体系，具有一定的理论指导意义。②在武陵山片区体育非物质文化遗产研究中，运用科学发展观的相关理论与方法，从以人为本的民生视角入手，借用人类学的田野考察方法，从体育非物质文化遗产活动参与主体的角度考察体育非物质文化遗产活动在群体中的结构特征、社会功能及存在价值，这种视角和方法的应用具有积极的创新意义。

（2）实践意义。①将武陵山片区体育非物质文化遗产作为一个具有共同特征的整体，对体育非物质文化遗产的生存现状、结构特征、社会功能、生态保护等具体问题展开研究，对提升武陵山片区体育非物质文化遗产的价值与功能，促进其可持续发展，具有一定的实践应用意义。②针对武陵山片区体育非物质文化遗产的共有特征，提出武陵山片区体育非物质文化遗产与现代社会协同发展的总体思路和一般性对策、具体方案，对全面推进武陵山片区体育非物质文化遗产的发展，加强体育非物质文化遗产的交流与传播，促进武陵山片区和谐文化的建设，具有积极的实践意义。

第二章　武陵山片区体育非物质文化遗产的自然生态

第一节　地形因素对体育非物质文化遗产发展的影响

武陵山片区位于湘、鄂、渝、黔四省交界处，所涉及的行政区有湖南省的怀化地区、湘西土家族苗族自治州、常德地区，贵州省的铜仁市，重庆市的涪陵地区，湖北省的鄂西土家族苗族自治州，包括40多个区、市、县，面积约 11 万 km^2，西北部与巫山、大娄山相对，西南面紧靠云贵高原，东南部接江南丘陵，东北面为长江中下游平原，是我国东部平原、丘陵向西部山地、高原过渡的特殊地带。武陵山位于东经 $107°\sim112°$、北纬 $26°\sim31°$，山脉主体位于湖南省西北部，山系呈"东北—西南"走向，为我国第二级阶梯向第三级阶梯过渡带，绵延 420km，一般海拔高度在 1000m 左右，峰顶保持着一定平坦面，山体形态呈现顶平、坡陡、谷深的特点，主峰在贵州铜仁市的梵净山，最高峰为贵州海拔 2570m 的凤凰山，山脉覆盖区域俗称武陵山片区。地质呈岩溶地貌发育，土壤因受成土母质、地势和水热条件的影响，主要发育石灰土和黄壤以及山地黄棕壤。植被为华中区系，属栎栲、光叶水青冈、猴樟、楠木林、柏木、黄杉林、油桐林植被区。拥有沅江、澧水、清江、乌江等主要河流。武陵山腹地峰峦叠嶂，千山万岭，林海茫茫，花果累累，奇峰异洞，风光旖旎，令人神往，正可谓"五步一个景，十步一重天"。①

武陵山片区基本处于长沙、贵阳、重庆、宜昌等城市经济辐射的边缘地带。这些城市与武陵山片区边沿地区的距离一般在 200 公里以上。这种地缘结构决定了武陵山片区的人口密度相对较小，经济技术水平相对较低，对市场经济信息的接收处于城镇市场的末梢，进入现代商品市场的竞争力相对较弱。山区经济发育在扩大开放的前后经历了两个痛苦的阶段，即封闭阶段和依附阶段。在实施开放政策之前，武陵山片区苦于环境闭塞，社会发育滞后，市场封闭，外部推动力和内部活力不足；扩大开放之后，则苦于经济技术水平和市场竞争能力较低，在进入市场参与社会经济运行的过程中，不得不依附于城镇经济，在资源品与工业品的对流中，相对被动和利益容易受损。②

武陵山片区体育非物质文化遗产直接和地理环境有关。如武陵山片区通道侗族自治县的岩坪一带的抢花炮已有 160 多年的历史。过去，抢花炮象征着村寨五谷丰登、人畜两旺，并可得到主持这项活动的村寨颁发的奖品：一头染红的大照猪、一包银圆、几个镜屏等。在抢花炮的日子里，远近侗寨的男女老少均穿上节日盛装，天刚亮就涌向岩坪，为本行寨的抢花炮选手呐喊助威。抢花炮活动由各村寨每年轮流主持，凡是主持抢花炮的村寨，均事先请编织手艺高的人用青细竹篾或藤条编织三至五个茶杯口大小的圆圈，外面缠以红布，再以红、绿丝线扎牢。主持人宣布抢花炮开始时，将红炮圈放在铁炮的炮筒口上并点燃火药，红炮圈便被射上高空，最终落在对面的山坡上。各个村寨的选手争相抢夺，顿时全场沸腾。红炮圈有时落地，有时荡到树枝上、悬崖边、屋顶上、水田里，但不论落在哪里，大家都争先恐后地跳到塘里，爬上树、悬崖、屋顶，到水田去寻找，个个奋不顾身、勇往直前，谁抢到红炮圈之后，还必须在人人争抢中"过关斩将"，将其送到裁判台上才算获胜。因此，侗族抢花炮的花炮圈如果不是落在山坡上，而是落在平地上，就会失去很多韵味。武陵山片区瑶族

① 本书编委会：《领导干部谈科学发展与社会管理创新》（上卷），中共中央党校出版社，2011，第 47～51 页。
② 王文长：《开发经济学：资源存在与动员》，海潮出版社，1999，第 131～135 页。

的独木滑水，是生长在水边的武陵山片区瑶族人民最喜爱的项目之一。他们都熟识水性，经常手持竹竿、脚踩圆木在水上滑行。竹竿用来左右划水，双腿要稳住圆木，保持身体平衡。技术高超者，在咆哮的江河中，即使遇上漩涡，也能平稳渡过，遇上河流中的礁石，也能灵巧地避开，顺利到达终点。瑶族的独木滑水是典型的水上体育文化活动。土家族跑泽田是土家族姑娘、小伙子们在水田边劳动歇息时的一种活动，在未种庄稼的水田里进行，参赛人数不限，先站于起跑之田埂上，口令发出，各人以双手提起自己的两条裤腿，从水田中跑到终点（田埂上），比赛中不得放下裤腿，如果倒下，就立马爬起来再跑，先到为胜。在跑泽田中，有的东倒西歪，有的拔不起脚来，有的满脸泥浆，博得众人哄笑，疲劳随笑而消。土家族的跑泽田与稻作文化相关。

第二节 气候因素对体育非物质文化遗产发展的影响

武陵山片区地形地貌的特点是以中低山为主，同时挟带4%～5%的平原和2%～3%的水域，雨量充沛，气候温暖，属于典型中亚热带季风气候，生态环境良好，植物再生能力强，适宜农业发展，特别是有大面积的草山草坡，具有发展林业和畜牧业的良好条件。武陵山片区还蕴藏着多种储量较大、有规模开采价值的矿产资源，如锰、汞、磷、铁、铅等。梵净山、张家界、天子山等名山风光秀丽，山境雄奇，再加上土家族、苗族等民族文化背景，旅游资源的开发前景十分广阔。气候直接决定了武陵山片区动植物的生长规律，而少数民族地区群众的生产、生活又与动植物的生长规律有着密切的联系，所以作为少数民族生产生活真实写照的体育非物质文化遗产必然透射出气候的影响，都通过人们生产、生活方式的影响直接反映出来。[1]

从气候环境角度出发，武陵山片区气候四季分明、降水量丰富、光热资源丰富等，这些特点最适合种植水稻，所以武陵山片区少数民族基本上

---

[1]　湖南省气候中心编：《湖南省气候图集》，湖南地图出版社，1987，第121～128页。

以种植水稻为主要生产方式，他们的生产、生活都具有明显的稻作文化特征。如，武陵山片区土家族体育非物质文化遗产有着本民族和地区的特点。每到春耕时节，住在山岭、山腰上的土家族农民需要开荒拓土，往往几户或十几户人家成群结队地上山"打锣鼓"挖土。在原来已经把树木杂草都烧光的土地上，由"打锣鼓"的歌师指挥众人，有的打锣鼓，有的唱挖土歌，大家都卖力地开田。夏季，在薅玉米或稻田草的时候，要打"薅草锣鼓"，唱"薅草歌"，打锣鼓和唱山歌是与土家人长期从事山地劳动分不开的。古代土家人就在武陵山支脉一带开荒种地，由于林密山高，人烟稀少，野兽成群，危害庄稼，为了驱赶鸟兽，土家人就打锣击鼓，边唱歌边干活。同时，有节奏的歌声也激发了人们的劳动热情。由于鼓、锣声传遍山谷，再加上歌声，所以热烈欢快的劳动气氛浓厚。长期如此，就形成了传统的边敲锣、边打鼓、边唱歌、边劳动的生产习俗。锣鼓响一阵后，歌师领唱道："太阳出来放背黄，薅草人儿忙又忙。"众人就呼应相合："打闹锣鼓震天响，薅草薅过几道梁（山脊）。打锣越打声越响，山歌越唱心越亮，你追我赶不落后，追到太阳下山岗。"他们在山区干农活要打锣鼓、唱歌，已成为传统的习惯，所以有"薅草锣鼓不出乡，乡乡各有各自调"的民谣。武陵山片区苗族历来以务农为生，多种植水稻。苗族的先民迁入山区后，经过世代人的不断努力，把平地开发成田坝，将山地劈为梯田，有的梯田窄长，形如腰带，故有"腰带田"之称。武陵山片区部分地区苗族的生产活动，还保留着"活路头"的习俗。所谓的"活路头"，是指带领全村人从事生产的人。当"活路头"的，于春耕之前，择一吉日，黎明前驾牛去自家的田里犁三圈，撒少许厩肥，并插上几株芭茅草作标志，谓之"起活路"，之后同寨的人才能下田干活或上山挖土。下种也由"活路头"决定，即先由"活路头"播种，之后同寨的人才能下种；到了插秧时节，"活路头"先在自家的田插三株秧，谓之"开秧门"，之后同寨的人才能插秧。插秧接近尾声时，"活路头"有意留下自己的最后一块田给群众去插秧，被称为"关秧门"。这一天，人们兴高采烈地集中到"活路头"家的秧田里，有说有笑，互相推拉，或打"水仗"，或打"泥巴仗"，青壮年妇女最为活跃，她们常常和"活路头"对战，弄得个个满身泥水，犹如落汤鸡一般，以此逗乐。武陵山片区江华地区的瑶族，每年二月初一为忌鸟节。每到这一天，人们就用糯米做成粑粑粘在用竹子编成的鸟仔身上，插在田地中，说这样便能粘住鸟嘴，不让山鸟危害农作物。武陵山片区的侗族也是典型的稻作民族。他们在长期的田间劳动中，与牛结下不解之缘，把牛看作"农家之宝"。立春前一两天，各农户都要修整牛舍，把牛从山上赶回来关好，喂稻草、稀粥、米酒。禁止骂牛打牛，需关怀备至。每年立春之日晚上都要舞春牛，预祝丰收。舞春牛的牛头用竹篾编织，用黑纸糊，用粉笔勾画眼睛、鼻孔；牛身用画有黑色旋涡状毛纹的灰布拼缝，由两个身强力壮、手脚灵巧的后生支撑。此外，还用竹篾扎成两个白纸糊的写有"风调雨顺，阳春丰熟"红字的大圆灯等。舞春牛，大都有锣鼓队和耕作队配合。每当夜幕降临，舞春牛活动开始，提大圆灯者于前引导，春牛居中，锣鼓队和耕作队随后。男女老少皆盛装夹道相迎，在一片"春牛春牛，黑耳黑头，拖粑耕田，越岭过沟，阳春丰熟，家家富有……"① 的歌声及锣鼓声、鞭炮声、木叶声中，把舞春牛队伍簇拥进石板坪。坪上观众围成一圈，把石板坪当作田块，先让春牛在田间绕圈子、号叫、刨蹄、晃角、甩尾、滚泥，做各种逗引众人喝彩的动作。接着，由耕作队表演春耕春播活动。有人握木粑扬鞭，赶牛粑田；有人在田边挥长柄刀砍田坎草；有人撒肥、播种下田。妇女则送饭篓和水壶到田边。他们用歌舞形式体现田间耕作的情景，寓教于乐，提醒农户一年之计在于春，不要误了农时，要做好春耕播种工作，多打粮食。以上可以看出，武陵山片区少数民族基本上为稻作民族，他们的生产、生活都与气候条件紧密相关，具有鲜明的地域特色和气候特点。

第三节　水文因素对体育非物质文化遗产发展的影响

武陵山片区河流众多，大小河流数千条，属长江水系。主要有清江、澧水、酉水河、沅江、乌江、唐岩河等。河流低洼处形成一系列小型盆地和宽谷，俗称"坝子"。这些"坝子"土地肥沃，成为人类赖以生存的良

---

① 郑传寅、张健：《中国民俗辞典》，湖北辞书出版社，1987，第309页。

好环境，如龙山盆地、来凤盆地、召市盆地、廖家村盆地、万坪盆地、甘溪盆地、秀山盆地、恩施盆地、建始盆地、桑植盆地等。它们既是农耕经济的基础，又是人类长期开发的结果。从人文地理角度，全境可分为三大水文区域。

一是酉水河与清江之间（北部区），为历史上土家族的主要聚居区，同时也是历史上苗族散居之地。其中，又以两大水系间的分水岭，以鹤峰县的中营、石门县的壶瓶山一线为界，分为南北两部分。北部山高岭峻，少河谷台地，自然环境恶劣，更多受到清江流域文化的影响，在秦代属巫郡，在三国、两晋、南北朝属建平郡。与峡中巴梁间的巴人是一个整体，属廪君蛮的后裔。史料中又称"建平蛮"，多次与中央王朝对抗，冉氏、田氏、向氏尤盛，大者万家，小者千户，僭称帝王，屯三峡，断遏水路。直到北周建德二年（573 年），才相继内附，设置施州。在强大的汉文化影响下，渐渐融合于汉族之中。南部为酉水河与郁江、唐岩河流域，地势变低，且有一系列河谷盆地、台地、低丘，如澧水上游永顺、桑植一带，酉水河流域来凤、龙山一带，自然环境较为优越，自秦汉以来，被称为"武陵蛮""五溪蛮""澧中蛮""酉水蛮"等①，唐宋以来的土家族土司也皆集中在这一区域。

二是辰水与酉水河之间（中部区），为历史上苗族的主要聚居区。地形上分为两个自然区，西北为腊尔山台地区，东南为溪河下游区，两者之间基本上以后来的"苗疆边墙"为界。台地海拔虽在 700 米左右，然小盆地甚多，且多泉塘可以灌溉，被称为坪、塘、冲。最著名的有爆木营、鸭宝寨等，为历史上"生苗"的聚居区。溪河下游区山势较台地平坦，溪河两岸可做梯田，利用沅江灌溉。这一地区为古代苗族的中心分布区，清代时称为"熟苗"区，也为汉族移民的主要分布区。

三是辰水以南至武陵山片区的南界（南部区），为历史上侗族和一部分苗族人的主要聚居区。以低山丘陵地貌为主，山谷形成的峒是发展稻作农业的理想场所。该区域内部也分南、北两大侗语方言区。

水文因素对体育非物质文化遗产水上项目的影响突出，古有"南方人

---

① 柴焕波：《武陵山区古代文化概论》，岳麓书社，2004，第 11 ~ 14 页。

善舟，北方人善马"之说，足以证明水文因素对体育非物质文化遗产的水上项目具有决定性作用。武陵山片区河流众多、水量充足、水文因素突出，所以赛龙舟活动在土家族、苗族、侗族、瑶族、白族等各个少数民族中盛行。如，武陵山片区沅陵苗族赛龙舟就比较有地方特色和民族特点，每次的规模也比较大。以前只是民族内的一种体育非物质文化遗产活动，现在也邀请其他民族的龙舟队参加，已经成为包含促进民族团结、建立友谊、交流文化、锻炼身体等目的的民族传统节日。此地龙舟与其他各地龙舟也不一样。龙舟身长 21 米～24 米，宽 1 米，由三块形状笔直、完整的杉木挖槽绑扎而成。居中一根长 21 米，称为"母舱"。船身粗大，中间分为六段，每段长 1.8 米～5 米，宽 0.5 米～0.7 米。两侧并排绑扎的杉木各长 15 米左右，宽 0.4 米，各分四段，称为"子舱"，供水手划舟站立之用。龙头、龙颈由一根长 2.5 米的水柳木雕刻而成，上涂金、银、红、绿、白各色，犹如真龙。龙头上一对龙眼炯炯有神，龙嘴含着圆珠，配上龙须和一对写有"风调雨顺、国泰民安""民族团结、增加生产"的龙角，昂首向天，可谓栩栩如生、神采奕奕。有的还在龙颈彩色鳞片上嵌上镜片，更使游龙生辉、灿烂夺目。龙舟临下水时，要备酒、肉、香、纸以祭之。在划龙舟的清晨，需请寨老在沙滩上面对龙舟"念嘎哈"，意为吉祥或保护神。还要杀一只白公鸡，以求神灵保护船上人的安全。祭礼毕，锣鼓齐鸣，龙舟开始驶入本寨河潭，绕潭三周后，便驰往比赛地点。龙舟上的人员有鼓头、锣手、水手之分。鼓头是龙舟上的主角，身着夏布长衫，外套是特制的镶黑边的红色或青色绒背心，头戴特制的宽边麦草帽。坐于龙颈处，背靠龙头，面向水域，按一定的节拍击鼓，但并不依照水手们划行的速度而改变节奏。自农历五月二十四日起，此地正式举行划龙舟活动，各寨龙舟在同一天同时到达比赛地点，本寨的亲友们纷纷赶到江边，燃放鞭炮，载歌迎接，称为"接龙"。接龙时还将所赠之彩绸、猪、羊、鸡、鸭等礼物挂在龙角上，以示节日愉快，并预祝赛龙舟夺魁。挂在龙头上的彩绸和礼物越多，越显得鼓头受人尊重。每当龙舟抵达赛场时，龙头上彩绸飞扬，龙角、龙颈、下须等部位挂着成串的家禽。在母舱的槽中，装满了家禽。每只龙船队员都笑逐颜开，拥有无比的荣耀，每只龙舟，昂头翘尾，顺序排列，无比壮观。竞渡开始后，几十只身披红绸绿缎的龙舟犹如蛟龙行于江中。锣鼓声声,礼烟阵阵,礼炮信号一响,龙舟冲驰,赛程共500米。我国的西北地区由于干旱少雨,缺乏水系,没有赛龙舟的水文条件,所以几乎看不到这种壮观的赛龙舟。

第四节　生物因素对体育非物质文化遗产发展的影响

武陵山片区生物资源丰富,开发利用潜力巨大。多样性的气候环境和独特的地理位置,孕育了种类繁多的生物资源,武陵山片区蕨类植物有45科112属596种,有25变种、4变型,其中有观赏类200种、药用类200种、食用类16种等,特点是具有开发价值的种类多、近缘及可替代的种类多、特有及优良品种多、种质资源数量多,使武陵山片区成为得天独厚的"生物资源王国"和举世瞩目的"华中药库"。①

生物的地域分布实际上是自然条件作用于动植物的结果,但从另一方面来看,对某些体育非物质文化遗产的影响更为直接。赛马、斗牛、斗鸡等体育非物质文化遗产活动分布大致和这些牲畜的地域分布是一致的,如云南大理白族赛马已有一千三百多年历史,它是随着三月街物资交流而产生的。明朝旅行家徐霞客在其游记中,对三月街赛马盛况作了绘声绘色的描述:"余乃仍由西门西向一里半,入演武场,俱结棚为市,环错纷纭。其北为马场,千骑交集,数人骑而驰于中,更队以觇交下焉。时男女杂沓,交臂不辨,乃通行场市。"六百多年前,白族从云南大理迁徙到如今的武陵山片区张家界市桑植县定居,至今仍完整保留着三月三赛马的习俗。每年三月街期,白族骑手身着节日盛装,牵着骏马赶来参加赛马。骑马比赛是为了展示马匹的骠壮、走法和速度,并形成了传统。参赛的马匹都会在比赛前几天得到细心的调养,减少喂草、饮水的次数,修剪鬃毛,并在其鬃毛和尾巴上系扎各种彩色布条等。比赛结束后举行颁奖仪式,授称号,唱赞马歌,奖赏名列第一至第十的快马。打禾鸡是武陵山片区城步苗族自治县的一项体育非物质文化遗产活动。最初兴起打禾鸡,据说是因

---

① 全国政协民族和宗教委员会:《情系武陵山》,2008,第77~80页。

为禾鸡危害庄稼，苗民们便三五结伴，或数十人成队，携上经过训练的家犬，带上用篾、麻线织成的"狗逗网"和用兽皮、麻线织成的"专用袋"，到田野、山岭、河畔网捕禾鸡。这项传统的狩猎活动已逐渐演变为一种体育非物质文化遗产游戏。每年农历的"六月六"和"九月九"两天，苗民们在欢度传统节日的同时，便开展"打禾鸡"的游戏。男青年携带"狗逗网"和"专用袋"，到节日集会处找个空旷的地方。女青年也相继来到空旷处，并由一位苗族姑娘将事先准备好的"禾鸡"（用布缝制的小沙包）逐个抛向空中。每抛一个，打禾鸡者用"狗逗网"向空中或地面上竞相争捕，最后以捞得"禾鸡"多者为胜。打禾鸡是苗族男女青年增进友谊、播种爱情的媒介，苗族姑娘总是青睐于打禾鸡的优胜者。如今城步县的兰影、白云洞、白毛坪、长安营、五团等20多个乡镇仍流行这项体育非物质文化遗产活动。除此之外，武陵山片区许多体育非物质文化遗产活动是模仿某种动物的形态，进行拟人化表演。如，武陵山片区的苗族有打猴鼓的体育非物质文化遗产活动。武陵山片区苗族一般居住在高山峡谷，正如苗歌所唱："山上云里钻，山下在河边，对山喊得应，走路要半天。"过去此地山林里猴子很多，相传古时在苗山一座庙里，猴子在分供果吃，无意中跳到鼓上，起初有些害怕，后来习以为常。每当得到供果时，就高兴得边跳边吃。猴儿们的动作被苗家青年看见了，青年们便学着猴子的动作跳起来，十分有趣。以后渐渐形成一种体育非物质文化遗产娱乐活动，流传至今。打猴鼓，又称"猴鼓舞"，大约有一千年历史。在武陵山片区苗族中，猴鼓舞原是在老年人过世后，办"白喜事"的一种祭祀仪式，经过几代人的发展演变，成为一种体育非物质文化遗产娱乐活动，并结合到每年的苗族跳场中，成为跳场的一项主要内容。打猴鼓原来是由两个人进行的，一人吹芦笙，一人打鼓。后来参加人数逐渐增加，一般根据活动场地大小确定参加人数，通常为9~18人，参加者多为一二十岁的青年男女，击鼓者则通常是身强体壮、技艺娴熟的中年鼓师。猴鼓舞只有一个鼓师击鼓，其他人跳舞吹笙。猴鼓用木头制成，两端鼓面由皮蒙制，上大下小，呈长圆形。表演时横置于1.5米~1.7米高的木架上，鼓师围绕猴鼓进行不同动作的击打，其余人则围成一圈。鼓置于高处，人在低处起舞欢跳，鼓面朝向观众，小鼓手在鼓两边用两根木棍敲边，大鼓手双手持鼓槌模仿猴子动作边打鼓边跳跃。有时猴鼓舞由两人表演，男子侧重于武术动作，如挥刀、舞剑等，女子主要表现生活动作，如种玉米、插秧、割草、打谷、纺纱、织布、推磨、梳头等，脚跳手击，腰转体旋，屈膝踢踏，与鼓点表演密切配合，协调自然，运动量大，趣味性强。

第三章　武陵山片区体育非物质文化遗产的文化生态

第一节　人口问题对体育非物质文化遗产发展的影响

体育非物质文化遗产是人们在长期的生产和生活中形成、发展的，其分布必然受人口及民族分布的制约。人口及民族分布现象，是在人类对自然环境适应、改造、协调的过程中逐渐产生的。但是，人口再生产的过程既有自然属性，又有社会属性，人口及民族分布不仅是一种自然现象，更是一种社会现象，因而体育非物质文化遗产的地域分布与社会因素密切相关。

武陵山片区的人口有比较鲜明的三个特点。第一，人口密度非常大。统计测算的结果显示，武陵山片区每平方千米的人口达到 176 人，而全国平均为 134 人，西部地区为 52 人，武陵山片区的人口密度是西部地区的 3 倍多。另外，当地山地面积占 95% ~ 98%，坝子极少，而且这里生态脆弱，灾害频发。第二，人口流动性强。改革开放以来，武陵山片区对外开放，人口流动起来，各民族间的经济文化交往增多。最典型的是人口外出到东部沿海地区务工，有的地方大部分劳动力外出，每个县都有上万人乃至数万人外出。[①] 我国历史上曾有几次大的人口迁移，这在客观上促进了种族、民族的融合，经济、文化的交流，对移入地区的经济开发和文化发展起到

_____

① 杨盛龙：《民族问题民族文化论集》，民族出版社，2004，第 134 ~ 137 页。

了重要作用，也给体育非物质文化遗产分布带来了很大影响，扩大了一些体育非物质文化遗产的分布范围。第三，人口素质普遍偏低。据人口普查资料，12 岁以上文盲、半文盲占总人口的比例如下：铜仁 32.1%，湘西27.1%，涪陵 25.0%。其他地区也不容乐观，严重威胁着人民健康和生产发展。①

　　我国许多少数民族由于政治、经济、军事等原因，迁徙到武陵山片区定居，成为武陵山片区众多少数民族中的一员。首先，外来少数民族的融入带来了各异的生产、生活方式，他们独特的体育非物质文化遗产也为丰富武陵山片区体育非物质文化遗产的多样性做出了重要贡献。例如，桑植白族是宋末元初从云南大理白族聚居区迁徙来的，迄今已有 700 多年历史。《元史·兀良合台传》记载：元军平定云南后，于公元 1258 年"引兵入宋境"，兀良合台"率四王骑兵三千，蛮、僰万人"，经广西"破横山寨、辟老苍关"，"蹴贵州，蹂象州，入静江府"，途经湘西，抵达长沙、武汉一带，后蛮僰军不再受重用，就地遣散。桑植白族始祖谷均万、王朋凯、钟千一等在被遣返过程中，"溯长江、渡洞庭、漫津澧、涉慈阳"，定居于如今的桑植县，乐其风土，繁衍生息。桑植县为武陵山片区白族唯一迁入地，基本沿袭了白族的民族特征及风俗习惯。如，信奉本主神，以及保留了歌舞传情订婚等众多习俗。总体来说，迁入白族的文化主体虽受到当地文化冲击和中原文化的影响，经历了文化变迁的长期发展历程，但基本上传承了白族文化的精髓，保留了原有的民族特色，其丰富多彩的体育非物质文化遗产活动在群众的文化生活和健身活动开展过程中具有重要的地位和价值。其次，迁入民族"大杂居、小聚居"的生活格局加强了民族之间的文化交往，促进了民族文化的融合，形成了具有武陵山片区地域特色的民族文化。由此可以看出，人口的迁移为体育非物质文化遗产发展提供了传播的途径，促进了民族之间文化的交流，特定民族吸收了其他少数民族文化的优秀成分，并逐渐内化、创新，形成新的体育非物质文化遗产。

---

① 中国科学技术协会：《科技进步与经济建设——中国科学技术协会 1988 年学术会论文集》，学术期刊出版社，1988，第 304～306 页。

第二节 民族分布对体育非物质文化
遗产发展的影响

武陵山片区是个多民族的地区，境内居住的有汉族、土家族、苗族、侗族、瑶族、回族、壮族、白族、维吾尔族等41个民族。武陵山片区各民族的历史源远流长，除古称"华夏"的汉族是武陵山片区的古老民族外，苗族、土家族、侗族、瑶族等也是自古以来就生活在武陵山片区的民族。回族、维吾尔族等少数民族则是从外地迁入武陵山片区的。表1为武陵山片区部分少数民族的传统节日与民间体育活动。

表1 武陵山片区部分少数民族的传统节日与民间体育活动

民族	民族传统节日	民间体育活动
土家族	舍巴日、抢年、调年会、闹元宵、花朝、四月八、端午节、六月六、七月半	赛牦牛、土家武术、土家摔跤、摆手舞、磨磨秋、踩高跷、抵牛角、肉莲花、打飞棒、打布球、打碑、打丧鼓、找摸米、划龙舟、舞龙狮、扭扁担、射弩、踢毽子、舞板凳龙、毛古斯
苗族	饱冬节、过赶年、跳香节、花山节、姊妹节、爬坡节、种棉节、吃新节、敲巴郎、吃鼓藏、火星节、赶秋节	赛马、苗族武术、荡八人秋、舞龙狮、苗鼓舞、射弩、上刀梯、荡秋千、磨、打手毽、踢绳球、独脚鸡、掰手劲、翻竿脚、爬竿、试力、苗族摔跤、打猴鼓、划龙舟、打飞棒
侗族	侗年、舞春牛、封客、冷月节、土地会、撒玛节、三月三、四月八、九月节、十月头、林王节	武术、摔跤、芦笙舞、抢花炮、荡秋千、哆毽、掰手劲、骑马架、打陀螺、打水仗、打地老鼠、单指顶棍、拍纱球
瑶族	祭盘瓠、农具迎春、解苗节、跳月节、十月年节、稀饭节、陀螺节、围鱼节、盘王节	赛牦牛、划龙船、打陀螺、木棒球、瑶族摔跤、打猎操、打铜鼓、瑶族武术、荡秋千、踩高跷、踢毽子、打霸王鞭、放风筝、长鼓舞
白族	冬至日、钱行日、祖先遇难节、赛神节、中元节、本主节	荡秋千、九子鞭舞、仗鼓舞、追山羊、踩高跷、摔跤、磋茅票、抢贡鸡、夺阵地、磨磨秋
回族	回年、花儿会、古尔邦节、开斋节、圣纪节、腊八节、中秋节、重阳节	回族武术、回族摔跤、打铆球、踏脚、掼牛、掷子、打响鞭、舞龙、木球、甩沙包、跳皮筋、滚铁环

据不完全统计，武陵山片区居住的少数民族约1200万人，其中土家族

近800万人，除散居在各地外，土家族几乎都居住在武陵山片区内。苗族约300万人，占全国苗族人口总数的三分之一。侗族约50万人，占全国侗族人口总数的20%左右。白族约15万人，占全国白族人口总数的12%左右。① 瑶族在武陵山片区也呈散居状态，人数不详。少数民族分布面广，呈小聚居、大分散的特点。武陵山片区各族人民交错杂居，互相学习，互相帮助，有着密切的联系。

武陵山片区民族分布具有"大分散、小集中和交错分布"的特征，体育非物质文化遗产分布与此基本对应。我国是个拥有多民族的大家庭，在长期的历史发展中，各民族互相交往和融合，有些体育非物质文化遗产也相互交流，分布甚广。例如，拔河、摔跤、荡秋千、舞龙、舞狮等体育非物质文化遗产项目在武陵山片区土家族、苗族、侗族、瑶族、回族、壮族、白族等民族中都有，仅是方式有所差异而已。具有鲜明民族特色的民间体育非物质文化遗产的分布范围则与这些民族的分布地区相似，分布地域相对狭小，如苗族的苗鼓舞只存在于苗族聚居区，土家族的摆手舞和毛古斯只在土家族的"舍巴日"开展，侗族的舞春牛、抢花炮是侗族聚居区特有的体育非物质文化遗产活动，瑶族的长鼓舞是瑶族盘王节中最具特色的体育非物质文化遗产活动，白族的仗鼓舞是桑植白族最具特色的体育非物质文化遗产活动。

第三节　区域经济对体育非物质文化遗产发展的影响

经济生产是体育非物质文化遗产产生、发展的物质前提和社会基础，也构成了体育非物质文化遗产所要反映的基本内容。事实上，经济习俗在体育非物质文化遗产中历来占有极大比例，是体育非物质文化遗产中一个不可忽略的方面。当前，武陵山片区经济发展水平普遍滞后。2012年，武陵山片区的人均地区生产总值为8713.5元，我国东部为53350元，中部为29229元，西部为27731元，武陵山片区的人均地区生产总值相当于

---

① 田华咏：《土家族医学史》，中医古籍出版社，2005，第299~300页。

东部的 16.3%，中部的 29.8%，西部的 31.4%，普遍低于全国东中西部的人均地区生产总值；武陵山片区经济发展水平不仅落后于全国平均水平，即使与其他连片特困地区相比，也属于排名靠后的地区。2012年，武陵山片区人均地区生产总值在 14 个连片特困地区中排名第 9，低于燕山—太行山区、罗霄山区等贫困地区。此外，武陵山片区内部发展差距也比较明显，2012 年，全国农民人均纯收入为 7917 元，而武陵山片区所有县的农民人均纯收入均低于该水平。其中，发展较好的石柱县农民人均纯收入相当于全国农民人均纯收入的 71%，而隆回县的农民人均纯收入不足全国农民人均纯收入的 30%。[①] 表 2 为武陵山片区集中连片特殊困难地区分县名单。

表 2 武陵山片区集中连片特殊困难地区分县名单

省份	地州市	县（自治县、区、市）
湖北 （11）	宜昌市	秭归县、长阳土家族自治县、五峰土家族自治县
	恩施土家族苗族自治州	恩施市、利川市、建始县、巴东县、宣恩县、咸丰县、来凤县、鹤峰县
湖南 （31）	邵阳市	新邵县、邵阳县、隆回县、洞口县、绥宁县、新宁县、城步苗族自治县、武冈市
	常德市	石门县
	张家界市	慈利县、桑植县
	益阳市	安化县
	怀化市	中方县、沅陵县、辰溪县、溆浦县、会同县、麻阳苗族自治县、新晃侗族自治县、芷江侗族自治县、靖州苗族侗族自治县、通道侗族自治县
	娄底市	新化县、涟源市
	湘西土家族苗族自治州	泸溪县、凤凰县、保靖县、古丈县、永顺县、龙山县、花垣县
重庆 （7）	重庆市	丰都县、石柱土家族苗族自治县、秀山土家族苗族自治县、酉阳土家族苗族自治县、彭水苗族土家族自治县、黔江区、武隆区

---

① 郑长德：《中国少数民族地区经济发展报告（2014）》，中国经济出版社，2014，第 42～56 页。

续表

省份	地州市	县（自治县、区、市）
贵州 （15）	遵义市	正安县、道真仡佬族苗族自治县、务川仡佬族苗族自治县、凤冈县、湄潭县
	铜仁市	铜仁市、江口县、玉屏侗族自治县、石阡县、思南县、印江土家族苗族自治县、德江县、沿河土家族自治县、松桃苗族自治县、万山区

　　资料来源：郑长德：《中国少数民族地区经济发展报告（2014）》，中国经济出版社，2014，第 42~56 页。

　　经济和体育非物质文化遗产的双重轨迹是同步发展的，原始的体育非物质文化遗产创作与经济活动密不可分。史前考古成果表明，体育非物质文化遗产和原始人的采集、渔猎、农耕等经济活动融会渗透、同步发展。在现代社会里，经济和体育非物质文化遗产的双重轨迹的内在联系更趋紧密，体育非物质文化遗产优势的积累有效地促进了经济发展。体育非物质文化遗产与经济的关系，可以借用水与舟的关系来解释："水可载舟亦可覆舟。"随着社会经济的发展，商品化的体育非物质文化遗产附加值越来越高，利用它可以为经济发展服务，忽视它则有时会阻碍经济发展，所以，尊重民族的风俗习惯，承认民族在独特的语言环境、地域环境和经济生活环境中形成的体育非物质文化遗产，不仅是搞好民族团结的基础，也是经济政策制定的可靠依据。这就促使我们形成这样一个观点：以经济腾飞与发展带动民族体育非物质文化遗产发展，以体育非物质文化遗产的发扬光大促进经济的繁荣。体育非物质文化遗产和生产方式密切相关，有很多是由生产方式逐渐演变而来的，有的直接为生产服务。由人类加工自然创造的各种器物，即"物化的知识力量"构成的物态文化层，是人的物质生产活动方式和产品的总和，是可触知的具有物质实体的文化事物，构成整个文化创造的物质基础。由于武陵山片区少数民族大多属于农耕民族，以从事农业生产为主，只有极少数地区还有狩猎的生产方式，所以武陵山片区体育非物质文化遗产活动具有深刻的农耕文明的特征，从武陵山片区体育非物质文化遗产所使用的器具中就能得到很好的证明。如苗族木鼓、瑶族长鼓使用木材，白族舞龙、侗族舞春牛使用竹子，土家族鸡毛球使用鸡毛，等等。很少有民族利用现代工业生产的钢材金属、玻璃纤维、有机塑料等材料。这些器具是武陵山片区少数民族群众日常生活的写照，是少数民族风俗习惯内化的结果，是少数民族农耕文化生产的缩影。

第四节　宗教信仰对体育非物质文化
遗产发展的影响

体育非物质文化遗产起源于人的本质，根源是人类特有的本性。人的本质在于创造，在于改造世界的实践。体育非物质文化遗产是人类对自身的创造，是人类改造自己的一种特殊的实践活动。所以说，体育非物质文化遗产起源于人类的本质。只有人才能创造自己，自觉地改造自己的身心。因此，在万物中，只有人类才能开展真正意义上的体育非物质文化遗产活动。但是，从文化人类学的视角来审视体育非物质文化遗产的来源，除了上述哲学人类学的分析之外，还应从各民族的特定文化、生活方式、形成历史等方面进行综合的探讨。传播学派认为，人类文化都是起源于某一适合于文化产生的地域，然后向外传播的，即相同的文化只有一个起源。功能学派则认为，文化是人类适应外界环境的产物，相同的心理结构、相同的外界环境促使相同的文化产生，因此文化是各自独立的起源。而现实中，人类文化的起源和形成过程复杂，影响因素也是多元的，既有传播形成的，也有独立发生的，还有通过选择、扬弃与改造创新出来的，而其中许多内容来自对不同民族文化的整合，即吸收不同的民族文化因素，形成统一的民族文化。所以，我们应该注重体育非物质文化遗产的文化因素研究，将文化环境作为体育非物质文化遗产研究的重要内容。在远古，在人类的童年时期，大自然作为威胁人类生存的"异己力量"，其喜怒哀乐直接与人类的生存相关。由于生产力低下，人们无力控制自然灾害，便将天灾疾病等归因于超自然的神秘力量，于是便产生了原始宗教祭祀活动。原始宗教作为当时社会最强有力的意识形态，制约着人类生活的各个方面。原始宗教的影响，决定了宗教与体育非物质文化遗产相互影响的客观必然性，从而导致祭祀性体育活动的产生。马林诺夫斯基认为：宗教崇拜作为一种文化，又表现为人对自己创造的价值——神的双重态度，即"希望与恐怖交织的双重态度"。① 原始人类在无从理解与控制自然现象时，只能把满足人类基本的生理和安全需要寄托在神的身上。在原始人看来，体育、舞蹈是"人—神"交流的最佳媒介，具有娱神祈福的特殊功能。所以，他们用原始体育游戏和舞蹈顶礼膜拜，娱神祭祀。古希腊哲学家柏拉图说，"神是游戏的恋人"，把宗教崇拜与体育非物质文化遗产这种特殊的关系描述得惟妙惟肖。宗教崇拜是人类的一种精神生活方式，在一定时期是人类文化的一个组成部分。我们可以想象，只有当人们有了某种精神上的需求，即人们感到自己渺小无力而需要一股更为强大力量的帮助时，才会去幻想有一股伟大的力量在支配着自然，才会去想象一些自己从来没有见过的神灵，进而产生宗教崇拜。由于原始人自身的抽象思维能力以及相应的语言能力还很低下，所以当他们有了一定的宗教信仰或宗教幻想并需要与神交流时，总是以行为的方式把这些幻想表露出来，总是通过各种活动与神对话。人们要通过这些活动与神交流，把自己的愿望告诉神，也把神的旨意传达给人。有时候人们还试图通过某些活动来祈求神灵满足他们的愿望。所以，宗教活动总是在一种内在信仰的支持下，通过某些外在的行为实现人神交流。当他们有求于神，希望神灵满足他们的愿望时，他们也给神祭祀，并把他们要做的事以及他们所希望的结果表演一遍，通过这种表演把自己的要求告诉神灵。人们碰上了灾难，就会认为是恶鬼作祟，所以要通过一些他们认为恶鬼所害怕的动作来迫使其离开。正是这种通过动作实现人神交流的过程孕育出许多文化形态，我们所说的体育非物质文化遗产也是其中之一。

　　武陵山片区土家人旧时有多神信仰、图腾崇拜、祖先崇拜、鬼神与巫术信仰，还有部分人信仰从其他民族传入的道教、佛教、基督教。② 武陵山片区土家族群众的宗教信仰可以分为以下几种。①多神信仰。猎神，多数土家人尊梅山为猎神。她是一位美丽勇敢而又善射猎的姑娘。梅山神位设置在堂屋内（意念神位）或室外（在僻静处砌石小屋），祭祀时间多在出猎前一天晚上夜深人静的时刻。祭祀时必须衣冠整洁，而且不得出语粗

---

① 参见黄明理《社会主义道德信仰研究》，人民出版社，2006，第337～341页。
② 吴仕民：《民族问题概论》，四川人民出版社，1997，第472页。

俗，以免惹恼了这位猎神姑娘。人们祭猎神，目的是祈求她保佑猎人平安，保佑能捕获到丰足的猎物。土地神，土家地区有众多的土地庙，里面供奉着土家的土地神。土地神主管家禽家畜、虫害兽害等。土家人在每年农历二月初二为土地神烧香烧纸，虔诚奉祭，祈求土地神赐予丰收、安泰。生育神，土家妇女生下孩子后，便剪一个打伞的菩萨——巴山婆婆，贴在碗柜或火坑屋的板壁上，产妇每日吃饭时，都得敬她，直到婴儿长到三四个月，逢年过节和每月初一、十五两日也得祭祀，祈求巴山婆婆保佑孩子健康。到孩子十二岁时，人们把贴着的菩萨像撕下烧掉，祭祀并送归神位。此外，土家人还敬奉管五谷丰收的五谷神，管六畜兴旺的四官神，等等。②图腾崇拜。土家人的先民巴人以白虎为图腾。在巴人活动过的广大地区，不断有虎饰文物（如錞于、铜剑、铜戈、铜钺）出土。土家地区建有白虎庙，长阳等地修有白虎寺。人们还以白虎做家神，用纸或布画虎贴于堂屋，用以驱邪。他们的孩子戴虎头帽、穿虎头鞋，从小便得祖先荫护，不受鬼怪侵扰。结婚时铺虎毯，跳丧时唱"三唱白虎当堂坐，当堂坐的是家神"等祭祀歌。土家人在堂屋后墙中间位置放一凳子，用作白虎坐堂的神位。这种对白虎的崇拜，代代相传，深入土家人生活的诸多方面。此外，土家族中还有部分人以鹰为图腾。③祖先崇拜。廪君崇拜，传说廪君死后魂魄化为白虎，因为虎嗜人血，所以古代曾用人来祭祀它。土家族地区设有许多寺庙，其中大多是向王庙、"向王天子庙"，里面供奉着廪君神像。土王崇拜，土司制度在土家族地区有较长的历史。土司统治时期，土王是土家族地区生活的主宰，土司对土民有生杀予夺的权力。人们认为，即使土王死亡，其灵魂照样会管民间的一切，因此便祈求土王灵魂的保佑。也有一些土王在世时施政有方，使土家该地区繁荣兴盛一时。人们为了缅怀他们而立庙祭祀。改土归流后，汉民族的儒家思想、宗法制度对土家人影响越来越大，土家族中修建宗族祠堂、修族谱的人越来越多，对宗族祖先的祭祀也愈加注重。他们在堂屋供奉"天地君亲师"位，开始重视祭祀家族祖先。鬼神信仰与巫术，土家人旧时信仰鬼神。一般来说，他们认为神会保佑平安，鬼是带来灾祸的，因而他们对待鬼神的态度也不一样，对神敬祭，对鬼则用巫术驱赶、捉杀。从事祭神驱鬼巫术的人常是土老司，土家语称其为"梯玛"。土司统治时期，土老司权限较大，管村寨的祭祀、驱鬼、许愿、还愿、婚姻、婚礼、求子嗣、求雨、解纠纷、治病、占卜、丧葬等。土老司所用的法器有师刀、斩刀、铜铃、牛角号、五彩柳巾棒等，其装束是头戴凤冠，上穿花裙子，下系八幅罗裙。土家人认为恶鬼有麻阳鬼、青草鬼、水鬼、过堂白虎等，这些鬼给人带来灾祸、疾病甚至死亡。

武陵山片区苗族的宗教信仰有以下几种。①多神崇拜。苗族民间不仅认为人有魂，而且认为世界上万物有灵。对于自然界的一些巨大而奇特的自然物，如巨石、悬崖、水井以及村前村后和深山老林里茂密而高大的常绿树等，往往加以供奉，给它们贴白纸人、焚香、烧纸等，希望它们保佑人们平安无事。苗族人认为自己修建的木桥、石桥、土地菩萨以及在山上岔路口立的石凳、木凳、指路牌等都有神，希望它们能保佑全家、全村人或者过路的人平安，使野兽不进村伤人，等等。因此，对这些有神物每年都要去敬祭一次。②祖先崇拜。苗族人对自己的祖先极为崇拜，不仅每天吃饭时要先酹酒、掐一丁点肉抛于地上以表示敬祭祖先，而且还要定期和同一家族的若干村寨一起举行祭祖盛典。如湘西土家族苗族自治州苗族的"祭鼓节"（nongx jangd niel，旧称"吃鼓藏"）及"椎牛"仪式都是祭祖的形式。苗族崇拜祖先，一是本民族的始祖蚩尤，二是本家族的祖先。③图腾崇拜。苗族的图腾崇拜有龙神、枫木、鸟、盘瓠等。苗族普遍崇拜龙，各地苗乡都很盛行，如武陵山片区湘西地区的"接龙"等。各地苗族都是为了祈求风调雨顺、五谷丰登、家道兴隆、普泽万民而纷纷求助于龙，认为龙是为人作善、保佑人们平安发达的灵物，所以，如果哪个寨里出现了不会说话的儿童多、山坡成片倒塌、家族内男女青年关系异常等现象时，就认为这是保佑本村人畜兴旺的龙神已离开的不祥预兆，就应当举行"接龙"活动，把龙神请回来。于是，全村的人共同商定吉日，集资购买祭品，请鬼师来主持"接龙"仪式。"接龙"仪式一般选择在一个吉日的傍晚进行。目前，武陵山片区的泸溪、沅陵、麻阳、凤凰、花垣、吉首等县市的苗族，都崇拜盘瓠，不仅到处有盘瓠洞、盘瓠庙的遗址，而且还有关于盘瓠的传说。苗族极个别地区的极少数人有生殖崇拜的现象，但随着社会的发展，这一现象已消失。④基督教。苗族民间本来普遍为多神信仰，但随着帝国主义侵略势力向我国西南扩张，西方传教士深入苗族地区传教，故而少数苗族人开始信奉基督教。

武陵山片区瑶族信仰道教，崇拜多神。其中有自然神崇拜、英雄崇拜和祖先崇拜及其他宗教仪式等。①自然神崇拜。自然神崇拜源于瑶族先民对自然现象缺乏科学认识，认为山水万物都由神灵主宰，从而产生对山、水、天、地等的崇拜，并认为人们的生、老、病、死以及人间祸福、兴败等均取决于神灵是否保佑，故对自然诸神顶礼膜拜。②英雄崇拜。"密洛陀"崇拜，主要流行于布努瑶地区，是对创造世界万物的女英雄"密洛陀"的崇拜。每年农历五月二十九日，都要举行祭祀活动。盘瓠崇拜，主要盛行于武陵山片区永州江华瑶族自治区，那里的人们认为盘瓠既是一个战争英雄神，也是一个保佑人丁安宁、五谷丰登、六畜兴旺的神。瑶族每三年举行一次对盘瓠神的祭祀活动，被称为"还盘王愿"，每次都要举行三天三夜。③祖先崇拜。祖先崇拜源于先民灵魂不灭的观念，认为人死后还有灵魂，死者在阴间仍过着和阳间人一样的生活，并且还能给子孙带来吉凶和祸福。因此，人们就在堂屋里设神龛，对祖先进行祭祀，以求保佑。瑶族民间还流行男性在 15～16 岁举行具有宗教色彩的成丁仪式，俗称"度戒"。"度戒"仪式一般有上刀梯、跳云台、过火砖、下油锅、含犁头。另外，金门瑶"度戒"时要宣讲十条戒律，让受戒者严格遵守。"度戒"中的一些具有迷信色彩的仪式已经被瑶族废除，但"度戒"中对培养瑶族新一代的品德有意义的活动仍被保留下来。大约在宋元时期，道教、佛教相继传入瑶族地区，并与瑶族社会原有的宗教相融合。尤其是道教，对瑶族影响甚深。现在瑶族在丧葬中的那套祭祀仪式，基本上是按道教仪式进行的。鸦片战争以后，西方传教士曾在瑶族地区建教堂，也有部分人信仰天主教。

武陵山片区侗族群众信仰多神，有自然崇拜、灵魂崇拜、祖先崇拜，以鸡卜、草卜、卵卜、螺卜、米卜、卦卜测定吉凶。其他信仰有佛教、道教、基督教，佛教在明代以前就已传入侗族地区。武陵山片区侗族地区主要盛行萨岁崇拜。侗乡南部地区普遍崇拜的女性神被称为"萨岁"，意为始祖母，是地位最高的保护神。人们都认为她神通广大，能主宰人间一切，能影响风雨雷电，能保境安民，能镇宅驱鬼。在侗寨里建有萨坛，萨坛盖在寨子中间比较清静的地方，一般是露天坛，一个半圆形的土堆，四周砌石块。萨坛往往有专人看守。守坛者或世袭，或由卜测产生。萨岁是寨子的最大保护神，建寨子时要考虑萨岁的存在，建立萨坛是寨子的一件大事，被称为"安殿"。萨坛建成后，要举行安殿仪式。全寨男女身穿盛装，在萨坛前踩歌堂，吟唱《萨之歌》，歌颂萨岁的功德，冀求萨岁的保佑。侗族对萨岁最为虔诚，时不时要奉祀这位始祖母。初一、初十要烧香敬茶。每年的新春是祭萨岁的日子，届时全寨男女集合在萨坛。年轻妇女们手牵着手或手搭着肩围着坛前石坪边唱边舞，祈求萨岁在新的一年里降福消灾、保寨安民。祭毕，众人围坐萨坛就餐，表示与萨岁共进午餐。这时，鸣锣燃炮，男的吹笙前导，女的随后边歌边舞。在春节时，寨里男女歌队、戏班或芦笙队出发去别的村寨时，也要先到萨坛前祭祀，以求出行顺利。古代，寨众在出师抵御外敌时，更要祭祀萨岁，祈求萨岁庇护自己刀枪不入，胜利班师。关于这位始祖母的身世，据说是一位为维护侗族先民利益而牺牲的女英雄。侗族崇拜萨岁实际上是一种祖先崇拜。长期以来，在侗族民间形成了一整套萨岁文化，包括有关萨岁的传说故事和歌谣，以及踩歌堂、吹芦笙、各种敬萨岁祀萨岁活动等，在侗族文化史中占有重要地位。

武陵山片区白族信仰多神灵，既有原始的图腾崇拜，也有佛教的信仰，但以本主信仰最为独特。"本主"教是白族全民信奉的宗教。"本主"一词的含义是"本境最高贵的保护神"。白族的"本主"是"人神兼备"的护卫神，仍处于原始宗教阶段。但是，这种原始的崇拜已渗入了祖先崇拜、英雄崇拜，并使祖先崇拜、英雄崇拜成为"本主宗教"的崇拜核心。白族本主是单个神祇，但大多也有谱系可寻。凡白族村民，皆认为自己是"本主"的子民、儿孙。武陵山片区桑植县白族供奉开创基业的三位首领，分别叫谷均万、王朋凯、钟千一，合称"三神天仙"。

武陵山片区少数民族的宗教信仰在各个少数民族文化史上占有重要的地位。它们不仅影响群众的思想意识、生产生活方式，也对体育非物质文化遗产的产生、传承和发展具有重要的影响。比如，武陵山片区土家族"舍巴日"（日读 yí）是土家语汉字记音，"舍巴"是土司治下专司民族祭祀的地方官，在土家语中是做或举办的意思，故以此得名。因其酬神歌舞的基本动作是"甩同边手"，汉语谓之"摆手"，故称舍巴堂为"摆手堂"。它是集歌、舞、乐、剧于一体的庞大载体，涵盖了土家族民族祭典、大摆手、小摆手、毛古斯、民间吹打乐、土家服饰等传统文化现象。从它所表现的内容来看，它是一种源于远古土著先民"崇拜祖先、崇拜自然"的原始宗教意识，以民间信仰为依托，以民族祭典为载体的民族传统文化现象，主要传承区域为湘西州酉水河流域的龙山、永顺、保靖、古丈四县的50多个乡镇。土家族自称"毕兹卡"，即本地人的意思。古籍称其"天性劲勇，俗喜歌舞"，正是这种能歌善舞的风俗，养育了"舍巴日"这种独特、稀有的文化，并出现了"红灯万盏人千叠，一片缠绵摆手歌"的文化盛况。它所传递的丰富文化信息，凸显出珍贵的文化价值，在传承民族文化、传承土家语言、弘扬民族道德、振奋民族精神等方面起到了综合载体作用。鼓藏节，是苗族最隆重、最独特的节日。鼓藏，译成汉语，为"牯脏"或"祭鼓"。说"鼓藏"或"祭鼓"可能与苗族被称作"鼓"的宗支相关，用"牯脏"也许与苗族的古崇拜物——牛相关。苗族鼓藏节具有鲜明的民族传统文化特色，是苗族人价值观的体现，怀念祖先、尊老爱幼、和睦相处、勤劳俭朴、富裕安康等是鼓藏节的祷告主题。鼓藏节的仪式由鼓社组织的领导"鼓藏头"操办，鼓藏头由集体或群众选举产生。从用猪或牛祭祖到节日活动的系列程序，均由鼓藏头组织安排，人们必须服从。鼓藏头举砍刀在前开路，象征性地将祖灵圣鼓迎回山寨，迎鼓队伍吹奏芦笙跟随，回到山寨鼓堂，全体村民跳"踩鼓舞"恭迎，鼓藏节的活动以跳芦笙舞为主。武陵山片区江华瑶族盘王节是瑶族祭祀祖先盘瓠的重大节日，瑶族同胞都十分重视这一民族祀典，现已成为全国瑶族同胞最盛大的节日。每年的农历十月十六日，瑶族男女老少都要穿上自己民族的节日盛装，聚集在一起唱歌、跳舞，欢度盘王节（也称"跳盘王"或"调盘王"）。他们唱的歌是以《盘王歌》为主的乐神歌（下文将有专门介绍）；跳的舞则是每人手拿长约80厘米的长鼓的群舞，一般为双人或四人对舞。盘王节、盘王歌以及长鼓舞，都有它们源远流长的历史。武陵山片区的侗族同胞把女性神"萨岁"作为至高无上之神，每个村寨都建有"萨岁庙"。春节期间盛行一种被称作"打侗年"（又叫"芦笙会"）的萨岁祭祀性群众活动。这种活动类似汉族的"团拜"，只不过比"团拜"显得更加欢乐、热烈。这种活动一般是由两个村庄共同商定举办的。两队在广场上正式举行芦笙歌舞比赛。这时两个村庄的观众伴随着乐曲翩翩起舞，尽情地欢乐。武陵山片区桑植白族于每年农历六月二十五日举行火把节，它是白族的传统节日。节日前夕，全村同竖一根一二十米高的大火把。用松树做杆，上捆麦秆、松枝，顶端安一面旗。旗杆用竹竿串联三个纸篓扎成的升斗，意为连升三级。每个升斗四周插着国泰民安、风调雨顺、人寿年丰、五谷丰登、六畜兴旺之类字画的小纸旗；升斗下面挂着火把梨、海棠果、花炮、灯具以及五彩旗。在火把节的中午，人们带上小火把、纸钱、香烛、供品，到祖坟前扫墓、祭奠。小火把点燃后，撒三把松香熏墓，等火把燃到把杆后方能回家。墓地如离家甚远，则在家里祭祀。晚上举办拜火把、点火把、耍火把、跳火把等活动，预祝五谷丰登、六畜兴旺，还开展仗鼓舞、打霸王鞭、舞龙、舞狮、跳民族歌舞等文娱活动。

第五节　生活习俗对体育非物质文化遗产发展的影响

人类社会的全部内容可用生产和生活两大部分来概括。生产和生活都属于人类维系生命的生存方式和手段，但生产是一种创造物质、改造物质的生存方式和手段，生活则是一种享受物质、利用物质的生存方式和手段。除生产、军事活动以外的人类其他所有活动都可用生活两字来概括。生产是生活的基础和保障，生活是生产的动力和目的，生产为了生活，生活必须生产，两者是相辅相成、互为表里的。生活与人类的生理、心理，自然环境，时空变化，种族差异等主客观条件密切相关，不同的生产力发展水平，不同的时代，不同的地域环境，不同的氏族、民族和阶层，不同的秉性和心态，都会产生不同的物质需求和生活方式，从而形成不同的生活习俗；各种主客观条件大致相同的人群除持有共同的生活需求特性外，也会产生相异的个性倾向，生活的方式和习俗也与此相应。人类社会发展史的全部生活，可谓丰富多彩，但其实质简言之不外乎食、住、衣、行。故从这一意义上说，食、住、衣、行是物质生活的具体化、代表化，它们既是人类的客观求取，同时也是人类的主观要求。从远古至夏商周三代，中国人类生活的绝大部分时间是以最原始的方式、方法度过的，故其中会发生一些为现代生活所难以理解和想象的习俗，但绝大部分的习俗是承前启后、有规律可循的。[1]

各个民族的生活习俗不同，由生活习俗演变而来的身体活动与生活习俗的地域分布密切相关。每当秋收季节，居住在张家界桑植，湘西永顺、龙山等县的土家族人民，特别是青年，身背鸟铳、弓箭、棍棒，昼夜守护在田边地头，遇鸟兽前来偷盗粮食，便用鸟铳、弓箭射击，或迅速扔出手中木棒击打。有时以棒击棒，不仅掷很远，而且能发出声音惊走鸟兽。勤劳勇敢的土家族人民从小就练成了木棒掷远的本领，一些土家族掷棒能手可以将木棒扔出60米，并准确地击毙飞禽走兽，此后打飞棒逐渐成为一项体育非物质文化遗产运动。土家族在长期的生产生活中创造了适合本民族生产生活方式的体育身体活动，如抢贡鸡、搭撑腰、打飞棒、踢毽子、肉莲花、板凳龙及土家武术等。苗族女性"穿针赛跑"体育非物质文化遗产项目按参加比赛人数多少编成若干组，每组比赛时，参加者排成"一"字，每人拿着裁判员别在一张纸上的缝衣针3～7根，棉纱1根。裁判员发出"起跑"令后，竞赛者在规定距离内将针穿进针眼里，并跑完全程。苗族通过这种体育非物质文化遗产活动培养青少年的生产生活能力。哆毽是侗族独特的体育非物质文化遗产项目。侗族人民从插秧时互抛秧苗的动作中受到启发，便用稻草扎成小球或小饼在寨前屋后和小坡上抛打，逐渐演变成今天多种多样的哆毽体育非物质文化遗产活动。侗族青年男女非常喜欢拍哆毽，春节前后更是高潮期，户户都拍哆毽。哆毽这一体育非物质文化遗产活动不仅丰富娱乐了农闲生活，而且锻炼了生产技能。武陵山片区瑶族群众喜爱对顶木杠。比赛时，两人各以红布缠腹，分别顶住一根碗口粗、长约3米的木杠两端进行对抗。双方用手扶住木杠，奋力向前推顶，直至一方体力不支将木杠放下，再换一人与胜者较量。凡能连胜五人以上者，则被誉为大力士。这种对顶木杠的体育非物质文化遗产活动不仅提高了身体的素质，而且成为农闲过程中重要的娱乐方式。

当然，一个民族、一个国家没有绝对的、单纯的体育非物质文化遗产，它体现着一个民族、一个国家的社会政治要求。体育非物质文化遗产

---

[1] 游俊、李汉林：《武陵山片区少数民族史》，民族出版社，2001，第375～421页。

的体现往往是在一定社会政治背景下按照一定的规律来反映的，从而必然造成许多方面的差异。当然，军事、哲学、文化、法律、经济等原因也会造成体育非物质文化遗产上的各不相同。在此有必要特别强调以下几点。第一，世界是多元化的世界，体育非物质文化遗产更应是多样化的，我们不否认体育非物质文化遗产中有传统与现代之分，个别体育非物质文化遗产是落后的，应该改革，但绝不应由此导致体育非物质文化遗产有先进与落后之差别。第二，每种体育非物质文化遗产都有其自身的产生、发展过程，有其历史文化渊源，不能孤立地去看，而要把它放在一定的文化与社会环境中去看。第三，对体育非物质文化遗产的考察应该持一种宽容与欣赏的态度，用心去体会，不能随意地以某种文化或者个人好恶为标准。任何人都不应该要求其他民族的体育非物质文化遗产与自己民族的观点和体育非物质文化遗产相符合。只有这样，才能够很好地理解和尊重其他民族的体育非物质文化遗产。第四，体育非物质文化遗产的融合趋势会随着全球化的发展而加强，比如现在西方的一些生活方式越来越为许多人所接受，但是用一种体育非物质文化遗产去统一或取代其他地区的体育非物质文化遗产是没有必要的，也是不可能的。勉强为之，会造成严重的社会问题。保护每个民族的文化遗产实际上也是在保护全人类的文化遗产，世界没有了文化多样性就如同没有了生物多元化，是可怕的。武陵山片区体育非物质文化遗产的分布是一种十分复杂的现象，受多种因素的共同影响。在国家有关部门十分重视体育非物质文化遗产、现代交通日趋发达、经济迅速发展、民族间的交往更为频繁的今天，在生态环境的保护中应该有与体育非物质文化遗产保护相关的内容。

第四章 武陵山片区体育非物质文化遗产的反思与重建

第一节 社会转型进程中体育非物质文化遗产的反思与重建

一 武陵山片区社会转型与体育非物质文化遗产的关系

"社会转型"的思想是西方社会结构功能学派现代化理论中的经典思想。在 20 世纪 90 年代以前的中国，"社会转型"概念是一个有争议的概念。郑杭生等人通过对改革开放以来中国一系列巨大变化的观察，认为经过十几年的改革开放，中国已进入一个新的社会转型时期，转型的主体是社会结构。转型的标志是：中国社会正从自给、半自给的产品经济社会向有计划的商品经济社会转型，从农业社会向工业社会转型，从乡村社会向城镇社会转型，从封闭、半封闭社会向开放社会转型，等等。① 如果从理论上界定，简单地说，社会转型既是一种整体性发展，又是一种特殊的结构性变动，还是一种数量关系的分析概念。

首先，社会转型是一种整体性发展。社会发展是一个整体概念，包括人民生活、科技教育、社会保障、医疗保障、社会秩序等各个方面的发展

---

① 郑杭生：《转型中的中国社会和中国社会的转型 中国社会主义现代化进程的社会学研究》，首都师范大学出版社，1996，第 151 页。

与完善。其中，经济社会结构的转型是发展的最本质内容。社会转型是一个涉及社会各个方面的概念，指社会的各种结构的转型，如人口结构、家庭结构、就业结构、城乡结构等。

其次，社会转型是一种特殊的结构性变动。这里有两层基本含义：第一，它不仅意味着经济结构的转型，还意味着其他社会结构的转型，是一种全面的结构性过渡；第二，它是持续发展中的一种阶段性特征，在持续的结构性变动中从一种状态过渡到另一种状态。

最后，社会转型是一个数量关系的分析概念。古典社会学理论注重在研究社会运行过程中通过考察社会结构的变动来探索历史表象背后的统一规律。直到 20 世纪 60 年代末 70 年代初，这种分析方法才有了重大突破，主要标志是把数量分析引入对经济社会结构的考察中，如刘易斯的"二元经济结构论"。从 20 世纪 60 年代开始，社会学家也在探索用数量指标考察社会结构的变动。那些描述现代化社会结构特征的数量指标，一般被称为社会结构转型的"临界点"。

总之，社会转型的主体是社会结构，它是指一种整体的和全面的结构状态的过渡，而不仅仅是某些单一发展指标的实现。在社会转型时期，人们的行为方式、生活方式、价值体系都会发生明显的变化。[①]

就中国社会发展而言，中国经济转型及社会转型期的二元结构交织特征使中国面临各个领域同步发展的巨大压力，决定了中国的社会转型不是一种自然的历史过程，而是人为的自上而下的动员过程。从历史发展的时段来看，中国的社会转型可以划分为三个阶段：1840～1949 年为第一个阶段，1949～1978 年为第二个阶段，1978 年至今为第三个阶段。因此，在改革开放以后的几十年中，我国现代化的发展已超过前 140 年的总和，发展速度也是任何一个时期都无法比拟的。1978 年至今的第三个阶段是中国社会转型的速度、强度、广度、深度都达到顶峰的时期。不仅如此，十六大提出我国全面建设小康社会需要着重完成四个战略性的转型：一是由传统计划经济向现代市场经济转型，二是由以农业和工业为主的社会向以信息产业为主导的服务社会转型，三是由政府主导的社会向法制主导的社会转型，四是由乡村社会向城市社会转型。对于一个人口众多、民族多样、传统惯性历久不衰、各地发展差异甚大的超大型社会来说，要在短短几十年里走完西方早期现代化国家一二百年的现代化之路，该时期的社会转型的确是一种巨大的历史转折。武陵山片区社会转型既具有一般社会转型的特征，又具有自己的一些特殊情况与特征。[①]

　　不过，总体而言，现代社会发生的变化大多是人类自身控制的有计划的变革。社会结构的转型也是一个由人调控的过程。武陵山片区与其他地区相比，它的绝对转型势位明显是很低的。但是，如果内部社会动员度高，经济的持续增长能力就能培育起来，就能实现转型局势的有效改善。

二　武陵山片区社会转型进程中体育非物质文化遗产文化生态的反思

　　党的十一届三中全会以来，生机蓬勃的商品经济意识和现代化大生产带来的竞争意识，向以自然经济为基础的扎根千百年的各种传统观念和陈规陋俗发起猛烈冲击。文化传播和交流手段的现代化，使我们的传统生活模式开始发生变化。在体育非物质文化遗产的表层上，许多民族在衣、食、住、行、现代生活用品、礼仪风俗方面越来越具有鲜明的现代色彩，标志着传统的体育非物质文化遗产被注入了新的形式。在体育非物质文化遗产的深层上，民族文化心理开始纳入新的审美观念和伦理道德观念，商品经济观念也已经向生产最落后、环境最封闭的地区渗透。各个少数民族的体育非物质文化遗产已经进入或即将进入新的"文化转型期"。[②] 更引人注目的是，现代大量新文化形态和产品极大地拓宽了人们的认知视野，出现了新的文化选择和评判标准。武陵山片区群众固有的文化价值取向正在发生变化，体育非物质文化遗产的文化生态受到了严峻挑战，陷入了"两难"境地。一方面，现代体育文化传入正在各个层次（尤其是基本的物质文化层）上弱化和缩小体育非物质文化遗产的影响，使许多体育非物质文

　　① 龚长宇：《义利选择与社会运行：对中国社会转型期义利问题的伦理社会学研究》，中国人民大学出版社，2007，第247页。

　　② 严强：《国家治理与政策变迁：迈向经验解释的中国政治学》，中央编译出版社，2008，第432页。

化遗产的传统习俗趋于淡化，从而表现出同我国主体文化和世界文化相一致的发展趋向；另一方面，面对开放的外部世界，各民族的体育非物质文化遗产本体意识也日益增强，更加强烈地要求完整保存和表现自身的传统习俗及特点，以便在更大的文化背景下表现自己的特色。这两种对立的趋势造成了社会转型期体育非物质文化遗产发展中的矛盾心态，并引发一系列问题。

第一，生态环境发生巨变，体育非物质文化遗产的生存环境弱化。武陵山片区社会转型是体育非物质文化遗产生态环境发生巨变的最根本原因。首先，社会转型中生产方式发生变化。经济生产是人类社会生活中最为重要的一个方面，它是体育非物质文化遗产产生、发展的物质前提和社会基础，也构成了体育非物质文化遗产所要反映的基本内容。目前，武陵山片区存在许多国家级、省级贫困县，自然条件恶劣，与外界联系困难，农业生产条件差，工业经济发展普遍落后。武陵山片区少数民族大多属于农耕民族，以农业生产为主，只有极少数地区还有狩猎这一生产方式，所以武陵山片区体育非物质文化遗产活动具有深刻的农耕文明特征。而少数民族地区社会转型的标志是：从自给、半自给的产品经济社会向有计划的商品经济社会转型，从农业社会向工业社会转型，从乡村社会向城镇社会转型，从封闭、半封闭社会向开放社会转型，生产的工业化、生活的现代化、居区的城市化、信息的国际化等，无疑在影响体育非物质文化遗产的生态环境。少数民族地区社会转型使体育非物质文化遗产的现实环境逐渐与体育非物质文化遗产的生存环境相背离，突出表现在体育非物质文化遗产在传统与现代之间的抉择上。其次，社会转型中地理环境因素发生变化。在武陵山片区，很多体育非物质文化遗产依然在传承，其中有一个重要的原因，就是这个地方比较偏僻。偏僻的地理环境，以及交通闭塞，导致新的信息传播慢，外来文化的影响不大，传统观念、习俗依旧是保护体育非物质文化遗产的天然屏障，尤其是越偏远的民族地区，越沿袭着较为古老的被人们称为文化"活化石"的体育非物质文化遗产形态。比如，在湘西土家族地区，还流传着古老的"毛古斯"习俗；在山高谷深、群峰环抱、沟堑横阻、交通险峻的苗族聚居区，还流传着古老的"吃牯脏"习俗。现在少数民族地区的社会转型，"村村通"交通道路的建设，使生活在偏远山区的少数民族地区群众可以"走出去"，加速了信息的交流。电视、手机、网络等现代信息传播方式的普及，使偏远山区的群众坐在家中也能看世界，这无疑会对他们传统的体育非物质文化遗产活动造成冲击和影响。最后，社会转型中政府相关部门关注点发生变化。武陵山片区社会转型期也是民族地区政府实现经济增长的最大机遇期，经济增长的幅度成为政府相关部门考核的唯一标准。在这个片面追求经济发展的过程中，政府文化部门对原生态体育非物质文化遗产重视不够，重经济效益、轻文化保护，任其自然流传或消失，也使得体育非物质文化遗产缺少了人为保护的机制。对于少数民族地区的体育非物质文化遗产来说，它们的生态环境是十分脆弱的，如果缺乏政府的支持和引导，就很容易消失。体育非物质文化遗产和自然资源一样，都是不可再生资源，如果等到它们消失以后再想保护，无疑是十分困难的。总之，武陵山片区社会转型是体育非物质文化遗产生态环境发生巨变的根本原因，也是体育非物质文化遗产在历史进程中面临的最重要选择，在困难重重的同时也会机遇无限，需要得到关心、热爱体育非物质文化遗产的所有人的共同关注。武陵山片区社会转型中生产方式的变革、地理环境的改变、政府管理侧重点的变化，都会对体育非物质文化遗产的发展造成影响。

第二，生活方式发生巨变，群众轻视体育非物质文化遗产活动。由于地理环境、自然条件和历史社会发展的差距等，各民族在经济发展上存在一定的差异，少数民族在经济社会发展上相对落后，民族地区生产力水平相对低下，一些偏僻边远地区少数民族群众生活还比较贫困。有的民族长期处于自给自足的自然经济阶段，还保留了一些旧的社会阶段的遗风，工业化程度很低，交通不便，信息不灵，商品经济观念弱，市场发育迟缓。在改革开放新时期，武陵山片区经济社会发展加快，人们的观念转变，商品经济逐渐发展，与商品经济相联系的社会主义市场经济也逐渐建立和发展起来，与过去相比，经济增长幅度很大。少数民族在向社会主义市场经济转轨的过程中，民主政治和法制的意识、观念不断增强，民族的心理承受力和包容力进一步强化，竞争意识和能力明显增强，整体素质进一步优化，少数民族发展成为现代民族的进程加快。社会主义商品经济、市场经济的发展所提供的保障，必然使民族内部结构各要素间相互协调、相互促进，使少数民族地区经济社会更快发展。随着时代的发展和娱乐方式的增多，武陵山片区群众已很少把体育非物质文化遗产作为主要的娱乐方式。即使在经济相对落后、人口较多的一些乡镇，人们也主要有看电视、唱卡拉 OK，或上网等娱乐方式，以体育非物质文化遗产娱乐的现象少之又少。也就是说，人们娱乐的主要方式已不再是体育非物质文化遗产活动。在一些经济相对发达、人口相对集中的城市，一些青少年更喜欢"蹦迪"或跳"街舞""劲舞""国标"等。群众对现代生活的渴望，以及对体育非物质文化遗产的轻视，对民族体育文化的传承和发展产生了"蝴蝶效应"。首先，当代人对现代文明的追求与渴望，对传统文化的轻视和远离，使民族体育文化失去了心理根基。尤其是青年一代对本土传统文化的不屑一顾，以及对外来文化的盲目追求，使得原生态体育非物质文化遗产失去了民族文化的心理根基。其次，轻视体育非物质文化遗产，会导致体育非物质文化遗产的传承机制断裂。对于体育非物质文化遗产来说，群众是其参与的主体，也是其创造和发展的源泉。青少年对体育非物质文化遗产的不屑一顾，会导致体育非物质文化遗产的传承机制断裂。最后，体育非物质文化遗产活动的减少，使体育非物质文化遗产失去生存发展的土壤。有些民族的体育非物质文化遗产直接与体育非物质文化遗产活动结合在一起，所以在举行体育非物质文化遗产活动时，这些体育非物质文化遗产自然也在反复进行的项目之列，同时使体育非物质文化遗产活动中的体育非物质文化遗产被保存下来。但是，由于少数民族地区现代化的活动明显增多，体育非物质文化遗产活动明显减少，因此体育非物质文化遗产失去了生存的土壤。针对这种情况，有的少数民族地区为了保留体育非物质文化遗产，采取了各种措施，如举办体育非物质文化遗产项目比赛、制定民间文化的保护措施、指定专人保护等，也使体育非物质文化遗产得以保留并存续下来。还有很多地区发展了体育非物质文化遗产，使之更适合今人为之，于是使得体育非物质文化遗产具有了新的活力。

第三，政府服务、管理失衡，体育非物质文化遗产社会政策缺位。政府应当为体育非物质文化遗产发展提供良好的市场环境，更重要的在于政府要为体育非物质文化遗产和经济社会的协调发展提供基本且有保障的公共物品和有效的公共服务。改革开放以来，政府制定了大量旨在推动经济发展的政策，但对体育非物质文化遗产公共政策的定位和把握存在不少问题，甚至出现了严重的社会政策缺位和错位。随着我国改革开放的深入，出现了社会政策不能很好地适应社会的变革需求和很好地完成社会管理职能的现象。2005 年，由湘西土家族苗族自治州政府策划的中国（德夯）鼓文化节，不仅将湘西苗族"鼓舞"推向了全国乃至世界，也推动了苗族"鼓舞"的可持续发展。湘西土家族苗族自治州政府组织申报的苗族"鼓舞"被列入国家非物质文化遗产第一批保护名录，湘西苗族"鼓舞"发展走上了良性轨道，这些探索都为体育非物质文化遗产的保护和发展提供了参考。政府管理体制改革滞后于经济体制改革的总体进展，政府职能的转变滞后于政府机构改革。改革打破了旧的利益格局，而新的利益格局又迟迟未能建立起来。传统政府职能已经不能适应市场经济体制的要求，地方保护主义抬头，分散主义、行政失控等问题都不同程度地存在。因此，解决传统政府管理的失效问题，满足社会发展的迫切需要，是转型时期中国社会面临的严峻问题。政府应当完善公共服务体系，建立并逐步完善社会保障体系等，尤其是在建设社会预警机制、完善社会监控网络、适时调控社会和化解社会危机方面，我们亟须出台、建立一套有效的、公平的、合理的公共政策和公共参与机制。

第四，社会价值观念失衡，伪体育非物质文化遗产影响体育非物质文化遗产发展。随着社会的分化和分层的复杂化、多样化，人们的思想已经发生了明显的改变。但由于社会生活及其变化的复杂性，各种新旧矛盾交织在一起。在传统的价值取向受到冲击，而新的价值取向尚未形成的转型时期，价值倾覆与社会失范相互交织，各种反科学和反文明的思潮时隐时现，愚昧迷信的思想沉渣泛起，不仅严重危及社会的协调发展，而且会造成严重的社会后果。比如，在武陵山片区某些体育非物质文化遗产表演中，将迷信活动包装成体育非物质文化遗产精华，充斥、宣传迷信的现象层出不穷。靠这种包装吸引游客是社会价值观念失衡的典型现象，为追求短期效益而阻碍体育非物质文化遗产的可持续发展是得不偿失的。因此，如何根据人们实际的精神需求，以恰当的方式使之得以满足，在不断提高其文化素质的同时提高其精神生活的品质，是武陵山片区社会转型之中一个不可忽视的重大问题。推进现代体育非物质文化遗产的变革，首先要在文化观念上进行一系列的除旧更新，树立多元的体育非物质文化遗产观，改变以往把体育非物质文化遗产看成一元或二元的思维定式，树立开放的体育非物质文化遗产观，不仅要走出相对封闭的文化地域，更需要摆脱封闭的文化心理，在同异质体育非物质文化遗产的比较中进一步认清本民族优良的习俗和价值。通过在多种参照系中进行广泛比较，树立体育非物质文化遗产的自信，自觉扬弃那些阻碍民族前进和生产力发展的旧思想、旧习俗。世界上绝无一成不变的体育非物质文化遗产，任何民族的习俗都处于持续不断的扬弃过程中。通过对现代体育非物质文化遗产的深入变革，主动建立体育非物质文化遗产内部较强的转换机制，加强深层的自我调节能力，以有效地消化和吸收外来文化，锻造无愧于时代和后人的新体育非物质文化遗产，这一历史任务再也不能被忽视了。

凡此种种，都说明促进现代体育非物质文化遗产的发展与繁荣，以使武陵山片区各民族具有鲜明时代特征的体育非物质文化遗产发展，同经济的线型增长之间建立起相辅相成的机制，已经成为当今解决我国民族问题的重要内容。因此，从经济、政治和文化交互作用的高度，全面审视经济体制改革、政治体制改革对体育非物质文化遗产变革的要求，深入研究体育非物质文化遗产变革的历史地位、功能、发展机制、特点和趋势，是各民族义不容辞的责任。

三　武陵山片区社会转型进程中体育非物质文化遗产文化生态的重建

武陵山片区社会转型处在最复杂、最剧烈、最为关键的时期，这种社会转型由内到外面临三个方面的压力。首先，少数民族地区经济文化变革的内在需求。经济文化发展的历史规律表明，一个地区的经济文化发展呈从落后到先进、从低级到高级的螺旋上升趋势，目前的武陵山片区便处在上升的转型时期。其次，国内地区经济文化差异化影响的结果。少数民族地区由于交通落后、信息不通、文化封闭等，在历史的漫长过程中几乎没有和外界产生交流，社会格局也很难发生变化。目前武陵山片区外围环境已经发生了翻天覆地的变化，有的地区经济快速增长，改善了生产生活方式，促进了群众生活质量和生活水平的提高，这无疑会对少数民族地区产生深远的影响。最后，国外经济文化渗入的结果。武陵山片区不仅面临国内经济文化的竞争压力，国外经济文化的渗入影响也是十分巨大的。现代通信技术水平的提高，使生活在少数民族地区的群众可以通过移动电话、数字电视、互联网等渠道了解到国外的情况，国外的麦当劳、肯德基、可口可乐等已经进入了少数民族地区，少数民族青少年也逐渐接受了摇滚乐、街舞等，这也是少数民族地区社会转型加速的重要原因。少数民族地区经济文化变革的内在需求、国内经济文化差异化影响的结果、国外经济文化的渗透都会对少数民族群众的体育非物质文化遗产活动带来变化，这种变化也直接影响到体育非物质文化遗产文化生态的建设，所以我们应该注意以下几个方面。

第一，制定体育非物质文化遗产发展战略，积极促进大众健身娱乐。武陵山片区体育非物质文化遗产不仅蕴含丰富的历史文化知识，而且是群众生活信仰的外在表现、民族情感的真实表达，还具有丰富的健身娱乐功能。少数民族地区处在社会转型的重要时期，社会发展进步其实主要是人的进步，人的可持续发展是社会转型时期制定体育非物质文化遗产发展战略的核心。在社会转型时期，民族体育发展战略的宏观决策作用是十分重要的，而关注群众身心发展的大众健身娱乐是众多战略决策的重中之重。我们可以提升体育非物质文化遗产的娱乐审美性，丰富群众的业余生活。比如，武陵山片区土家族的摆手舞，万人齐舞的时候场景宏大、气势恢宏，在体现土家族对美的追求之外，也充分地体现了民族的精神。武陵山片区苗族的苗鼓舞、瑶族的长鼓舞、白族的仗鼓舞都是少数民族群众在长期的生产生活中智慧与力量的结晶，是民族传统文化的精髓。我们可以将这些富有民族文化内涵、群众喜闻乐见、健身效果突出的体育非物质文化遗产活动作为武陵山片区体育非物质文化遗产的发展战略，不仅可以促进群众的健身娱乐，而且有益于少数民族地区的社会转型。

第二，依靠习近平新时代中国特色社会主义思想，指导体育非物质文化遗产建设。习近平新时代中国特色社会主义思想是对中国文化发展历史经验的总结，对指导体育非物质文化遗产建设具有重要的意义。武陵山片区体育非物质文化遗产是少数民族农耕文化时代的产物，也是少数民族地区现代化进程中的必然附属物，它们的存在是文化多样性的内在反映和体现。体育非物质文化遗产作为群众参与的文化形态，目的就是赢得群众喜爱，让群众通过参与体育非物质文化遗产获得身心的娱乐，消除生产生活中的压抑感，放松绷得过紧的神经。所以，体育非物质文化遗产从整体来说，是优秀作品，它们不仅对旧时期群众的生产生活具有重要作用，而且对新时期群众的生产生活的作用也是不可估量的。但是我们也不否认，在武陵山片区体育非物质文化遗产中有不少缺乏教化功能、纯粹以娱乐为目的、追求感官刺激的低劣作品。如何引领体育非物质文化遗产的健康发展，是社会转型期面临的重要问题。处在社会转型期的武陵山片区体育非物质文化遗产建设，必须依靠习近平新时代中国特色社会主义思想，指导体育非物质文化遗产实现健康向上的、民族的、科学的，源于群众、服务群众，具有真善美的先进文化建设。

第三，尊重体育非物质文化遗产发展规律，树立正确的体育非物质文化遗产观念。体育非物质文化遗产的发展，是两大因素作用的结果。首先是民族体育非物质文化遗产自我更新的结果。一个民族体育非物质文化遗产的发展需要和时代变迁相符合，不符合时代需求的体育非物质文化遗产必将被历史无情地淘汰。民族体育非物质文化遗产的自我更新是与时代同步发展的内在需求。其次是吸收外来文化，重新创造的结果。一个民族体育非物质文化遗产的发展必须从外来文化中吸收新鲜的血液，利用其他文化中新的营养成分，使之成为文化进步的动力。所以，如果我们要判断某个民族的体育非物质文化遗产是否优秀，可以从两个方面入手：是否保留了本民族优秀文化的基因，即民族文化是否具有民族性；是否吸收了其他民族文化的优秀成分，即民族文化是否具有世界性。只有具有以上两个特征的民族体育非物质文化遗产才是先进文化。武陵山片区人民必须树立正确观念，尊重体育非物质文化遗产发展规律，不仅要注意体育非物质文化遗产的自我更新，更要注重从外来文化中吸收优秀文化基因，促进体育非物质文化遗产发展。

第四，依靠政府的主导力量，有效推动城乡体育非物质文化遗产统筹发展。有效的政府推动是统筹城乡体育非物质文化遗产发展的根本保障。各级党政一把手要重视对体育非物质文化遗产工作的领导，要用抓经济工作的力度抓文化建设。党的十六届三中全会提出的深化经济体制改革的一个重要原则就是，以人为本，树立全面、协调、可持续发展观，促进经济社会和人的全面发展，而文化建设在实现全面、协调、可持续的发展中具有特殊的战略意义。各级政府要加强宣传教育，提高农村体育非物质文化遗产的阵地意识；加强活动引导，提高农村体育非物质文化遗产的品位；加强建章立制，提高对农村体育非物质文化遗产的管理水平；加强机制探索，提高农村体育非物质文化遗产发展的能力；加强队伍建设，提高农村体育非物质文化遗产管理人员的素质。在制定体育非物质文化遗产发展战略与规划时，要把农村体育非物质文化遗产建设纳入当地精神文明建设的全局之中，纳入农村奔小康的总体目标之中，统一规划，统一要求，统一检查。必须以统筹城乡体育非物质文化遗产发展的思路，切实解决农村文化建设投入总量偏少、比例偏低的问题。要以农村公共文化服务体系为重点，把村级体育非物质文化遗产建设作为工作着力点，实现体育非物质文化遗产工作重点的下移、体育非物质文化遗产资源的下移和体育非物质文化遗产服务的下移，切实加大农村体育非物质文化遗产建设力度，以健康、协调、有序地发展农村体育非物质文化遗产事业，逐步提高农民文化生活的质量，丰富农民群众的精神文化生活。

第五，充分发挥群众的主体作用，激发体育非物质文化遗产建设的活力。农民是农村体育非物质文化遗产建设主体，根据不同层次农民的文化需求，设计载体、营造氛围，激发农村体育非物质文化遗产的活力，使体育非物质文化遗产活动的形式与农民群众的工作和生活实际相适应，与经济发展水平相适应，与农民群众的接受能力相适应，充分发挥农民群众的主体作用，让农民群众积极参与各种体育非物质文化遗产活动，真正体现"到群众中找体育非物质文化遗产、让群众表演体育非物质文化遗产、让群众享受体育非物质文化遗产"的宗旨。要多举办民间体育非物质文化遗产表演等活动，注重挖掘民间体育非物质文化遗产的丰富内涵，形成民间体育非物质文化遗产发展的特色优势，让更多的群众参与文化、享受文化。只有把农村体育非物质文化遗产建设成为农民自觉追求、积极参与的文化阵地，农村的体育非物质文化遗产建设才会有生命力，载体才能发挥长效作用，农村体育非物质文化遗产产业才会有经济效益。同时，还可以加快体育非物质文化遗产活动的节奏，增加文化活动的密度，丰富文化活动的形式和内容。只有在春节、元宵节、端午节、中秋节等传统节庆日和妇女节、劳动节、儿童节、国庆节、教师节等现代节庆日中开展高密度的、丰富多彩的体育非物质文化遗产活动，占领人们的空闲时间，不健康的文化才无立足之地，人们才能从不健康的文化中挣脱出来。注重解决农民"文化生活孤岛化"问题，在文化节庆日力求组织更多与农民群众表演、创作、服务等相关的体育非物质文化遗产活动。

第二节　旅游经济进程中体育非物质文化遗产的反思与重建

一　武陵山片区旅游经济与体育非物质文化遗产的关系

武陵山片区经过近几年的旅游开发建设，以体育非物质文化遗产旅游为主要因素的旅游格局已经基本完成，具备了旅游大发展的基础。整合武陵山片区体育非物质文化遗产旅游区域资源，打造区域旅游强势品牌，增强区域旅游竞争力，是实现武陵山片区经济社会协调发展的重要途径，是建设武陵山片区旅游产业的战略举措，也是应对当前全球性金融危机、实现旅游产业发展"弯道超车"的可行选择。体育非物质文化遗产保护与旅游开发开展区域合作，是整合旅游资源、加快旅游产业发展的重要推手。国务院下发了《关于加快发展旅游业的意见》，将旅游产业定位为战略性支柱产业，要求各地进一步加强对旅游产业发展的重视，加强旅游资源整合和区域合作。① 国务院的文件为我国旅游产业的发展指明了方向，同时也预示着我国旅游产业又一个快速发展期的到来。

在武陵山片区体育非物质文化遗产旅游开发建设的热潮中，各个少数民族的体育非物质文化遗产成为旅游经济发展中的"香饽饽"，成为最宝贵的资源，在旅游资源开发中占据了重要的地位，具有重要的价值。② 其

---

① 中华人民共和国国家旅游局编《中国旅游业发展"十五"计划和 2015 年、2020 年远景目标纲要》，中国旅游出版社，2001，第 291~303 页。

② 陈子年、毛力：《加快发展水利旅游策略的探讨》，《湖南水利水电》2008 年第 1 期，第 83~84 页。

中，具有鲜明民族特色的体育非物质文化遗产项目更是数量众多、绚丽多姿。武陵山片区少数民族有着十分丰富的体育非物质文化遗产资源，但是体育非物质文化遗产资源的开发由于长期受各种因素的制约，效益方面更倾向于社会效益，而经济效益不明显。改革开放以来，随着党和政府的宏观引导，武陵山片区体育非物质文化遗产的开发和当地的旅游事业紧密结合在一起，特别是以体育非物质文化遗产展示为核心内容的专题节日陆续得到开发，使当地的体育非物质文化遗产资源的广度和深度都上了一个新的台阶。许多体育非物质文化遗产项目也借助旅游这个平台，在经济效益和社会效益迅速增长的同时，开始冲破地域的局限，走上国际舞台，被外面的世界所了解和接受。

二　武陵山片区旅游经济进程中体育非物质文化遗产文化生态的反思

武陵山片区旅游资源十分丰富，推进武陵山片区旅游一体化，不仅可以形成国内旅游的黄金线路和精品区域，而且还可以把武陵山片区打造成国际旅游的知名品牌，武陵山片区西部必定是武陵山片区经济腾飞的最大希望之所在。作为少数民族地区重要旅游资源的体育非物质文化遗产是旅游经济建设中新的增长点，充分发挥其旅游经济功能，也是体育非物质文化遗产开发的重要之处。但是，体育非物质文化遗产旅游资源开发中也存在一些问题，这些问题若得不到很好的解决，可能会对武陵山片区体育非物质文化遗产的可持续发展造成影响。

第一，体育非物质文化遗产旅游过度依赖官办模式，缺乏社会组织活力。在体育非物质文化遗产旅游发展的初期，政府的引导起到了非常重要的作用。如在武陵山片区各个地方政府的引导下，许多民族的体育非物质文化遗产项目由过去冗长烦琐的宗教仪式逐步改革为简洁明快的形式，大操大办之风有所改善。如土家族的摆手舞、毛古斯、打溜子、硬气功，苗族的苗鼓舞、拉鼓、上刀梯、摸黑，侗族的舞春牛、芦笙舞、哆耶舞，瑶族的长鼓舞、人龙、抬天灯，白族的仗鼓舞、打霸王鞭等，都被开发成具有民族特色的旅游表演项目，成为各个景点新的经济增长点，也成为群众增加经济收入的重要来源。但是，体育非物质文化遗产的发展若过度依赖官办模式，作为体育非物质文化遗产传统组织模式的民间社会组织就会失去活力，进而导致体育非物质文化遗产发展失去动力源泉。如武陵山片区少数民族传统制度对体育非物质文化遗产的传承与发展一直都发挥着重要作用，而这些制度本身也是体育非物质文化遗产的重要组成部分，失去了武陵山片区少数民族传统制度，体育非物质文化遗产就失去了社会组织活力。因此，体育非物质文化遗产发展可以依靠政府引导，但不能过度依赖政府的官办模式，应该做到政府管理与社会组织管理相结合，走一条相互促进的繁荣之路。

第二，体育非物质文化遗产旅游被赋予过多内涵，使其内涵偏离了正确的价值轨道。现在的体育非物质文化遗产旅游被赋予过多的商业意义或者政治意义，很可能使体育非物质文化遗产旅游变得"曲高和寡"。特别是部分官员在不正确的政绩观、浮躁心态和投机心理影响之下，将体育非物质文化遗产旅游变成了形式主义和展示政绩工程的舞台。体育非物质文化遗产旅游和体育非物质文化遗产的最核心价值是让游客放松心情，通过观赏节目和参与体育非物质文化遗产活动达到身心愉悦的目的。所以，体育非物质文化遗产旅游被赋予过多内涵，反而容易使体育非物质文化遗产的价值偏离正确的轨道，迷失发展的方向。体育非物质文化遗产的发展应该从众多的附加内涵中解脱出来，坚持开展动作比较简单、技术难度不大的体育非物质文化遗产活动，使当地群众和各地游客都可以广泛地参与，进而了解体育非物质文化遗产的内涵，起到正面宣传的作用。体育非物质文化遗产在旅游中不应成为宣传商业和政绩的工具和附庸，应强调个人对快乐的心境和生活方式的追求；强调丰富民众生活，提高民众身心健康水平；强调发挥体育非物质文化遗产的身心教育功能，培养全面发展的新人；强调发挥体育非物质文化遗产的社会安全阀作用，促进社会的稳定与繁荣。

第三，体育非物质文化遗产旅游过度商业化，使体育非物质文化遗产失去多样化生存空间。体育非物质文化遗产旅游的商业化，创造了体育非物质文化遗产就业、文化扶贫和农村致富的机会，少数民族地区群众的生活状况得到一定程度的改善。体育非物质文化遗产旅游的商业化在带来积极效应的同时，也导致了过度追求利益的倾向。体育非物质文化遗产节日和体育非物质文化遗产脱离了原有的体育非物质文化遗产环境和民族空间，许多体育非物质文化遗产活动出现了民族特色消失、活动内容雷同等问题。如，许多体育非物质文化遗产表演过程中的音乐是请人做的，流行而喧杂，舞蹈也经过了加工和包装，现代而性感，失去了原生态韵味，这应该引起政府各部门的重视和反思。有关报道中这样写道："来自发达国家或城市地区的游客，反对环境污染，厌恶工业化危害，寻求生态农业体育非物质文化遗产，追求异地休闲情调，促使旅游业从商品化转向文化品位定位。"① 如何在民族体育非物质文化遗产旅游中突出体育非物质文化遗产的民族性、独特性、新颖性又成为发展中的重点，只有具备民族特色的体育非物质文化遗产才能保持永久的魅力。只有让群众能在轻松的节日氛围中领略到体育非物质文化遗产的内涵，才能引起本地群众和国内外游客的广泛兴趣和参与，更好地发挥体育非物质文化遗产的积极作用。

第四，体育非物质文化遗产旅游传承方式单一，使体育非物质文化遗产传承濒临失传困境。过去武陵山片区少数民族都居住在深山里，环境封闭。改革开放以后，对于一个年轻人来说，本民族的体育非物质文化遗产远远比不上歌星演唱会的吸引力，体育非物质文化遗产的魅力在他们的心中逐渐消失。闲暇之余，一起去歌厅唱卡拉 OK、跳街舞成为他们更乐意选择的娱乐休闲方式。随着网络的普及和推广，许多瑶族青年整日通宵达旦地玩网络游戏和视频聊天，缺乏相应的身体活动。甚至喜欢参与体育非物质文化遗产活动的青年会被嘲笑落后、与时代脱节等，体育非物质文化遗产旅游发展问题十分严峻。如果不改变体育非物质文化遗产旅游传承方式单一的问题，体育非物质文化遗产传承就会面临失传的危险。随着现代化进程加快，大部分少数民族青年出山打工，学习传统文化的人少得可怜，体育非物质文化遗产仅仅依靠体育非物质文化遗产旅游的传承方式，很难走出濒临失传的困境。对此，应通过政府主管、学校培养、社会培训等途径，使体育非物质文化遗产由后继乏人变成后继有人。

---

① 龙超云：《贵州民族村镇的保护与建设》，《贵州日报》2000 年 1 月 11 日。

三 武陵山片区旅游经济进程中体育非物质文化遗产文化生态的重建

第一，自我实现与社会选择之间的矛盾是体育非物质文化遗产旅游经济功能嬗变的动力机制。"自我实现"一词是由德国人本主义心理学家戈德斯坦首先提出的，是一种"从自然的、心理的或人的本性中看待自我实现的价值，摆脱一切社会文化的束缚"的现代人本主义哲学社会科学的核心思想[①]，其本质是人格的实现、维护自由的倾向和人性的终极关怀。但是，人的自我实现并不是孤立存在的，必须放在社会文化价值体系结构功能中去实现，服从其结构功能的需要。马林诺夫斯基认为，人的一切努力和追求，包括求偶、选择、结合等，"在任何人类社会中都有一套通行的文化风俗约定着的"，不过不同的社会有不同的文化标准。[②] 于是，人的自我实现与社会选择就构成一对矛盾体，相互之间的文化冲突和价值选择构成了少数民族散杂区体育非物质文化遗产旅游经济功能嬗变的动力机制，在螺旋上升的矛盾运动法则中持续发展。

第二，从依附宗教走向世俗化是体育非物质文化遗产旅游经济功能嬗变的外在表现形式。少数民族地区的体育非物质文化遗产功能都有宗教教化功能—传统经济功能—特有的教育文化功能—以体育非物质文化遗产旅游为特征的新经济功能的嬗变历程。在原始社会早期，少数民族先民试图取悦神灵、驱鬼降魔、获得庇佑、祛晦获福，因此产生了巫术与宗教活动。在农业社会时期，这种巫术与宗教活动又被当地社会的上层阶级所利用，用来禁锢族人的思维，并逐渐形成稳固的宗教体系。改革开放以后，这种依附宗教的体育非物质文化遗产活动在少数民族地区社会转型和经济快速发展中，在科学知识日益普及的今天，正潜移默化地发生着改变。总之，这种依附宗教的体育非物质文化遗产活动必然走向世俗化，必然演变成为群众喜爱、乐于参与的一种休闲文化活动。对新事物和新思想采取开

---

① 马斯洛：《人的潜能和价值》，林方译，华夏出版社，1987，第160页。
② 布罗尼斯拉夫·马林诺夫斯基：《文化论》，费孝通等译，中国民间文化艺术出版社，1987，第25页。

放态度，是体育非物质文化遗产旅游经济功能嬗变的必然选择。

第三，价值同轴对称是体育非物质文化遗产旅游经济功能嬗变的调节原理。价值同轴对称原理是指价值选择的各种矛盾冲突以一定的社会文化价值体系为轴心相互对立运动的法则。[①] 在这条原理中，各种价值选择不是按主观的或想象的路线发展的，而是以社会文化价值体系为基础并在现实生活中通过竞争与合作、冲突与适应、分化与整合等过程实现的。各种价值选择不断离散和集中的趋势及其以同一社会文化价值体系为轴心的曲线运动图像，构成了以整个社会文化价值体系为轴心的对立而统一的运动法则，传统的一元化价值体系必然被一个多元化价值体系所替代。这种多元化的价值体系的形成将是一个新与旧、土与洋、传统与现代文明并存的、漫长的历史发展过程。

第四，政府组织与自我组织结合是体育非物质文化遗产旅游经济功能嬗变的组织保障。体育非物质文化遗产活动的自我组织体系具有灵活、方便易行等优点，但也存在容易丧失自我反省、自我调节和自我更新功能等弊端。在体育非物质文化遗产活动变迁过程中，加强政府组织和自我组织之间的协调，对体育非物质文化遗产活动进行"剔除旧观念、吸收新元素"改造，满足现代社会发展和群众日益增长的精神需求等方面具有重要的作用。体育非物质文化遗产活动的组织保障将形成政府组织与自我组织相结合的、新的组织体系，体育非物质文化遗产活动在这种新的综合体系中自我调节、自我更新，通过渐变与突变交织着的延续，最终形成自主性的变革。

第三节　全民健身进程中体育非物质文化遗产的反思与重建

一　武陵山片区全民健身与体育非物质文化遗产的关系

全民健身活动，是指政府倡导、市民参与，以增进身心健康为目的的

---

① 司马云杰：《文化价值论》，陕西人民出版社，2003，第186页。

群众性健身活动。① 全民健身计划是在国务院领导下，由国家体委同有关部委及人民团体共同组织实施的一项依托社会、全民参与、与社会主义现代化目标配套的系统工程，是动员和组织国民积极投入各种形式的体育锻炼，增强体质，提高国民素质的跨世纪的群众体育发展战略规划。实施全民健身计划，是一项在我国深化改革和发展的新的历史时期提出的由国家宏观领导、依托社会、全民参与的为实现社会主义现代化目标、增强国民整体素质的社会系统工程和跨世纪的国民体质建设的发展战略计划，具有重要的历史和现实意义。我国是一个人口众多、经济和社会发展水平不平衡的社会主义国家。在这样的国情条件下发展全民健身事业，实现人民体质的普遍增强，只能从实际出发，走自己发展全民健身事业的道路。1995年，国务院颁布了《全民健身计划纲要》（以下简称《纲要》），这是一项惠及 13 亿人民健康的宏大工程。根据中国少数民族的实际情况，《纲要》在第 12 条中特别提出："积极发展少数民族体育，在民族地区广泛开展以少数民族体育项目为主的体育健身活动。"《纲要》中所提出的建设中国特色的全民健身体系的奋斗目标，正是在总结我国体育事业发展与改革经验的基础上，以中国特色社会主义理论为指导，从我国国情出发，发展我国全民健身事业的必由之路。②《纲要》中所提出的对策和措施，正是建设中国特色的全民健身体系的基本要求和具体体现。推行全民健身计划，重在建设。这是党中央"精神文明重在建设"指导方针在体育战线中的具体体现。只有通过实实在在的工作，真正把具有中国特色的全民健身体系建设好，我国的全民健身事业才会达到一个新的发展水平，提高全民族身体素质才有可靠的保障。进入 21 世纪以来，中国政府进一步加大了对民族地区体育事业的支持力度。国家体育总局在《2001—2010 年体育改革与发展纲要》中明确提出，"要率先抓住西部大开发的有利时机，积极扶持中西部地区和民族地区发展体育"，并具体规定"对西部地区和少数民族地区在承办赛事、体育设施建设、体育人才培养等方面给予积极支持"。③

---

① 陈宁：《全民健身概论》，四川教育出版社，2003，第 404 页。
② 卢元镇：《中国职工体育全书》，红旗出版社，1997，第 1013～1015 页。
③ 《中国少数民族体育政策的基本特征》，http://www.minzu56.net/ty/wh/5027.html，最后访问日期：2012 年 4 月 16 日。

武陵山片区是多民族聚居地，民族团结是国家安定的重要因素。在武陵山片区开展丰富多彩的全民健身活动，不仅可以增加各民族之间的交流和了解，促进相互间的友谊和团结，还有助于少数民族体会到党和政府的关怀，增强他们的主人感和自信心，提高对社会主义制度的认识。因此，全民健身活动的特点，决定了它对增强各民族团结有特殊作用。加快武陵山片区全民健身活动发展，有利于民族团结、社会稳定。体育是社会事业的重要组成部分，它与经济、文化、教育等构成社会的各种活动。在社会的各项事业发展中，体育扮演着独特的角色。它不仅具有意识形态的功能，也有拉动经济增长的作用；不仅能增进人的健康，丰富人们的生活，也有教育人、鼓舞人、铸造人的作用。国内外有关研究表明，21世纪体育事业的前景向好，甚至被作为产业来开发。体育在社会发展中的各种功能决定了体育事业在社会活动中不可或缺的作用。人们在对社会文明进行评价，对社会进步进行衡量时，不得不考虑体育发展的程度。所以，武陵山片区在经济文化教育大力发展的同时，必须考虑配套的体育设施，以及相应的体育活动，使体育事业的发展大体与社会各项事业的发展同步进行。加快武陵山片区全民健身活动的开展，有利于体育事业与社会经济文化教育事业的协调发展。武陵山片区特别是农村，在基本生活条件得到满足后，群众的生活水平必然会逐步提高。注重、提高生活质量是向全面小康奔进。生活质量这个概念，内涵极为丰富，大体包括生存环境、生活内容、余闲时间的安排。健身娱乐休闲之类的内容，则是余闲时间活动内容的重要组成部分。①　因此，提高群众生活质量，必然要求科学健康活动，通过群众参与健身活动，丰富和充实群众生活，增加和提高群众健康意识和水平。加快武陵山片区全民健身活动的开展，有利于提高群众生活质量，实现人人享有体育权利。全民健身活动对推动当地体育事业发展有重要作用。群众性体育活动的蓬勃开展，学校体育活动的正常进行，有利于体育的普及，从而使竞技体育人才源源不断出现。各种体育竞赛活动的开展，能有效吸引更多的群众观看，使工作和劳动之余的人们，愉快度过休息时间，让更多的人参与体育活动，可以拉动体育消费，促进体育产业发

---

　　①　任涵、王润平：《少数民族养生健身文化研究》，兰州大学出版社，2007，第293页。

展,体育产业的发展又会加快体育设施建设,让更多的人有机会参加体育活动,使整个体育事业步入良性循环之中。① 加快武陵山片区全民健身活动的开展,有利于当地体育事业的发展。武陵山片区体育非物质文化遗产项目是中华民族优秀体育非物质文化遗产的重要组成部分,它们的健身作用越来越受到重视,许多体育非物质文化遗产自然也就被作为重点项目加以宣传、推广和普及,使其逐步成为人们生活中的一项重要内容和《纲要》的重要组成部分。

二 武陵山片区全民健身进程中体育非物质文化遗产文化生态的反思

体育非物质文化遗产的主要内容就是实际的体育活动。流传至今的体育非物质文化遗产因具有竞技性、娱乐性,能够健身祛病、强壮体魄而为人所喜爱,得以代代传承。然而,体育非物质文化遗产与一般的体育活动在增强体质方面的作用不尽相同,参加这种体育非物质文化遗产活动的人们有一种"普遍的心理定式"。② 这种心理定式是指一定程度的忠实感、责任感、道义感和约定俗成的规范感。因此,人们每次参加活动,不仅身体上得到锻炼,意志上得到增强,道德上得到洗礼,精神上也会感到欣慰和满足。这些复杂而又深刻的心理活动过程和特点,是参加一般体育活动难以体验到的。因此,体育非物质文化遗产不但具有健身强体作用,而且还可使参与人员的心理得到健康的发展。但是,在武陵山片区全民健身体系中,体育非物质文化遗产的发展在取得长足进步的同时,也面临着重重困难。

第一,体育非物质文化遗产自身存在的弊端,成为体育非物质文化遗产消失的重要因素。如果我们将少数民族的体育非物质文化遗产与西方传入的现代体育相比,就会发现它们之间存在许多不同之处。首先,现代体育以前也来自民间群众的休闲娱乐活动,经过长时间的发展形成独立的体育运动形态,而群众通过参与现代体育运动达到身心健康的目的。而体育

---

① 武杰:《新疆少数民族体育研究》,新疆人民出版社,2007,第215页。
② 杨桦:《全民健身理论与实践》,北京体育大学出版社,2006,第843页。

非物质文化遗产更多的是少数民族地区体育非物质文化遗产活动，是少数民族原始宗教思想、生活方式、农耕文化和民族特性的历史沉淀，是一种亚体育文化形态的存在形式。在少数民族地区社会发展的历史长河中，体育非物质文化遗产与体育非物质文化遗产活动相互依存、息息相关，体育非物质文化遗产活动是体育非物质文化遗产的载体和传承方式，体育非物质文化遗产是体育非物质文化遗产活动的内容和表现形式，体育非物质文化遗产并没有形成相对独立的体育运动形态。其次，现代体育有科学的健身原理、科学的训练方法、规范的活动形式，健身效果和评价容易体现出来，而体育非物质文化遗产脱胎于体育非物质文化遗产活动，它主要是群众生产生活的日常体现，缺乏科学健身原理和训练方法的指导，健身的效果和评价也很难显现出来。最后，现代体育有利于传承学习，没有特定属于某个民族的局限性。体育非物质文化遗产一般具有民族性，这与少数民族的心理具有紧密的内在联系，某些体育非物质文化遗产活动很难在其他少数民族中开展。比如，土家族的摆手舞、毛古斯，苗族的苗鼓舞、拉鼓，瑶族的长鼓舞、人龙，侗族的舞春牛、哆耶舞，白族的仗鼓舞、打霸王鞭，等等，这些项目都有深深的民族文化烙印，是群众民族心理的外在反映，他们的文化传播一般在本民族的聚居区内进行，很难被其他少数民族群众所接受，制约了体育非物质文化遗产的传播和发展。

　　第二，体育非物质文化遗产中的宗教信仰，阻碍体育非物质文化遗产科学化发展进程。现代体育已经从宗教信仰的制约中解放出来，成为世界性的体育运动方式，也就是说，任何国家地区、任何人种、任何民族都可以根据性别特征、年龄特征和喜好程度来选择适合自己的现代体育运动方法，以达到促进身心健康发展的目的。而少数民族地区的许多体育非物质文化遗产活动蕴含了宗教信仰。这种祖先崇拜历经千年，土家族群众每到"舍巴日"就跳摆手舞，以表达对祖先廪君的信仰。土家族祭典、大摆手、小摆手、毛古斯、民间吹打乐、服饰等传统文化现象，从所表现的内容来看，是一种源于先民"崇拜祖先、崇拜自然"的原始宗教意识，以民间信仰为依托，以民族祭典为载体的民族传统文化现象。武陵山片区的泸溪、沅陵、麻阳、凤凰、花垣、吉首等县市的苗族，都崇拜盘瓠，不仅到处有盘瓠洞、盘瓠庙的遗址，而且还有关于盘瓠的传说。苗族群众用跳苗鼓舞的形式来表达获得盘瓠的庇佑，生活幸福的欢乐心情。武陵山片区一带的侗族同胞，以女性神"萨岁"（意为创立村寨的始祖母）为至高无上之神，每个村寨都建有"萨岁庙"。春节期间侗族地区盛行一种"打侗年"（又叫"芦笙会"）的萨岁祭祀性群众活动，通过芦笙舞和哆耶舞表达对萨岁的崇敬之情。这些民族的宗教信仰是一个民族传统文化和心理的精华，是体育非物质文化遗产的文化内涵。但是，从群众健身角度来说，体育非物质文化遗产中的宗教信仰也直接影响了体育非物质文化遗产的科学化发展。

第三，少数民族群众生活方式的转变，农耕文化特征的体育非物质文化遗产举步维艰。人类社会发展史的全部生活，可谓丰富多彩，但其实质简言之不外乎食、住、衣、行。生产是生活的基础和保障，生活是生产的动力和目的，生产为了生活，生活必须生产，两者是相辅相成、互为表里的。生活与人类的生理、心理、自然环境、时空变化、种族差异等主客观条件密切相关，不同的生产力发展水平、不同的时代、不同的地域环境、不同的氏族、不同的民族和阶层、不同的秉性和心态，都会产生不同的物质需求和生活方式，从而形成不同的生活习俗。新中国成立前，武陵山片区少数民族群众主要从事农耕生产，喂养耕牛主要用于种植水稻等农业生产，喂养马匹主要用于交通运输，喂养鸡鸭主要为了食用或换取一定的生活用品，种植棉麻主要为了添置衣服、抵御严寒，耕牛、马匹、鸡鸭、棉麻等都与群众的生产生活密切相关，所以少数民族群众也经常举行驰马、赛牛、斗鸡、织麻等竞技比赛，在娱乐农闲生活之外，也能培养农耕基本技能。但是，新中国成立后，随着经济的发展与社会的转型，现代工业文化的商品经济活动逐渐成为少数民族的主流经济活动，许多苗族居民逐渐由农耕生产方式转入城市化的生活，放马、放牛、放养山鸡、织麻等生产生活已经成为历史记忆中的影子，驰马、赛牛、斗鸡、织麻等竞技项目已经不能满足时代的需要，逐渐淡出人们的视野和生活。以现代工业文化为特征的商品经济方式取代以传统农耕文化为特征的传统生产生活方式是历史发展的必然选择，以传统农耕文化为特征的体育非物质文化遗产发展举步维艰。

第四，政府相关部门对体育非物质文化遗产重视程度不够，群众参与体育非物质文化遗产活动的兴趣不高。武陵山片区体育非物质文化遗产种类繁多，都是少数民族文化的精华，是我国宝贵的非物质文化遗产，具有娱乐功能、竞技功能、文化功能、经济功能等。武陵山片区各级政府为体育非物质文化遗产的发展做出了许多努力，如土家族的摆手舞、毛古斯舞，苗族的苗鼓舞，瑶族的长鼓舞被列入国家非物质文化遗产保护名录。土家族的"舍巴日"、侗族的"花炮节"、苗族的"龙船节"、瑶族的"盘王节"和白族的"三月街"等传统节日经过宣传和开发，在国内外产生了巨大的社会效益和经济效益。但是，对于武陵山片区众多的少数民族、风俗习惯、体育非物质文化遗产来说，宣传、引导、开发和利用的程度还比较低。特别是部分少数民族地区政府，只注重具有经济效益的体育非物质文化遗产开发，因为这些经济效益较高的体育非物质文化遗产开发直接与地区生产总值相关，直接与政府官员的政绩挂钩，而忽视了其他经济效益较低但社会效益、文化效益和群众的健身效益较高的体育非物质文化遗产项目。对于少数民族地区的体育非物质文化遗产来说，他们的健身作用是不容忽视的。例如，土家族的打飞棒、踢毽子、抢贡鸡、扭扁担、抢磨盘赛跑、抵杠、舞板凳龙、舞草把龙、地龙、双虎凳、吉么列等，苗族的荡秋千、爬坡杆、爬花杆、麻古、掷鸡毛、接龙舞、舞狮、跳狮子、舞吉保、苗拳等，侗族的抢花炮、哆毽、踩石轮、草球、耍春牛、踩芦笙、摔跤、侗拳等，瑶族的毛莱球（木头球）、人龙、播公（打长鼓）、打陀螺、独木桥、对顶木杠、瑶拳等，白族的赛马、打霸王鞭、荡秋千、仗鼓舞、登山、耍火龙、打陀螺、跳伟登、跳火把、人拉人拔河、"老虎跳"、跳花棚等，回族的打铆球（拦子）、木球（打篮子）、墙球、打抛俩、打梭儿（打尖）、洒蛋蛋、打石头、打得栲、踢毛毽（踢线球）、拔河、掼牛、拔腰、踔跤等，都具有很好的健身效果。作为地方政府，要着眼于未来利益，认识到关注群众身心健康才是未来发展的动力源泉。

第五，受现代体育的冲击和影响，体育非物质文化遗产代际传承受阻。少数民族地区在社会现代化进程中，不仅提高了生产生活水平，提升了群众的生活质量，也拉近了与世界的距离。现在的武陵山片区再也不是封闭的世界，群众可以通过数字电视、互联网络等现代化传播方式了解外面丰富多彩的世界，以及以奥林匹克运动为标志的现代体育。少数民族地区群众通过观看奥林匹克运动会、NBA、各种现代运动项目的世锦赛和世界杯等，对国外的许多新兴项目产生比较大的兴趣。这些兴趣在丰富群众娱乐健身方式的同时，也对体育非物质文化遗产发展带来冲击。少数民族地区的青少年在世俗的价值观念影响下，认为参与体育非物质文化遗产活动是落后、愚昧的表现，而参与现代体育运动才是先进、新潮的表现。所以，少数民族青少年更愿意参与篮球、足球、羽毛球、乒乓球、网球、滑旱冰、滑板等现代体育运动项目。体育非物质文化遗产的传承和发展依靠人，如果少数民族青少年都不喜欢体育非物质文化遗产活动，那体育非物质文化遗产发展就将面临危机。少数民族地区一些教育机构也没有充分认识到体育非物质文化遗产的传承和发展对体育非物质文化遗产的传承有多么重要的作用，在青少年的培养中也没有将体育非物质文化遗产作为重要的教育内容，导致少数民族青少年对自己民族的体育非物质文化遗产都不甚了解，使体育非物质文化遗产传承存在代际断裂的危机。现代体育在少数民族地区的传播和发展，对于群众和青少年的身体健康是有益的，至少丰富了健身娱乐活动的内容。我们不必要将现代体育的发展比喻成洪水猛兽，我们只要注重加强对青少年的民族文化教育，让他们多了解本民族的体育非物质文化遗产，引导他们喜爱本民族的体育非物质文化遗产活动，让他们在体育非物质文化遗产活动中形成民族自豪感，这样少数民族的体育非物质文化遗产传承和发展就能走一条可持续发展之路。

三 武陵山片区全民健身进程中体育非物质文化遗产文化生态的重建

2011 年 10 月，国务院扶贫办、国家发展改革委发布《关于印发武陵山片区区域发展与扶贫攻坚规划的通知》。该规划明确要求："加强对片区少数民族文化遗产的挖掘和保护，抢救、整理和展示少数民族非物质文化遗产，弘扬民族传统文化。""对新化梅山武术、傩戏、土家摆手舞、利川龙船调、肉连响、巴山舞、秭归花鼓、秀山及思南花灯、松桃滚龙、慈利板板龙灯、恩施撒尔嗬、苗族'四月八'、'上刀山'和'土家啰儿调'、张家界阳戏等物质和非物质文化遗产资源保护和传承。"加强"公共文化服务体系建设。继续实施重点文化惠民工程。加强文物、历史文化名城名镇名村、非物质文化遗产和自然遗产保护。建设特色文化博物馆。鼓励公共文化设施免费向社会开放。举办民俗风情浓郁的文化活动"。①

第一，政府相关部门提高认识，加强对体育非物质文化遗产的健身宣传。目前武陵山片区大多自然条件恶劣，与外界联系困难，农业生产条件差，工业经济发展普遍落后。随着近几年国家扶贫攻坚工作的深入开展和武陵山片区整体经济形势的提升，武陵山片区贫困人口数量逐年下降，脱贫后的群众对身体健康极为重视，"生活奔小康，身体要健康"已成为武陵山片区少数民族群众的共同心愿。少数民族地区经济社会的可持续发展，最终决定于其人才素质的可持续发展。武陵山片区政府相关部门要在以经济生产为中心工作内容的同时，逐步提高认识，将群众的身心健康发展放在首位，推动群众的全民健身工程。在让群众充分认识到身心健康重要性的同时，抓住机遇做好体育非物质文化遗产的健身宣传工作尤为重要。政府相关部门可以充分运用文化和体育行政体制，加强对体育非物质文化遗产的宣传，将体育非物质文化遗产对健康的促进作用及参与方式落到实处。少数民族群众不仅要想健身，而且要懂健身，并且要善于利用体育非物质文化遗产达到健身的目的。

第二，依靠民间体育协会，丰富体育非物质文化遗产健身活动。武陵山片区政府在全民健身工作中要发挥主导的作用，而推动全民健身活动开展的主要力量应该是民间体育协会。在武陵山片区有众多的民间体育协会，比如龙狮协会、武术协会、民间舞蹈协会等。这些民间体育协会由爱好一致的社会各界人士自愿组合而成，他们不仅熟悉体育非物质文化遗产项目，更多的是体育非物质文化遗产的参与者，具有很好的推广和宣传能力。如果能充分发挥民间体育组织的能力，丰富体育非物质文化遗产健身活动，推广全民健身工程就事半功倍了。例如，湘西土家族苗族自治州在每年的正月初四，在湘西州体育局的引导下，充分发挥民间龙狮协会的力

---

① 《关于印发武陵山片区区域发展与扶贫攻坚规划的通知》，http：//www.ndrc.gov.cn/zcfb/zcfbqt/201304/t20130425_538575.html，2011 年 10 月 30 日。

量，主办"苗族百狮会"，并取得了很好的效果。政府相关部门引导、民间体育协会主办的模式使"苗族百狮会"产生了三个方面的重要效果。①历史延续性好。以前苗族百狮会由民间自发组织，有时举办，有时停办，缺乏组织活力和历史延续性，使群众参与的热情深受打击。在充分发挥政府和民间体育协会的力量之后，这种民间体育非物质文化遗产活动持续了十余年。②规模逐渐扩大。以前的苗族百狮会只在矮寨镇内部举行，规模很小，群众的参与性不高。在充分发挥政府和民间体育协会的力量之后，吸引了四县一市数十个乡镇八百里苗区数万人参加，场面十分热闹。③内容逐渐丰富。以前的苗族百狮会只有抢狮一个体育非物质文化遗产活动，内容比较单一，娱乐性、健身性都比较缺乏。在充分发挥政府和民间体育协会的力量之后，除了抢狮外，还增加了武术比赛、苗鼓比赛、上刀梯表演等体育非物质文化遗产活动，甚至还有篮球比赛等现代体育活动，场面热闹非凡，对少数民族群众选择愉快、健康的生活方式起到了良好的促进作用。

第三，依靠基层文化体育站，发挥社会体育指导员的工作积极性。在武陵山片区有比较完善的基层文化体育站，城市中一般配置社区体育活动站，农村中一般有文化体育活动站，而且在这些机构中有不同比例的社会体育指导员，这种机构设置对体育非物质文化遗产发展具有重要的推动作用。政府相关部门可以通过增加乡镇文化体育站的财政投入、增加政府拨款等方式，来充分发挥乡镇文化体育站的功能及作用。文化体育站的建设要进一步解放思想，转变观念，积极推动文化资源的转换，促进文化与旅游、体育的结合，不断丰富体育非物质文化遗产的内涵，推动少数民族地区的健身事业发展和精神文明建设。社会体育指导员要加强对自己少数民族文化知识的了解和对体育非物质文化遗产技能的培训与学习，拓展和增强体育非物质文化遗产健身业务知识和能力，并结合当地体育非物质文化遗产开展情况和当地民风、体育非物质文化遗产特点，开展各种体育非物质文化遗产活动，丰富少数民族群众的业余生活。

第四，以"亿万农民健身活动"为中心，推动体育非物质文化遗产发展。"亿万农民健身活动"是中国农民体育协会在1990年工作年会上提出的，它是全民健身工程的重要组成部分。武陵山片区要坚持以科学发展观统领经济社会发展全局，把满足广大人民群众的体育文化需求作为执政为民的具体要求，把发展文化体育事业作为构建和谐社会的一个重要"音符"，积极开展"亿万农民健身活动"，推动文化体育事业建设。体育非物质文化遗产发展，要以"亿万农民健身活动"为中心，大力发展体育非物质文化遗产，广泛开展"亿万农民健身活动"，这是体育非物质文化遗产工作的出发点和落脚点。"亿万农民健身活动"不论是内涵还是外延，都准确而丰富，可以包罗各种形式的活动内容。在实际的工作中，可以将民间的舞狮、舞龙、摆手舞、苗鼓舞、长鼓舞、哆耶舞等民间体育非物质文化遗产活动与文艺相结合，只要是群众喜闻乐见且具有健身功能的体育非物质文化遗产活动，都可以被纳入"亿万农民健身活动"中。推动体育非物质文化遗产发展，以贯彻实施《纲要》为目标，以创建体育强镇为契机，积极实施"以人为本，定位基层，全民参与，构建和谐"的工作方针，不断深化和全力推进"亿万农民健身活动"和农村体育健身工程，不断建设结构完善、层次分明、功能有效的全民健身体系，增强人民体质，发扬体育非物质文化遗产运动，提高人民素质，形成蓬勃发展的良好局面。

第五，以体育非物质文化遗产节日为契机，扩大体育非物质文化遗产的影响力。体育非物质文化遗产节日是指约定俗成的具有群体性、模式化活动的日子。体育非物质文化遗产节日可分为两种情况，一种是体育非物质文化遗产意义较强的节日，一种是纪念意义较强的节日。[①] 传统民间节日一般已流传数百年甚至上千年，自然有着丰厚的传承体育非物质文化遗产的底蕴。由于体育非物质文化遗产节日是各个体育非物质文化遗产的重要组成部分，它对人们的精神意识领域能产生强大的凝聚力和规范意识，所以在特定的少数民族中，群众的参与性都比较高。武陵山片区是少数民族聚居的地区，各个少数民族都沿袭着丰富绚丽的体育非物质文化遗产节日，如土家族的抢年、闹元宵、调年会、舍巴日[②]、

---

① 巴兆祥:《中国体育非物质文化遗产旅游》，福建人民出版社，1999，第357页。

② 舍巴日，土家语，"舍巴"意为土著酋长，"日"意为"做""敬"。舍巴日，即敬土著酋长。双凤村每年正月初三或初五（具体时间由占卜决定）举行活动，有摆手舞、社巴歌、毛古斯舞及其他民俗游艺类活动。

花朝节、四月八、端午节、六月六、七月半等，苗族的过赶年、跳香节、花山节、饱冬节、赶秋节、姊妹节、爬坡节、种棉节、吃新节、吃牯脏等，侗族的侗年、舞春牛、三月三、四月八、九月节、十月头、林王节、冷月节、撒玛节等，回族的回年、圣纪节、花儿会、中秋节、重阳节、古尔邦节、腊八节、开斋节等，白族的冬至日、祖先遇难节、赛神节、饯行日、中元节、本主节等。① 对于这些少数民族的体育非物质文化遗产节日，群众的参与性较高，也愿意在传统节日中开展各类体育非物质文化遗产活动。体育非物质文化遗产的发展，可以借助群众在体育非物质文化遗产节日中比较高的参与性，扩大体育非物质文化遗产的影响力。

第六，打造体育非物质文化遗产品牌，精心培育体育非物质文化遗产项目。体育非物质文化遗产活动是中华文明的一个有机组成部分，体育非物质文化遗产的发展必须由政府和群众共同参与，搭建体育非物质文化遗产平台，以体育非物质文化遗产活动锻炼体魄，以体育非物质文化遗产精神陶冶情操，使体育非物质文化遗产氛围更浓，形成独特的文化品牌。富有特色和厚重文化内涵的体育非物质文化遗产运动项目让人在竞技体育外享受到了体育所带来的魅力和快乐。例如，湘西土家族苗族自治州采取"民办公助"等方式，精心培育众多民族文化项目，已形成"东歌""西鼓""南戏""北狮""中春"的民族文化格局。体育非物质文化遗产有自己的特殊性，有自己独特的民族文化，如果精心培育这些民族文化的精髓，并逐步打造和推广体育非物质文化遗产品牌，那对体育非物质文化遗产的发展会有很大的推动作用。所以，体育非物质文化遗产发展要因地制宜，与当地的体育非物质文化遗产活动紧密结合，形成特定的民族文化特色，并利用报纸、电视、网络等加强宣传，突出体育非物质文化遗产主题，把体育非物质文化遗产活动作为主线始终贯穿于体育非物质文化遗产活动中，从而使群众形成凝聚力和规范意识，同时也对宣传体育、普及体育活动、促进体育非物质文化遗产的蓬勃发展有非常深刻的意义。

---

① 万义：《湘西地区民族节日民族传统体育的展示与提升》，《四川体育科学》2007 年第 1 期，第 14～16 页。

第四节　文化建设进程中体育非物质文化遗产的反思与重建

一　武陵山片区文化建设与体育非物质文化遗产的关系

根据联合国教科文组织通过的《保护非物质文化遗产公约》中的定义，"非物质文化遗产"指被各群体、团体，有时为个人视为其文化遗产的各种实践、表演、表现形式、知识体系和技能及其有关的工具、实物、工艺品和文化场所。[①] 各个群体和团体随着其所处环境、与自然界的相互关系和历史条件的变化，不断使这种代代相传的非物质文化遗产得到创新，同时使他们自己具有一种认同感和历史感，从而促进文化多样性和激发人类的创造力。非物质文化遗产的最大特点是不脱离民族特殊的生活生产方式，是民族个性、民族审美习惯的"活"的显现。它依托人本身而存在，以声音、形象和技艺为表现手段，并以身口相传为文化链而得以延续，是"活"的文化及其传统中最脆弱的部分。因此，从非物质文化遗产传承的过程来看，人的传承显得尤为重要。联合国教科文组织认为，非物质文化遗产是确定文化特性、激发创造力和保护文化多样性的重要因素，在不同文化的相互宽容、协调中起着至关重要的作用。非物质文化遗产是各族人民世代相承、与群众生活密切相关的各种传统文化表现形式和文化空间。非物质文化遗产既是历史发展的见证，又是珍贵的、具有重要价值的文化资源。[②]

世界历史证明，任何民族和国家如果要真正发展至强大并具有影响力，物质固然重要，同样重要的还有"精神的高度"，其标志是出思想家，出大思想家。任何国家、地区和民族的文化都既是民族的，又是世界的，顺应历史潮流、反映时代精神、代表未来方向、推动人类文明进步的先进文化更是如此。要建设先进文化，就必须始终不忘坚持文化的民族性，民

---

①　郭万平：《世界自然与文化遗产》，浙江大学出版社，2006，第257页。

②　刘红婴：《世界遗产精神》，华夏出版社，2006，第372页。

族文化一旦失去，这个民族就会随之消亡。可以说，一个国家的现代化能否成功地推进，就看其能否正确处理传统与现代的文化整合问题，或者说能否在扬弃本国文化传统的基础上，塑造出适合自己国家的现代文化模式。换句话说，一个民族能否自立不衰或衰而复兴，将在于它能否在融会世界先进文化的基础上，形成独具特色的民族文化。然而，如今，在城市里生活的人们喜欢享受现代文明的成果，会在不经意间淡忘了古老的传统。展览馆中那些古老的传说、歌舞、曲艺、皮影、剪纸、绘画、雕刻、体育非物质文化遗产礼仪等，无不蕴藏着各少数民族珍贵的文化"基因"，它们共同构成我们赖以生存的文化生态。① 在现代化的进程中，传统文化受到了挤压和冲击，许多非物质文化遗产正面临着从来没有过的困境。我们这样做，就是想唤起整个社会保护非物质文化遗产的意识和热情，使人们认识到非物质文化遗产和物质文化遗产一样，都是祖先留给我们的非常珍贵的遗产。一个中断了历史记忆的民族不会有辉煌的未来，一个丢失了记忆的民族也不会有美好的将来。国家所做的一切都是让大家重新回忆起民族的文化，把民族的传统连接起来。一个国家、一个民族对自身的历史文化、遗产保护的态度，实际上反映了该国家、该民族的自觉程度和自信心。对于我国这样拥有五千年文明的大国来说，在各种思潮的冲击和金钱的诱惑下，如何保持对历史文化与自然遗产的敬畏，如何在历史风貌的保存中尊重文脉，维护世界遗产独特的文化记忆，已成为当今不可回避的严峻问题。有意回避世界遗产的真正意义是绝对行不通的，自然与文化双遗产是中国最有特色的鲜明亮点，是中华民族世代的文化积淀，包含了人与自然的独特关系。有专家提醒我们，今后20年，将是中国的遗产被破坏的高危险期，这点应该引起重视。一个理智的社会与自然界、历史文化遗产应是和睦相处的。抢救与保护口承遗产与非物质文化遗产，是一项艰巨、复杂而又十分紧迫的工作。非物质文化遗产有脆弱性，面对经济全球化与现代化的冲击，有失传的危险。因

---

① 郑培凯：《口传心授与文化传承——非物质文化遗产：文献、现状与讨论》，广西师范大学出版社，2006，第368页。

此，要充分认识到非物质文化遗产的重要性，以及对其加以保护的紧迫性。[①]

武陵山片区具有深厚的文化底蕴，有种类繁多的非物质文化遗产。随着改革开放和现代化、城市化进程的加快，一些珍贵的非物质文化遗产濒临消亡，许多非物质文化遗产面临实物和资料被毁弃或流失、传承后继乏人、被过度开发破坏等问题，加强对武陵山片区非物质文化遗产的保护已经刻不容缓。武陵山片区少数民族群众在长期生产生活实践中创造了丰富多彩的非物质文化遗产，是少数民族聪明智慧、博大胸怀和勤劳、勇敢、善良的高尚品格的结晶，是武陵山片区少数民族灿烂历史文化的重要体现和延续。保护和利用好武陵山片区体育非物质文化遗产，对落实科学发展观，实现经济社会的全面、协调、可持续发展，繁荣社会主义先进文化，丰富人民群众精神文化生活，弘扬伟大的民族精神，推进"文明武陵山片区""平安武陵山片区""和谐武陵山片区"建设，实现建设"大而强、富而美"的社会主义新武陵山片区的奋斗目标具有重要而深远的意义。在武陵山片区政府及相关部门的宏观指导下，武陵山片区各行政主管部门不仅积极申报国家非物质文化遗产保护名录项目，而且建立了武陵山片区的体育非物质文化遗产保护名录，推动了体育非物质文化遗产的保护和可持续发展。

二　武陵山片区文化建设进程中体育非物质文化遗产文化生态的反思

我们的祖先结合自身生活，在长期的生活和生产实践中创造并传承下来的体育非物质文化遗产形式，特别是类体育运动的体育非物质文化遗产形式，承载着先人对自然、社会、历史与生活的认识、感悟、向往和把握，是中华民族传统文化，特别是非物质文化遗产的重要组成部分。在全球化发展语境和国家走向现代化的历史进程中，正确对待体育非物质文化遗产，继承并发展体育非物质文化遗产，不仅是我们对于祖先文明创造的一种尊重，而且是我们进一步弘扬民族文化、建设社会主义精神文明的重

---

① 王文章：《非物质文化遗产概论》，文化艺术出版社，2006，第464页。

要手段，更是现阶段我们在大力推进经济建设、提高全民物质生活水平的同时，切实推进文化建设、全面提升中华民族精神生活水平的具体体现。把国家保护非物质文化遗产的大政方针，用法律的形式确定下来，使其成为一项根本性保护措施，也是最具长远性和科学性眼光的保护措施。这样可以保持政策执行的连续性和稳定性，不会因为人事的更迭、领导的好恶影响保护工作的开展。同时，因为法律的制定有着相应的时代性特点，又有具体的针对性，可以最大限度和最具本质性地凝聚全体公民的保护共识，确立国家保护非物质文化遗产的全面意志。① 但是，以体育非物质文化遗产为保护核心的非物质文化遗产保护工作才刚刚起步，武陵山片区的非物质文化遗产类型丰富而庞大，没有直接的保护工作经验可以借鉴，导致非物质文化遗产保护工作工程主要面临四大问题。

第一，体育非物质文化遗产保护机制需要进一步完善。由于保护工作尚处于探索阶段，许多地方还未形成科学有效的保护机制。如有的地方对列入名录体系的非物质文化遗产项目，缺乏科学的保护计划和具体的保护措施；经费投入不足，个别地区至今尚未安排非物质文化遗产保护项目专项经费，或者专项经费数额少，难以保证保护工作的正常开展；有的地方未能正确处理保护、利用与发展的关系，非物质文化遗产珍贵的实物资料流失现象还未得到有效制止，破坏性开发的现象还比较严重。一些体育非物质文化遗产因为商业化程度低，很难产生经济效益，而逐渐消失在人们的视野；一些体育非物质文化遗产因为传承人年事已高，缺乏接班人，而面临失传的危险；一些体育非物质文化遗产开发工作比保护工作更快，被包装成没有民族特色的伪体育非物质文化遗产，缺乏生命力；部分地区将非物质文化遗产名录出售给企业，被冠名和大肆宣传，但保护工作没有落在实处；等等。重视体育非物质文化遗产的经济效益，忽视体育非物质文化遗产的文化效益和社会效益的做法，是武陵山片区体育非物质文化遗产保护工作中应该注意并提高警惕的地方。

第二，体育非物质文化遗产法律法规建设跟不上时代步伐。武陵山片

① 国家保护知识产权工作组：《知识产权法律法规及国际规则汇编》，人民出版社，2008，第632页。

区各级地方政府非常重视非物质文化遗产保护工作，将非物质文化遗产保护工作视为可持续发展的重要战略举措，取得了有目共睹的成绩。但是，在非物质文化遗产保护中，仍然存在一些不可避免的问题，最突出的问题就是体育非物质文化遗产法律法规跟不上时代步伐，与非物质文化遗产保护工作的紧迫性不相适应，这也是全国非物质文化遗产保护工作中的问题之一。相比之下，国外的非物质文化遗产的法律法规建设就比较早，也比较完善。如日本自明治时期建立文物保护制度以来，经过多次的修改和完善，于 1950 年正式颁布了《文化财产保护法》，首次以法律的形式规定了无形文化遗产的范畴。日本法律还明确规定，文化财产持有者同时也应该是文化财产的传承人。荷兰弗里斯兰政府非常重视文化遗产保护，通过立法明确规定，政府是弗里斯兰文化遗产的保护人。英国是较早对非物质文化遗产立法的国家之一，英国文化协会联同英国教育部门通过教育立法，重点抓好三个阶段的教育：对幼儿园和小学的孩子，组织他们参观博物馆和文化遗址，激发他们对文化创意的兴趣；对中学生，主要培养他们对艺术的欣赏力和爱好，要求他们选学一至两门技艺，选修的技艺多数与非物质文化遗产有关；对大学生，重点培养艺术人才，从中发现创意文化新星。因此，武陵山片区对体育非物质文化遗产的保护，要注重通过法律法规的完善来推动体育非物质文化遗产发展，促进体育非物质文化遗产保护水平的提高。

第三，体育非物质文化遗产保护思想淡漠。一些地方对非物质文化遗产保护工作的重要性和紧迫性认识不足，未能充分认识到非物质文化遗产保护工作在传承民族文脉、提高国家软实力和促进社会和谐发展方面的重要作用。非物质文化遗产保护工作没有被列入各级党委、政府的重要工作日程和当地的经济社会发展规划中，工作进展缓慢。有些地方的普查和保护工作至今才刚刚起步，有的地方以建名录代普查、以出书代普查，普查工作不扎实、成效不明显，与进展较快的省份相比，存在较大差距。文化遗产的保护工作是一项综合性活动，应联合多领域专家，群策群力，以多个领域为切入点共同发展。

第四，体育非物质文化遗产保护理论研究和政策研究还相对滞后。非物质文化遗产保护是一项新的工作，涉及面广、专业性强、内容丰富而复杂，对基础理论和应用理论的探索及科学研究还明显存在不足。有些体育非物质文化遗产与民间信仰有关，有的专家学者容易将其与封建主义、民族主义等相联系而产生误解，使这些遗产在保护工作中被忽视。有些地区把整体的文化现象分割成多个小部分，多次申报非物质文化遗产名录，这样的行为会在一定程度上导致文化被分解和破坏。非物质文化遗产的保护工作应该是学术工程，而不应是政绩工程。在保护的过程中，应以专家为主线，大力研究文化遗产的内在深层含义，避免功利化。特别是保护工作实践中遇到的一些重大问题和新课题，缺乏相应的理论指引和政策支撑。一些相关的理论政策研究与工作实际结合不紧，未能提供有针对性的指导意见。文化遗产的理论研究跟不上形势，各种观点层出不穷，给文化遗产的保护工作带来了很多不便。在理论研究的过程中，很多学者往往缺乏对物质文化遗产的认识和研究，使得非物质文化遗产的研究陷于孤立。

三 武陵山片区文化建设进程中体育非物质文化遗产文化生态的重建

保护文化是体育非物质文化遗产保护的基本内容。目前广泛采用的文化保护方法有：用语言、文字、图片、音像等形式使事物形态以静态或动态的方式再现出来；用博物馆的形式将原貌保存下来；用教育、习俗的方式将体育非物质文化遗产民风继承下来，传承下去。

第一，对体育非物质文化遗产的守护和扶植文化创新。采取守护性的策略，按照国际标准重新审视体育非物质文化遗产，强化针对其精神性状的认识、价值认定和阐释工作。通过本民族对自身文化的判断和解读，引起全社会的关注。在尊重和理解不同文化和习俗的前提下扬弃和创新，借助全球化这一背景，加强体育非物质文化遗产的凝聚力和影响力。通过对体育非物质文化遗产所蕴含的价值和意义的阐发，特别是对价值观念、审美趣味、人生智慧的梳理、审视、整合和建构，一种契合当下生存境遇的新的意义就会生成，以此打造体育非物质文化遗产品牌，使之在全球化中走向世界成为可能。

第二，广泛宣传，加强交流，丰富体育非物质文化遗产活动。积极搭建体育非物质文化遗产的宣传、交流平台。体育非物质文化遗产是培养民族精神的重要载体，让国内外更多的人认识和喜欢它是历史的责任和时代的要求。国家应该支持新闻界、出版界和电视台、电影界、新闻资料中心以及国内外所有宣传媒介在其出版物和节目中宣传体育非物质文化遗产，给予它们较高地位。在国内和国际文化交流活动中，充分挖掘体育非物质文化遗产的潜力。我国是一个具有悠久历史和灿烂文化的文明古国，丰富的历史文化遗产是民族文化的瑰宝，也是世界文化财富。民族文化的国际化使我国民族文化正在走向世界，民族文化在国际关系中的作用和地位越来越突出，文化交流与合作更显迫切和重要。对于全球化语境下的文化交流，要采取"走出去"与"拿来主义"相结合的文化策略。不但有选择地接受外来文化的"输入"，还要主动地"输出"，实现"拿来"与"送去"的良性互动。另外，主流文化、精英文化、民间文化之间应相互借鉴，实现共同繁荣。充分挖掘体育非物质文化遗产的潜力，充分整合、利用体育非物质文化遗产资源，综合利用博物馆、文化馆、图书馆等文化设施，努力恢复和开展有价值的活动。把物质文化遗产与非物质文化遗产有机地结合起来，共同展示体育非物质文化遗产风采，如在文物景点、博物馆、传统民居保护区开展有特色的活动。此外，在活动方式上探索多种发展之路。民间文化艺术活动是劳动人民在长期的社会生活中逐步形成的，具有相对独立性和非组织性的特点，政府和各级协会组织应有组织地利用现有场馆和体育非物质文化遗产、节日庆典以及各类文化艺术节的机会，开展艺术展演、精品展示、销售活动、学术研讨等活动，为民族民间艺术提供发展之路。

第三，加强对体育非物质文化遗产各种资料的收集、整理和管理工作。对有一定社会文化价值的民间文化艺术形式应及时纳入搜集、整理范围，加以保护、抢救、改造，使其艺术特色得以保留并发展。在已有的文化艺术场馆中，成立各级民间文艺精品展览室、陈列室，或新建综合性的体育非物质文化遗产博物馆，建立艺术资料档案，包括文字资料、图片资料、影像资料、艺人登记卡、民间珍品收藏登记表、各类资料汇集、荣誉证书、报道文章等。另外，对于濒临流失与灭绝的有价值的民间艺术品，政府应采取采购、收藏等办法，防止其流失、灭绝。

第四，加强体育非物质文化遗产的教育、推广和复兴工作。加强体育非物质文化遗产教育工作，让体育非物质文化遗产后继有人。对非物质文化遗产的保护主要有两种办法，一是通过音像或文字记录，二是通过帮助和它相关的人使它流传下去。通过教育，可以使文化表现形式中最突出的部分得以保存。一方面，把体育非物质文化遗产引入正规学校教育，使年轻一代认识、了解和欣赏民间艺术美感，是维系民族感情、延续民族信念、参与传统文化保护的重要途径和长效措施。开设知识性、动手性、表演性强的项目，选择民间文艺教育读本、音像资料等，如逐步开设民间文学、民间手工、体育非物质文化遗产表演等课程，使其成为学生素质教育和特长考核的一个重要内容，渗透到教学活动、课外活动之中。另一方面，广泛发展社会教育，发挥出版、传媒、协会组织和群众文化事业机构的作用，面向全社会开展培训、宣传、展示等普及、推广工作。如利用各种文化场所，开展体育非物质文化遗产知识讲座、培训和鉴赏活动，在全社会特别是在离退休人员和下岗职工中进行普及和推广。

个案篇

村落体育非物质文化遗产发展的文化生态学

—— "土家族第一村" 双凤村的田野调查报告

一 前言

双凤村是一个典型的土家族山寨。双凤村及其周边地区是土家族分布的中心地区，是土家族先民活动的主要区域，是目前仍然在使用土家语的少数村寨之一，被誉为"中国土家第一村"。20 世纪 50 年代，著名的民族学家潘光旦先生曾在该村进行土家族民族语言、民族习俗、民族歌舞、民族服装、民族建筑等民族识别调查。双凤村千百年来遗存的土家族文化为 1957 年 1 月 3 日国务院确定土家族为单一民族提供了有力佐证，做出了杰出贡献。[①] 双凤村历史悠久，在村内有一座"源远流长"碑，立于民国二十九年（1940 年）。碑文中写道，"我彭氏自李唐来，世居溪洲官隆"，这可能是说该村的村民从李唐开始建寨，已有 1000 多年的发展历史。双凤村内至今生活着许多土家族的非物质文化遗产传承人，包括国家级 2 人、省级 1 人、州县级多人。其中，田仁信、彭英威分别被国务院确立为土家族摆手舞、土家族毛古斯舞代表性传承人；彭家齐被湖南省人民政府确立为土家族过赶年代表性传承人。这些人是土家族体育非物质文化遗产发展的历史见证人，能为我们提供真实而宝贵的研究文本。

随着国家扶贫政策的深入和"土家族第一村"村寨旅游的发展，双凤村政治、经济、文化及其特有的土家族体育非物质文化遗产在新的历史时

---

① 刘孝瑜：《民族知识丛书：土家族》，民族出版社，1989，第 1～2 页。

期潜移默化地发生着许多变化。文化生态学是从人类生存的整个自然环境和社会环境中各种因素的交互作用来研究文化产生、发展、演变规律的一种学说。课题组以文化生态学为理论支撑，采用田野调查方法和质的研究范式，从体育非物质文化遗产参与主体的角度考察村落体育非物质文化遗产的文化生态结构、变迁、传承方式、发展困境及修复机制等，探寻村落体育非物质文化遗产发展的生态模式，旨在清晰了解村落体育非物质文化遗产文化生态的演化规律、影响因素及其可持续发展的道路与途径。

二 村落体育非物质文化遗产的文化生态结构

20世纪20年代，美国文化人类学家朱利安·斯图尔德（Julian Steward，1902－1972）将文化生态系统视作"一个包括内核与若干外核的不定型的整体"。① 了解村落体育非物质文化遗产的文化内核与若干外核，可以从"自然环境、社会经济环境、社会制度环境三个层面"进行综合的、动态的考察，并与诸多文化现象有机联系起来，加以整体的认识。②

1. 村落体育非物质文化遗产的自然环境层

自然环境指被人类改造、利用，为人类提供文化生活的物质资源和活动场所的自然系统。它既是人类生活的外在客体，又渗入人类的主观因素中，故可称"人化的自然"。双凤村坐落于湖南省湘西土家族苗族自治州永顺县城西南方，全村面积4.267km²，总耕地面积0.124km²。双凤村地区土质为板页岩发育的青砂泥土，质地疏松，含磷量高，团粒结构好，弱酸性，属于比较肥沃的土地。但是，由于村寨坐落在海拔680m的山冈之上，境内山峰突兀、坡陡沟深，耕地面积少，水资源缺乏。③ 在这种恶劣的自然环境下，土家族先民基本靠天吃饭，粮食作物的产量十分低，人们甚至要依靠打猎维持生计④，祈求风调雨顺、神灵庇佑就成为土家人共同的民族心理和群体意识。双凤村土家人崇拜雨神、井神、树神、土地神

---

① 参见司马云杰《文化社会学》，中国社会科学出版社，2007，第152～154页。
② 冯天瑜、何晓明、周积明：《中华文化史》第二版，上海人民出版社，2015，第8～10页。
③ 马翀炜、陆群主编《土家族：湖南永顺双凤村调查》，云南大学出版社，2004，第1～5页。
④ 2000年，双凤村被定为湘西土家族苗族自治州永顺县90个特困村之一。

等自然神，崇拜白虎神、四官菩萨、灶神、火场菩萨等人格神，也有彭公爵主、向老官人、田好汉等先祖神，由此产生了"万物有灵"的多元信仰。面对恶劣的自然环境和频发的自然灾害，亲密的先赋血缘关系成为双凤村抵御风险的客观需要和必然选择。舍巴日祭祀祖先的活动，是双凤村一年之中最隆重的传统节庆。每年正月初三或初五，双凤老寨及另外7个新寨的所有土家人都会汇聚到双凤村摆手堂前①，祭祀祖先，然后开展摆手舞、毛古斯舞等娱神、娱祖、娱人的体育非物质文化遗产活动。原生态的摆手舞、毛古斯舞等体育非物质文化遗产仅是祖先崇拜活动的仪式，通过这种祭祀仪式加强村民对宗族、血缘的认同感，促进宗族内部团结，产生强大的凝聚力，满足了村民互助合作、共同抵御风险的需要。②

2. 村落体育非物质文化遗产的社会经济层

双凤村是典型的农业经济型社会，种植水稻、玉米等粮食作物及桐油、茶叶等农副产品是大多数村民主要的经济来源，少数村民仍然过着狩猎—采集的生活。尽管双凤村的农业生产产量很低，但是双凤老寨及另外7个新寨都按一定的比例划拨出"族田""族山"，作为全体村民的公共财产。"族田"由村民轮流耕种，收获的粮食、瓜果、蔬菜等农作物用作支付摆手堂管理人员的工资和舍巴日活动的经费。"族山"一般种植桐油树，同治时期的《永顺县志》"沿革"中记载，"北宋乾德四年，桐油是永顺向宋王朝进贡的礼品之一"③，"民国二十五年，桐油在国际市场畅销，价格高涨。桐油产量达四点六万石"。④ 舍巴日祭祀活动中所需的猪、羊、牛等祭牲用品都用"族山"收入购买。鲜果、干果、糍粑、豆腐之类的物品

---

① 双凤村主要由彭、田两个家族构成，俗称"老寨"。人口鼎盛时期，村落彭、田家族的分支向山下迁徙，形成叭科、羊品沟、召且、反坡、沙湖、八吉、新寨7个新寨。每年舍巴日，分发出去的7个新寨都要回双凤老寨祭祀祖先。

② 朱雄君：《祖先崇拜的社会功能——基于湖南石村的实证分析》，《湖南农业大学学报》（社会科学版）2008年第1期，第50~56页。

③ （清）唐庚、（清）董耀焜（修）、李龍章纂、吉首大学信息部编印《永顺县志》（同治版），1874。

④ 杨安位总纂，永顺县地方志编纂委员会编《永顺县志》（清同治十二年刻本），湖南人民出版社，1995。

则由各户自行上供。正月舍巴日活动期间，参与舍巴日的所有男女老幼都必须在摆手堂开餐进食，以求吉利。参加者一般自带粮食和蔬菜，分寨办炊，共同进餐，也有祛晦纳吉的意味。双凤村是一个典型的农耕型社会，农业生产与狩猎情节是摆手舞、毛古斯舞中反映最多的动作，这些动作保留了原始状态的步伐、身段与情感，被誉为"弥足珍贵的古老遗产"、中华上古时期生活场景的"活化石"。① 摆手舞、毛古斯舞的内容体系有祭神舞、降神舞、娱神舞、驱崇舞、生产舞、性器舞、生活舞、军事舞等8大类204个动作。其中，生产舞以农事舞、狩猎舞和纺织舞为主，农事舞有砍火畲、掀卡子、挖土、撒小米、摘小米、打小米粑、揉粑粑等动作，狩猎舞有察看、理脚迹、追野兽、迂回追、追打、围猎、双人围打等动作，纺织舞有接麻、破麻、挽麻团、纺棉花等动作，这些都是原始社会土家人生活场景的再现，有深刻的农耕经济的历史烙印。

3. 村落体育非物质文化遗产的社会制度层

聚族而居是我国乡村最主要的社会形态，我国的"村"基本上是由一个或几个聚族而居的自然村落构成的。② 聚族而居，就必须有社会制度调整人与人之间的关系，拥有"天赋人权"的价值观念，形成从上至下的等级结构。双凤村的土家族摆手舞、毛古斯舞等活动依靠以族长、寨老和梯玛为基础的组织权力机构，以宗法血缘为基础的民间制度文化保障、维系和开展，形成了比较严密的社会组织体系。每年阴历腊月，由双凤老寨的族长，召集另外7个村寨的寨老在摆手堂"合议"。③ "合议"议程一般是，各寨的寨老汇报一年来发生的重大事项、年成好坏、村民违规乱纪的行为，拟订正月期间舍巴活动的祭祀程序，讨论舍巴日经费预算，成立临时组织机构，确定各项工作的责任人，以及此次祭祀主持者与梯玛人选。④ 正月初

---

① 张子伟：《湖南省永顺县和平乡双凤村土家族的毛古斯仪式》，台北：财团法人施合郑民俗文化基金会，1996，第67～69页。

② 吴理财：《村落社会与选举制度》，《社会》2000年第11期，第32～34页。

③ "合议"又称"寨老合议制"，是土家族传统的民间制度。村寨里面的重大决策、重大事件、村规民约等由老寨族长和新寨寨老共同商议决定的民间制度形式。

④ 梯玛，土家语，意为土家族巫师。梯玛在双凤村村民的心目中有很高的地位，被认为神通广大、能呼风唤雨、降神捉妖的人物。按宗教执行权力大小，有掌堂梯玛、掌坛梯玛、帮师梯玛之分。梯玛，也是土家族体育非物质文化遗产的主要传承者。

三或初五（时间由占卜决定），按照"合议"的程序执行和开展活动。每寨各自主持一天的祭祖仪式以及晚上的敬神娱神活动，并开展摆手舞、毛古斯舞等体育非物质文化遗产活动。摆手舞是土家族所有人必须参与的祭祀性舞蹈，无论男女都要进场跳，边跳边唱社巴歌。毛古斯舞是最后的一出大戏，一般由男人表演，有"做阳春""赶肉""捕鱼""敬梅神""抢新娘"等场景。摆手舞、毛古斯舞每场表演的基本情节相同，不能自由发挥，传统延续千年。[①] 新中国成立之后，历次的政治运动与土地改革，族长的人选都由村民自治委员会推选的村主任替代，民间制度控制力逐渐弱化，被国家法定的政策法规所取代。传统的社会组织体系在村落社会转型中支离破碎，每年的舍巴日也因为传统社会组织的消失而多次停办摆手舞、毛古斯舞等大型群体性活动。民间制度层的缺失，也是村落体育非物质文化遗产逐渐消失的重要原因。

三 村落体育非物质文化遗产的文化生态变迁

双凤村是一个典型的少数民族村落，体育非物质文化遗产作为村落不可分割的重要组成部分，它的形成、存在和发展不是孤立的，而是和土家人的宗教信仰、民俗文化、生产生活、民族心理等紧密相连的。双凤村的土家族体育非物质文化遗产历经岁月的洗礼，成为分析社会历史发展的代表性样本。

第一个重要历史时期是双凤村建村至新中国成立之前，即祭仪式体育非物质文化遗产的历史发展时期。

自双凤村建立村寨以来，以祭祀祖先仪式为主要文化特征的土家族摆手舞、毛古斯舞，以清雍正"改土归流"[②] 为界限，可以比较清晰地划分成两个重要发展阶段。[③] 清雍正"改土归流"之前，双凤村属十八蛮洞之外的化外荒野是一片尚未开发的土地，村落社会结构保持了比较原始的状

① 湖南省文化厅：《湖南省非物质文化遗产名录》，湖南人民出版社，2009，第325～341页。

② 改土归流是指改土司制为流官制。土司即原民族的首领，流官由中央政府委派。改土归流有利于消除土司制度的落后性，同时加强中央对西南地区的统治。改土归流后，汉族与少数民族文化实现广泛交流和互融。

③ 彭勃：《永顺土家族》，四川省秀山土家族苗族自治县印刷厂，1992，第42～45页。

态，"男女混杂坐卧火床"不分内外。① 无论男女均可以参加舍巴日，进行呈牲、敬神、送神、社巴歌舞及群众性的竞技游艺活动。土家族摆手舞、毛古斯舞是祭祖活动中的重头戏，旨在搬戏娱神、祈祷丰收、祛除不祥。清光绪时期的《龙山县志·风俗》曾记载："土民祭祀土司神，旧有堂曰摆手堂，供土司某神位，陈牲醴，至期既夕，群男女并入。酬毕，批五花被锦帕首，击鼓鸣钲，跳舞鸣歌，竟数夕乃止。"② 改土归流时期，清政府及地方官对双凤村的一些旧风俗进行了大幅度的革新，如禁穿土家族的传统服饰，改革土家族的居住习俗，禁止男女混杂坐卧火床，等等。③ 通过改土归流与移风易俗，原来土司地区一些落后的习俗得以废除，儒家文化开始渗透进这个偏僻的地区，加速了双凤村土家族和汉族之间的文化交流。改土归流之后，土家族摆手舞、毛古斯舞等祭祀性活动的时间、内容、程序、组织等虽然依然依照古法进行，变化不大，但是祭祀参与人群开始男女有别，男人登上了主祭的神圣位置，女人参与活动的权力被取消。以宗教祭祀仪式为主要特征的体育非物质文化遗产活动成为男人的政治权力，发挥着族群认同和文化认同的功能。

第二个重要历史时期是 20 世纪 50 年代初至 60 年代末，即舞台式体育非物质文化遗产的政治推动时期。

新中国成立之后，传统民俗活动中男女平等的价值观重新确立，女性重新获得了民俗活动的参与权利，再现了"男女聚集，跳舞唱歌"的场景。但是，长期以来传统文化形成了惯性，男人仍然是摆手舞、毛古斯舞等体育非物质文化遗产的主角，就连毛古斯舞中的母女两个女性角色也一般由男人装扮。为改变旧中国民族成分和族称混乱的状况，以保障少数民族的平等权利，自 1950 年起，中央及地方民族事务机关组织科研队伍开展民族识别工作。在国家民族识别政策的影响和感召下，1953 年秋，永顺县

---

① 改土归流之前，又称"旧土司时期"。土家族家庭均无桌椅，更无卧床可言。每家每户均设火床一架，将炉灶建在火床中，吃饭睡觉都在其上。白天环坐，夜间男女混杂睡在一处，偶有外客留宿，也是如此。
② 符为霖：《龙山县志·风俗》（清光绪四年刻本），中国国家图书馆，1878，第 30 页。
③ 改土归流时期，禁令要求长幼有序、男女有别，禁止火床坐卧混杂，逐户宣谕、检查，违者鞭杖一百。

文化馆干部唐天霞到双凤村挖掘整理摆手舞、毛古斯舞等①，逐渐掀开了土家族摆手舞、毛古斯舞这些神堂艺术的神秘面纱，引起了国内学术界的关注。1956年，双凤村的彭若兰、田仁信参加全国第二届民间音乐舞蹈大会，表演摆手舞等土家族舞蹈，受到周恩来、彭德怀、贺龙等国家领导人的接见，这个历史性事件在双凤村引起了巨大轰动。在政治力量的推动下，双凤村摆手舞、毛古斯舞等体育非物质文化遗产的社会功能逐渐在宗族祭祀仪式中延伸开来，融入现代舞蹈元素，并借助舞台表演形式，展现出少数民族的时代风貌。1964年，唐天霞等人再次到双凤村组织大型摆手舞活动，成为双凤村村民最为深刻的历史记忆。后来的"文化大革命"中使土家族摆手舞、毛古斯舞等体育非物质文化遗产发展遭到了破坏。

第三个重要历史时期是20世纪80年代初至21世纪初，即媒体式体育非物质文化遗产的文化传播时期。

改革开放之后，我国的少数民族乡村社会正在经历一次加速发展期，逐渐从传统的、农业的、封闭的、贫穷的社会向现代的、开放的、民主的、富裕的社会转型。双凤村除了经济的迅速发展，文化传播也形成了全方位的覆盖，在各个领域发挥着巨大的辐射作用。一方面这种文化传播是土家人对本民族文化的内在需求。从20世纪80年代开始，双凤村村民及其周边的土家族共同拍摄了《万人摆手迎国庆》《欢乐毕兹卡》《舍巴日》《摆手舞》《土家族毛古斯》《生命之绝唱——土家族传统舞蹈》等具有浓郁土家族特色的电视节目，并陆续推广到湖南省等地方卫视及中央电视台各个栏目，在增强民族自信心和自豪感的同时，也让世界各地群众认识和了解土家族特有的传统文化。另一方面，文化传播也是外来文化对土家人的渗透影响。20世纪90年代以后，中央电视台等各级媒体的到访，对双凤村民族文化的传播及其体育非物质文化遗产的发展起到了重要的推动作用。比如，中央电视台海外部、中央电视台社教中心纪录片部、中央电视台《生活》栏目组、湘西电视台《记录湘西》节目组等为了宣传国家民族政策、传承民族文化、提高栏目收视率等，纷纷来到双凤村实地写生拍摄。② 双凤村摆手舞、

① 根据双凤村村史大事记和村里老人的历史回忆整理。
② 媒体签名留念材料由双凤村现任村支书彭振奎提供。

毛古斯舞等活动，根据媒体拍摄的需要，选择性地重新编排和展演，将体育非物质文化遗产推上了更高的发展平台。多元化的市场关系和群众更高的物质文化生活需求相结合，成为文化传播的根本性推动力量。

第四个重要历史时期是 21 世纪初至今，即旅游式体育非物质文化遗产的喜忧参半时期。

跨入 21 世纪，随着国家全民健身、非物质文化遗产保护等政策的贯彻实施，土家族体育非物质文化遗产活动成为当地重要的健身手段和经济收入来源。2003 年 4 月，北京中华民族园邀请双凤村村民彭英威、田仁信、彭家齐到北京参加土家山寨举办的社巴节活动。2008 年 2 月 21 日，永顺县 3 乡 8 寨千余名土家人齐聚双凤村，举行"迎奥运闹元宵千人大摆手"活动。同年 8 月 8 日，以双凤村村民为主体的 1000 余名土家族村民赶赴北京，《土家族毛古斯·安庆》代表湖南省参加 2008 年北京奥运会开幕式前的表演推荐节目。自 2000 年以来，双凤村大力发展村落民族旅游，修建了"土家第一村"寨门和村级水泥公路，被评为 2 星级湖南省乡村旅游区。如有旅游团队到访，双凤村村民晚上就会在摆手堂两侧点上火龙，在社巴坪中点燃篝火，表演土家族传统的摆手舞、毛古斯舞，并邀请游客一起跳，狂欢到深夜。村落旅游经济的迅速发展为双凤村村民带来实在的经济收入，每表演一场他们可以获得 30～50 元的经济收入。对于年人均纯收入①仅 1700 元的村民来说，这是一笔不少的收入。另外，摆手舞、毛古斯舞根据旅游表演的需求，增加了游客的参与环节，动作被压缩为 13 个，这些变革也对体育非物质文化遗产发展和文化传承带来了许多不利影响。在商品经济大潮之下，土家族体育非物质文化遗产的经济性、商品性逐渐呈现。双凤村土家族体育非物质文化遗产的社会变迁如表 1 所示。

表 1 双凤村土家族体育非物质文化遗产的社会变迁

	祭仪式体育非物质文化遗产	舞台式体育非物质文化遗产	媒体式体育非物质文化遗产	旅游式体育非物质文化遗产
产生时间	双凤村建村至新中国成立前	20 世纪 50 年代初至 60 年代末	20 世纪 80 年代初至 21 世纪初	21 世纪初至今

① 双凤村年人均收入指标来自永顺县大坝乡农经管理站 2010 年的统计指标。

续表

	祭仪式体育非物质文化遗产	舞台式体育非物质文化遗产	媒体式体育非物质文化遗产	旅游式体育非物质文化遗产
活动时间	传统节庆日	舞台演出时间	媒体拍摄时间	接待游客时间
动作内容	摆手舞、毛古斯舞的动作和程序都有严格的规定性，依次为：祭神舞、降神舞、娱神舞、驱崇舞、生产舞、性器舞、生活舞、军事舞等8大类204个动作	摆手舞、毛古斯舞根据舞蹈编排的需要，筛选出其中某些动作表演。动作和程序脱离了传统的规定，肢体动作也融入了现代舞蹈的高、难、美等特点	摆手舞、毛古斯舞根据媒体拍摄的需要选择一部分进行展演。如，祭神舞展现祖先崇拜，生产、生活舞展现原始生产、生活形态	摆手舞、毛古斯舞根据旅游表演的需求，动作压缩为13个。增加了土家族拦门酒、土家族哭嫁、山歌对唱、三棒鼓等习俗内容，并增加了游客的参与环节
活动目的	加强族群认同	体现肢体的美感	透视文化的内涵	获取经济收入
动作特点	程序性、自发性	表演性、观赏性	象征性、猎奇性	选择性、参与性
内涵特质	宗教祭祀仪式	舞台表演艺术	媒体传播媒介	文化消费产品
时代背景	原生态的体育非物质文化遗产是宗教祭祖仪式，以宗法血缘为基础的民间制度文化维系和开展	为了保障少数民族的平等权利，中央及地方民族事务机关的民族识别工作持续展开	改革开放深入发展，文化传播形成全方位的覆盖，在各个领域发挥着巨大的辐射作用	村落经济生产模式由农耕经济向旅游经济转型，土家族传统文化成为旅游商品卖点

四　村落体育非物质文化遗产的生态传承方式

　　行之有效、稳定性高的传承方式是体育非物质文化遗产延续和发展的重要因素。在双凤村，土家族体育非物质文化遗产存在非结构式社会传承、家族传承和师徒传承三种生态传承方式。其中，非结构式社会传承是一种较为普遍的传承方式，它没有严密的组织结构，没有严格的传承规范，对学习者也没有具体的行为要求。关于土家族摆手舞、毛古斯舞等体育非物质文化遗产基本技能，不仅土生土长的村里人可以学习，村外嫁过来的外族媳妇只要感兴趣，也可以学习和参与。这种非结构式社会传承方式，使双凤村的男女老幼都掌握了一定的体育非物质文化遗产基本技能。双凤村摆手舞、毛古斯舞的非结构式社会传承还存在一种"偷师"习俗，即摆手舞、毛古斯舞师傅表演时，学习者可以任意观看和学习，但是师傅不会手把手地教你，你最终能掌握多少和掌握得好坏，全凭个人的悟性和努力。在双凤村，摆手舞、毛古斯舞中的宗教程序、祭祀禁忌、祭祀巫词、法事唱曲、成套动作及动作内涵等属于核心文化层。这种核心文化层的传承，一般都是通过家族传承或师徒传承（师徒关系也一般存在血缘关系）的方式世代延续的。由于土家族是只有语言、没有文字的民族，所有的传承都是通过口传心授的方式进行的，传承体系十分脆弱。为了避免土家族摆手舞、毛古斯舞这些体育非物质文化遗产的精粹随着社会变迁而消失，永顺县文化馆于1984年2月从双凤村聘请了3个摆手舞、毛古斯舞老艺人，全面回顾、总结了摆手舞、毛古斯舞的源流、沿革、跳法、动作、鼓点、程序等。经过地方政府文化部门的整理，从摆手舞、毛古斯舞204个原始舞蹈动作中，精选出24个动作，编辑成册并进行普及。同年8月，永顺县各乡镇、中小学和县直厂矿均选派2名艺术骨干，举办了首届"永顺县土家族社巴舞培训班"，并开展了摆手舞、毛古斯舞等的表演竞赛活动。2009年，永顺县双凤村农民培训学校在双凤村"土家族毛古斯舞、摆手舞传习所"中培训土家民族文化，如土家语、土家传统舞蹈节目等。近年来，永顺县中小学的体育课程中也增加了摆手舞、毛古斯舞等体育非物质文化遗产进课堂的活动，新型的传承方式为拓展传习群体奠定了良好的条件和基础。从双凤村的生态传承方式来看，基于血缘关系的家族传承机制具有保守性、稳定性、控制性等特点，对核心文化层的延续具有一定的意义。但是，由于基础性群体十分薄弱，很容易造成体育非物质文化遗产传承链的断裂，出现后继无人的情况，生态传承体系十分脆弱。而现代的社会培训、体育非物质文化遗产进课堂等多种传承方式，由于场地设施、活动经费、师资来源、组织保障等多种社会因素的制约，目前并没有形成有效的良性运行机制。表2、表3分别为双凤村毛古斯舞和摆手舞传承谱系。

表2　双凤村毛古斯舞传承谱系

代际	姓名	性别	出生年份	文化程度	传承方式	传承地点	备注
第一代	彭继祯	男	1880	私塾	家族传承	双凤村	—
	彭继尧	男	1881	私塾	家族传承	双凤村	—
第二代	彭南贵	男	1907	文盲	家族传承	双凤村	

续表

代际	姓名	性别	出生年份	文化程度	传承方式	传承地点	备注
第三代	彭英威	男	1933	文盲	家族传承	双凤村	国家级非物质文化遗产传承人，于2011年初去世
第四代	彭振兴	男	1950	初小	家族传承	双凤村	—
	彭振华	男	1950	初小	家族传承	双凤村	—
	彭振煌	男	1941	初小	家族传承	双凤村	正在申报国家级非物质文化遗产传承人
第五代	彭家龙	男	1972	初中	家族传承	双凤村	—
	彭武金	男	1973	初中	家族传承	双凤村	—

表3　双凤村摆手舞传承谱系

代际	姓名	性别	出生年份	文化程度	传承方式	传承地点	备注
第一代	田英华	男	1880	小学	家族传承	双凤村	—
	田家齐	男	1882	小学	家族传承	双凤村	—
第二代	田万发	男	1902	文盲	家族传承	双凤村	—
第三代	田仁信	男	1933	文盲	家族传承	双凤村	国家级非物质文化遗产传承人
第四代	田朝发	男	1955	初小	家族传承	双凤村	—
第五代	田明礼	男	1978	初中	家族传承	双凤村	—

五　村落体育非物质文化遗产的生态发展困境

1. 传统经济结构断裂给体育非物质文化遗产发展带来的隐忧

双凤村主要由彭氏和田氏两个家族构成，家族的"族山""族田"每年所获得收益的一部分就用于体育非物质文化遗产活动的固定支出，包括摆手堂的修葺①，每年舍巴日摆手舞、毛古斯舞等传统祭祀活动的开支，

---

① 摆手堂，土家族用于祭祀祖先和跳摆手舞的"廊场"。凡是有土家族聚居的中心村寨，都建有摆手堂，是土家族体育非物质文化遗产活动的主要场所。

等等。例如，双凤村的第一座摆手堂就由双凤老寨和其他 7 个新寨共同出资进行建设，平时安排 1 人专职打扫管理。摆手堂管理人员的生活费用，以及摆手堂破败时的修葺费用，基本从"族山""族田"的收入中开支。20 世纪 50 年代以后，家族组织开始瓦解，在村寨事务中失去了基本的职能。第一座摆手堂，在"文化大革命"期间，被当作"四旧"拆除。20 世纪 80 年代，我国实行联产承包责任制，"族山""族田"被划归个人，体育非物质文化遗产发展因此失去了经济来源。目前，双凤村没有活动场地的修葺、传统活动的组织与管理等项目的支出经费，仅仅依靠县、乡两级地方政府的"偶尔"拨款，体育非物质文化遗产的发展缺乏稳定性和持续性。双凤村第二座摆手堂于 1988 由湘西自治州建设委员会筹资 1 万元兴建，后由从台湾回双凤村的彭超捐赠 2500 元修整。① 这座摆手堂建于山顶开阔之处，后来被大风刮倒。2000 年，经双凤村村民多次申请，湘西自治州永顺县民委资助 1 万元②，双凤村村民出义务工，将大风刮倒的第二座摆手堂木料拉到山下彭田宗祠原址重建成第三座摆手堂，现为土家族毛古斯舞、摆手舞传习所。三次摆手堂修建的历史，展现了传统经济结构断裂给体育非物质文化遗产发展带来的隐忧。

2. 劳动力人口的迁徙造成体育非物质文化遗产后备人才缺乏

双凤村地处山冈，交通闭塞，山冈上满足人口增长的物质条件有限，对外人口流动一直存在。改革开放以后，打工热潮席卷全国，也影响到年人均纯收入仅有 1700 多元的偏远村寨。20 世纪 90 年代以来，外出做生意的人数不断增加，加剧了双凤村人口的对外流动。2010 年，双凤村共有 96 户 325 人，常年外出务工劳动力达到 172 人，其中，乡外县内 56 人、县外省内 25 人、省外 91 人。③ 近年来，双凤村小学由于教育资源整合，被合并到永顺县城，村里的适龄儿童都必须到城里去读书。县城小学没有给这些偏远村落的小孩提供寄宿条件，所以双凤村部分小孩的父母不得不在县城租房子，一边照顾小孩，一边做一些零工以维持生计，基本上常年不回

---

① 第二座摆手堂的建造费用及经费资料来源于第二座摆手堂的奠基纪念碑铭文。
② 第三座摆手堂的建造费用及经费资料来源于双凤村 2000 年的财务公开账目。
③ 外出务工劳动力相关数据来源于永顺县大坝乡农经管理站 2010 年的统计指标。

村。两种因素叠加，目前双凤村常年居住的大部分是中老年人，很少见到教育适龄儿童和青年人。劳动力人口的迁徙，导致土家族体育非物质文化遗产出现年龄断层和后备人才缺乏的问题。

3. 现代文化的交流传播带来群众生活方式的改变

双凤村的摆手舞、毛古斯舞等是最具有民族特色、最能反映古老遗风的土家族体育非物质文化遗产，是土家族原始的宗教祭祀仪式。摆手舞、毛古斯舞最隆重的节日叫"舍巴日"，汉语叫"调年"或"跳年"[1]，是土家族群众庆贺新年、纪念祖先或团圆联欢的重要时刻。乾隆时期的《永顺府志》对当时的摆手舞活动有所记载："各寨有摆手堂，每岁正月初三至十七日止，夜间鸣锣击鼓，男女相聚，跳舞唱歌，名曰'摆手'，此俗犹存。"[2] 新中国成立以后，土家族被定性为单一民族，各地研究学者和电视媒体纷纷到来，他们在获得珍贵的素材之余，也给这个僻静的村落带来了精彩的现代文化。现在的双凤村逐渐打破了传统的寂静，部分先富裕起来的家庭装上了卫星电视接收器，每天晚上收看电视节目成了他们重要的生活方式。据不完全统计，在双凤村96户家庭中，22户有模拟电视，可接收40多个频道，其中包括不少国外频道。[3] 用电脑上网和打麻将这两种在城里普遍存在的娱乐消遣方式，也成为双凤村土家族群众业余生活的主要方式。现代文化的交流与传播，打破了传统文化的固定格局，群众生活方式变得丰富多彩，必然会对体育非物质文化遗产产生冲击和影响。

4. 传统组织职能消失与现代组织尚未确立的矛盾

土家族体育非物质文化遗产活动依赖传统的社会组织体系保障、维系和开展，这种严密的组织系统由宗祠、族谱、族田、族规、族长等组织要素共同构成。[4] 宗祠（摆手堂）是土家族体育非物质文化遗产活动开展的主要场所，族谱影响和制约着体育非物质文化遗产的传承，族田是体育非

---

① 胡履新修《永顺县志》（民国19年），1930，8册。
② （清）张天如纂修《永顺府志》（乾隆二十八年刻本），1763，4册。
③ 双凤村模拟电视及接收频道情况来源于入户实地调查统计资料。
④ 徐扬杰：《中国家族制度史》，人民出版社，1992，第313页。

物质文化遗产活动的资金来源，族规规定着体育非物质文化遗产的活动内容、程序和制度，族长是宗族组织的首领，也是土家族体育非物质文化遗产的实际组织者和领导者。这种传统的社会组织体系保证了体育非物质文化遗产延续千年而不衰。自1949年以来，传统的社会组织体系产生了重大变化。改革开放以后，随着经济发展的大潮和信息传播的加快，现代意识和主流文化已经深入双凤村村民的日常生活。族田、族规已经成为历史，族谱和宗祠仅仅具有象征性意义，族长的人选也由村民自治委员会推选的村主任所替代，传统的社会组织体系在社会的快速转型中支离破碎。传统社会组织体系的消失是历史演化的规律，但是目前能促进土家族体育非物质文化遗产转型、创新、发展的现代社会组织尚未建立，这无疑是新的历史时期体育非物质文化遗产发展必须直面的问题。

5. 落后的思想观念严重阻碍体育非物质文化遗产的转型发展

在双凤村这个原始遗风保存较好的土家族村落中，在"万物有灵"传统观念的支配下，村民自然崇拜、图腾崇拜、土王崇拜、祖先崇拜之风盛行，这与他们善猎、从事山地农耕和土司制度的遗存等有着很深的渊源。正月期间的"舍巴日"，在土家族摆手舞、毛古斯舞等体育非物质文化遗产活动开展之前，村民首先要祭祀祖先，"梯玛"举行祭仪后，再带领土家族男女老少击鼓歌舞，体育非物质文化遗产的宗族祭祀特征清晰而鲜明。除此之外，双凤村日常生活中的婚、丧、嫁、娶，以及生、老、病、死等，都要请巫师主持祭祀、驱邪祈福。土家族的巫风、巫术是原始宗教中的一个分流，在历史的长河中确实有一定的社会功能和价值。但是，目前村里的部分土家人还把自身的健康和对生活的向往寄托在巫师的巫术上，没有科学的健康观念和保健意识，对自己的身体健康状态从不关心，美其名曰"顺其自然"，对"花钱买健康"更觉得不可思议。这种传统观点严重影响了他们参加体育锻炼的主动性和积极性，并使全民健身工作的宣传、发动、组织和开展举步维艰。

六　村落体育非物质文化遗产发展的生态修复机制

我国正在建设一个现代化的社会，对于中国体育非物质文化遗产，在保留民族主体精神的基础上，必须打破它原有的结构、秩序，形成新的组合或创新，建立适应现代化社会需求的生态修复机制。

首先，形成少数民族地区经济持续增长的发展模式。"经济领域在发展和现代化方面居于首要地位，经济问题的解决……具有头等重要的意义。"[①]少数民族村落经济基础薄弱会导致古建筑、古遗迹的保护和修葺缺乏相应资金，体育非物质文化遗产活动缺乏组织和管理经费，体育非物质文化遗产活动的创新和发展缺乏培育基金等问题。更重要的是村里留不住人，许多年轻人去沿海城市打工，导致传承体系后继无人等。所以，发展村落经济是硬道理。第一，扩大农副产品的生产规模。双凤村有两"宝"：桐油和茶叶。桐油在土司时期是土司王进贡给朝廷的贡品。茶叶品质优良，被誉为"土家春"，2007 年夺得湖南第八届"湘茶杯"金奖。但是，全村仅有 1000 余棵桐油树，200 多亩茶叶，种植面积太少、产能低下，无法形成规模生产效应。第二，加强农副产品的企业深加工。目前村里面只有两个进行茶叶生产加工的手工作坊，产品的附加值太低。村里收购价为每斤 300 元的"土家春"，经过经销商的精包装每斤可卖 1500 ~ 2000 元。[②]应扩大农副产品的种植面积，形成规模效应，注重农副产品的深加工，增加农副产品的附加值，为夯实村落经济奠定基础条件。第三，注重村落民族旅游纪念品开发。现在到双凤村考察、旅游、休闲的人越来越多，村里可以将体育非物质文化遗产器具与民族服饰、手工艺品等相结合，制成旅游纪念商品，增加村民业余收入。村落体育非物质文化遗产发展问题，不仅是体育非物质文化遗产自身的问题，双凤村"特困村"的帽子不摘掉，土家族体育非物质文化遗产就没有可持续发展的源泉和动力。

其次，建立村民自治的体育非物质文化遗产社会组织管理体系。现在双凤村体育非物质文化遗产的组织与管理，基本依靠政府的行政权力推动和实施。政府在体育非物质文化遗产发展中的主导行为，在取得许多成绩的同时，也弱化了村民自治管理的积极性。所以，当传统的社会组织职能

---

① S. N. 艾埃森斯塔德：《现代化：抗拒与变迁》，张旅平、沈原、陈育国等译，中国人民大学出版社，1998，第 57 ~ 58 页。

② 双凤茶叶的市场价格情况由双凤村茶叶加工厂彭书珍经理提供。

逐渐消失时，应该建立适应社会发展的、以村民自治为核心的现代社会组织。目前双凤村可以建立以旅游管理协会为中心，包括老年人协会、妇女协会和青少年传习协会在内的村民自治的现代社会组织。旅游管理协会负责村落民族旅游的宣传和推广，体育非物质文化遗产的表演和开发，游客团体的接待等工作；老年人协会负责妇女、青少年体育非物质文化遗产的教学，体育非物质文化遗产的挖掘和整理，同时种植时令蔬菜以满足旅游餐饮需求；妇女协会负责妇女对体育非物质文化遗产的学习和表演，民族服饰、手工艺品等旅游纪念商品的制作；青少年传习协会负责青少年对体育非物质文化遗产的学习和表演。这个村民自治的现代社会组织体系如果良性运行，妇女、青少年就可以通过旅游表演获得稳定收入，同时加强对体育非物质文化遗产技能的传承；老年人可以通过出售时令蔬菜获得稳定收入，同时将所掌握的体育非物质文化遗产技能传授给下一代；旅游管理协会通过组织旅游表演获得经济收入，同时也不用担心体育非物质文化遗产表演缺乏人才的供应。以村民自治为主要特征的现代社会组织体系的建立，可以使村落体育非物质文化遗产获得更为广阔的发展空间。

再次，加强村落体育非物质文化遗产的文化同源移植。双凤村历经岁月的洗礼，体育非物质文化遗产的动作技能及文化记忆必然会随时间推移出现流失的现象。村里及周边地区摆手舞、毛古斯舞中的宗教程序、祭祀禁忌、祭祀巫词、法事唱曲、成套动作及动作内涵等只有少数梯玛会，他们都70多岁，有些内容已经记不全。除此之外，双凤村土家族还有拱龙、抢羊儿、鲤鱼标滩、蚂蚁晒肚、鸡公走路、垒宝塔、跳马等具有鲜明民族特色的体育非物质文化遗产活动，但目前仅存在于老人的记忆中。这种村落体育非物质文化遗产发展中的文化断裂现象，需要依靠文化同源移植来复原。湖南永顺、湖北恩施、重庆来凤、贵州铜仁都在武陵山片区，同属土家族文化生态圈，有些体育非物质文化遗产文化记忆的缺损可以到其他地区实地考察，进行文化同源移植。特别是永顺县双凤村与龙山县坡脚坪之间，源流关系最为紧密。双凤村土家族毛古斯舞中讲述双凤村祖太公的迁徙历史时，有这样一段唱词："老公公，老公公，你从哪里来的？""我从龙山坡脚来的!"① 这证明龙山县坡脚坪地区可能是土家族摆手舞、毛古斯舞最古老的发源地,可以作为文化同源移植的重点考察地域。图1为体育非物质文化遗产发展的生态修复机制。

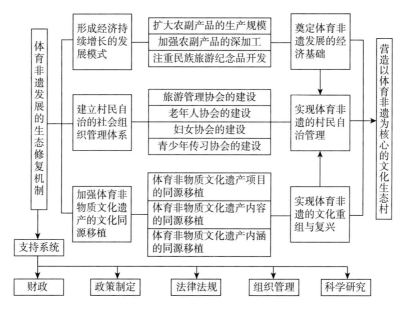

图1　体育非物质文化遗产发展的生态修复机制

最后,营造以体育非物质文化遗产为核心的文化生态村。一个民族村寨,包括了该民族所有的文化要素,是最全面、系统、集中的,承载了民族各类民俗事象的相对完整社区。② 体育非物质文化遗产是村落的一种民俗事项,如果将体育非物质文化遗产从村落文化生态系统中剥离,体育非物质文化遗产就会失去生存和发展的土壤。所以,村落体育非物质文化遗产要发展,必须营造以体育非物质文化遗产为核心的文化生态村。文化生态村建设,需要加强对少数民族体育活动古建筑、古遗迹的保护和修葺,收集、整理与体育非物质文化遗产相关的文物古迹和地方文献,条件合适的地方可以建立村落民族文化生态博物馆。村落少数民族群众要加强自身

---

① 湖南省少数民族古籍办公室主编《梯玛歌》,彭荣德、王承尧整理译释,岳麓书社,1989,第4页。

② 黄萍、杜通平、李贵卿、赖兵:《文化生态村:四川民族旅游可持续发展的有效模式》,《农村经济》2005年第1期,第106~109页。

教育和培训，从而具有积极心态、开阔视野和创新能力，并做好体育非物质文化遗产发展的宣传、传承和保护工作。地方政府要转变管理方式和行为，加快服务型政府建设，充分发挥自身规划、统筹、决策、执行的特点，营造以体育非物质文化遗产发展为核心的文化生态村，提供财政、政策制定、法律法规、组织管理、科学研究等多层次的支持。

七 结语

村落体育非物质文化遗产是一种民俗事项。它往往与少数民族历史发展过程中遗留的生产方式、风俗习惯、宗教信仰、传统节庆、民族心理等存在十分紧密的内在联系，受自然环境、社会经济环境、社会制度环境等的制约和影响。体育非物质文化遗产在社会发展的历史长河中，历经岁月的洗礼，活动的形式、组织、内容和内涵等方面潜移默化地发生了许多改变。特别是改革开放之后的市场经济，给村落体育非物质文化遗产发展带来史无前例的冲击和影响。如传统经济结构断裂给体育非物质文化遗产发展带来隐忧，劳动力人口的迁徙造成体育非物质文化遗产后备人才缺乏，现代文化的交流传播带来群众生活方式的改变，传统组织职能消失与现代组织尚未建立之间的矛盾，落后的思想观念严重阻碍体育非物质文化遗产的转型发展，等等。纵观双凤村土家族体育非物质文化遗产的文化生态变迁历程，我们很清楚地认识到，体育非物质文化遗产发展问题不单纯是体育自身的问题，要具备与社会主义市场经济相一致的生态结构，形成与社会文化高度发展相协调的运行环境，在保留民族主体精神的基础上，必须打破它原有的结构、秩序，形成新的组合或创新，建立适应现代化社会需求的生态修复机制，营造以体育非物质文化遗产发展为核心的文化生态村，才是实现体育非物质文化遗产可持续发展的有效途径。

村落族群关系变迁中体育非遗社会功能衍生

——兰溪古寨勾蓝瑶族长鼓舞田野调查报告

一 前言

拥有五千年历史的中华民族历经多次分化与聚合、迁徙与定居，形成和而不同、各具特色的族群，并由此产生错综复杂的族群关系。我国学术界在20世纪50年代开展民族认定工作的过程中，认识到族群与族群关系的重要性，并由此展开对本土族群理论的田野调查与研究。"族群具有种族、血统、语言、宗教、风俗、乡土一类的文化要素，以及历史传统之上的心理情感和非政治行为。"① 费孝通先生在"中华民族多元一体格局"理论中提出族群"文化多元"与"政治一体"的研究范式，成为族群关系研究的标杆与规范。② 我国体育研究领域从20世纪90年代开始关注族群关系与体育发展之间的内在联系，如"作为同一族系的民族，他们的运动习俗必然地体现出文化共同体的共同特性。同时，不同的生存环境及不同邻近文化的影响，又使他们的运动习俗带着各自民族的特色"③，"地方性节庆体育活动作为族际乡土社会的整合性、共生性资源，为族群的交往互动提供了平台"④，"族群

---

① 郭洪纪：《文化民族主义》，台北：扬智文化事业股份有限公司，1997，第4页。
② 费孝通：《文化与文化自觉》，群言出版社，2016，第52~83页。
③ 张新：《氐羌族群运动习俗纵横谈——兼谈民族体育发展的共同规律》，《成都体育学院学报》1991年第1期，第24~27、44页。
④ 杨元英：《族际社会中的节庆体育与族群交往的研究——以广西融水多民族聚居区节庆体育活动调查为例》，硕士学位论文，广西师范大学，2007。

迁徙促进了边缘地区体育非物质文化遗产的形成与文化的多元性"①。

21世纪之后，随着经济文化全球化和人口快速流动，族群关系呈现一些新的时代特点和文化特征。少数民族地区族群关系日新月异的变化，给体育非物质文化遗产的表现形式、社会功能及其文化内涵带来了潜移默化的影响。湖南省江永县兰溪古寨由黄家村、上村、大兴村三个瑶族古村寨组成，是瑶族四大民瑶之一——勾蓝瑶的原生地。兰溪古寨历经漫长的历史积淀，形成了以勾蓝瑶族传统文化为母体，以长鼓舞文化为主要表现形式的"民瑶－生瑶－客家"族群文化生态圈，是分析、归纳村落族群关系变迁中体育非物质文化遗产社会功能的衍生规律，探究族群关系与体育非物质文化遗产融合共生模式的重要文本。

二 研究方法

本研究从村落族群关系视角出发，关注体育非物质文化遗产社会功能衍生主题，遵循文献资料与田野调查互证互释、历史纵向归纳和横向对比分析相结合的研究思路。历史文献来源于当地图书馆民族文献中心、非物质文化遗产保护中心与民族宗教事务委员会资料室，理论文献来源于中国知网、读秀学术网络检索。资料类型涵盖瑶族历史、地方志、族群理论相关期刊与书籍，及民间珍贵手工文本《评皇券帖》《盘皇券牒》等。田野调查以兰溪古寨黄家村为轴心，以上村、大兴村及其周边地区为延伸区域，采取的调研方式主要有：瑶族长鼓舞历史遗迹的实地考察，包括古建筑、古碑文、古木刻、古文献的信息资料收集与整理；瑶族长鼓舞活动情景的定性观察，包括祭祀场景布置、宗教仪式过程、族群参与情景等；对文化传承人的非结构式访谈，包括对欧阳绪珍②、何仁俭③等非物质文化传

---

① 王俊奇、吴丽莎：《中国历史上的族群迁徙对民族传统体育形成的影响》，《浙江体育科学》2010年第5期，第87～90、95页。

② 欧阳绪珍，男，瑶族，1944年生，兰溪瑶族乡黄家村村支书，勾蓝瑶族长鼓舞、瑶族女子拳非物质文化遗产传承人，当地小学瑶族长鼓舞、瑶族武术特聘教师，勾蓝瑶族本土知识专家。

③ 何仁俭，男，瑶族，1948年生，兰溪瑶族乡黄家村人，自幼跟随父亲学习瑶族传统歌舞，勾蓝瑶族长鼓舞、芦笙舞、舞狮非物质文化遗产传承人，当地小学瑶族长鼓舞、芦笙舞特聘教师。

承人的深度访谈和口述史整理。

三 村落族群关系历史变迁与瑶族长鼓舞社会功能衍生

1. 五帝至战国时期——族群迁徙中的部落识别

瑶族珍贵民间文献《评皇券帖》中记载，"评皇券帖，其来远矣。瑶人根古，即系龙犬出生"①，描述了古代瑶族先民起源于以盘瓠为祖先、以犬为图腾的原始氏族部落。公元前2500年至公元前2000年之间，盘瓠部落加入高辛氏部落，与戎吴部落发生无数次的部落战争，战争失利后离开故地，避入生存环境恶劣的南方险峻山区。为了适应恶劣的自然环境，盘瓠部落不得不通过原始宗教仪式，将具有血缘关系、亲缘关系的族群紧密团结在一起，增强族群的凝聚力，集中从事传统狩猎、采集生产，从而获得生存发展的机会和空间。多次迁徙的盘瓠部落定期（祭祀、节日、喜丧等）举行祭祀盘瓠的图腾崇拜仪式，将长鼓舞作为族群识别的工具，对本族群与其他族群进行有效区分，圈定血缘、亲缘关系，有利于集中人力资源和生产资源对族群进行管理。具有1300多年历史的《盘皇券牒》对瑶族长鼓舞起源的记载比较详细："盘皇自古至今……将（竹）作笛，梓（木）作鼓……各用长腰木鼓、口琴、长笛、小昼（号）、铜鼓等件。系盘皇良（瑶）子孙，世代遵奉皇祖兴乐。"② 瑶族长鼓舞作为图腾崇拜的重要仪式，在增强族群凝聚力的同时，也成为进行部落识别、血缘关系亲疏区分的有效工具。

2. 秦汉至宋元时期——族群分化中的血缘纽带

先秦至元代的中央为了加强政权的稳固性，经常对南方的少数民族进行军事镇压，还在少数民族地区设立郡、县、道等专门的行政机构，对少数民族实施镇压、隔离与分化政策。③ 由于历史上中央政权的割据，瑶族形成规模不等的不同族群，称谓繁多，共有数十种之多，但基本可以分成

---

① 参见《过山榜》编辑组《瑶族〈过山榜〉选编》，湖南人民出版社，1984，第20~24页。
② 参见黄钰辑注《评皇券牒集编》，广西人民出版社，1990，第278页。
③ 奉恒高主编《瑶族通史》（上卷），民族出版社，2007，第131~134页。

布努瑶和盘瑶两大族群系统。① 布努瑶喜居高山，随山散居，从事"狩猎采集型"生产，其民间社会组织以"油锅组织"为主，血缘关系比较紧密。盘瑶常居平地，聚居为伍，从事"刀耕火种型"生产，其民间社会组织以"石碑制"为主，地缘关系得到强化。布努瑶和盘瑶在生产方式与传统文化上存在差异，但是双方遵循统一的"寨老制"管理模式②，并定期轮流举办寨老集会。首日，一般由寨老会议主办方主持宗教祭祀活动，进行隆重的宴请，邀请同姓、同村、同祖、同宗的人同桌用餐，晚上通宵达旦开展唱盘王歌、跳长鼓舞、跳芦笙舞、跳打猎操、舞龙狮等自娱活动。次日，轮到客方主持，活动内容与主办方相似。长鼓舞等宗教祭祀活动有利于强化族群支系双方的血缘和亲缘关系，商议划定有限生存空间，实现生产资源的合理配置和生产资料的有效分配，并共同处理一些瑶族内部重大事宜。

3. 明代至民国时期——族群矛盾中的润滑剂

明朝之后，中央集权政府对边疆少数民族地区实施羁縻政策，进行"招抚""招安"，同时设立所、营等地方行政机构分而治之。"洪武二年初，江华知县周干德和百户抚瑶佬李东等17姓300余瑶民下山，定居上伍堡，""每瑶立瑶长以总之，目以佐之，小争则长与目听汀，大事始讼于官。"③ 这种瑶族地区各选瑶长自治的政策，形成了当地清溪源、古调源、扶灵源、勾蓝源四大"民瑶"。④ 接受"招安"的四大"民瑶"，不归化招抚的"生瑶"，远迁定居的"客家"，以"大杂居、小聚居"的格局生活在一起，时常因为有限的土地资源归属问题而产生族群矛盾，进而引发族群冲突。⑤ 为避免争夺土地资源、引发族群冲突，四大"民瑶"每隔三年

---

① 《江永县志》，方志出版社，1995，第 684~686 页。

② "寨老制"是原始社会后期父系氏族部落的民间组织与管理制度。新中国成立前，兰溪古寨境内"寨老制"在勾蓝瑶族村落中依然发挥重要作用，瑶寨的大事都由寨老主持。新中国成立后，多数地区的"寨老制"自行消失，被人民代表大会制度所取代，许多寨老也逐渐转变成村主任。

③ 李祥红、任涛：《江华瑶族》，民族出版社，2005，第 305 页。

④ 明清时期，中央集权政府对西南少数民族实行"改土归流"政策。当地部分瑶族支系接受"招安"，形成清溪、古调、扶灵、勾蓝四大"民瑶"，或称"熟瑶"；不归化中央集权政府"招抚"的部分瑶族支系被称为"生瑶"。

⑤ 费孝通：《费孝通文集》（第1卷），群言出版社，1999，第 465~467 页。

轮流举办一次大的会期，邀请其他三支"民瑶"，及"生瑶"和"客家"前来参加，设宴款待，跳长鼓舞、耍狮舞龙、盘歌吹笙，以此消除族群隔阂、缓解族群内部矛盾①，受邀而来的"客家"会在瑶族传统节日中表演具有汉族特色的腰鼓、龟蚌戏等。礼尚往来，"客家"每年举办庙会也一定会邀请附近的瑶族前来跳长鼓舞。瑶族长鼓舞等体育非物质文化遗产成为缓解矛盾的方式和多方沟通的纽带，对稳定社会结构具有重要的意义和作用，也是"民瑶－生瑶－客家"族群文化生态圈中必不可少的重要一环。

4. 新中国成立至"文化大革命"时期——民族平等下的自我认同

新中国成立后，把各地瑶人族群统称为"瑶族"，并于 1953 年认定"瑶"为单一民族②，与其他 55 个民族共同构成社会主义民族大家庭。马克思、恩格斯指出："人对人的剥削一消灭，民族对民族的剥削就会随之消灭。民族内部的阶级对立一消失，民族之间的敌对关系就会随之消失。"③ 1951 年国庆节，瑶族长鼓手盘天奉、盘永明应邀进京表演长鼓舞。1954 年国庆节，瑶族长鼓手周德成、赵庚妹应邀进京表演长鼓舞，受到党和国家领导人的接见。党和国家领导人对民间优秀艺术工作者的鼓励和支持，让长期被歧视和边缘化的瑶族群众深深感受到"民族平等"的温暖，瑶族长鼓舞等体育非物质文化遗产项目也由原来的血缘、亲缘认同，逐渐拓展成为民族自我认同。但是，随后的 1966～1976 年，兰溪古寨的瑶族长鼓舞因被定性为"封建迷信"活动而被禁止，造成体育非物质文化遗产传承出现断层和社会功能丧失等历史遗留问题。

5. 改革开放之后至 20 世纪末——文化复兴中的多元诉求

改革开放之后，党和国家及时纠正了"文化大革命"期间错误的政治文化路线和政策。1983 年，聚居着瑶族支系勾蓝民瑶的兰溪，成立了兰溪

① 刘秀丽：《从四大民瑶看明清以来"南岭走廊"的族群互动与文化共生》，《中南民族大学学报》（人文社会科学版）2010 年第 2 期，第 44～48 页。
② 黄光学、施联朱：《中国的民族识别——56 个民族的来历》，民族出版社，2005，第 189～190 页。
③ 《马克思恩格斯选集》（第一卷），人民出版社，2012，第 419 页。

瑶族自治乡，实现了少数民族区域自治。① 20 世纪 80 年代初期，兰溪古寨村民借用吸引华侨投资的名义，自发筹集资金、人力、物力，进行寺庙和祠堂的修缮与重建工作，长鼓舞等传统民俗活动也逐渐从地下走向半公开。20 世纪 90 年代之后，兰溪古寨及周边地区的瑶族长鼓舞发生了许多改变。比如，时间上，由仅在传统节庆和婚丧祭祀活动中举行，转变为也在元旦、劳动节、国庆节等国家法定节日举行；活动类型上，由一开始的在祭祀仪式、传统节日、喜丧习俗中表演，增加了舞台表演的类型；活动组织上，由瑶族同姓宗族组织，转变成以村为行政单位组织；动作特征上，除了沿袭"大打 72 套，中打 36 套，小打 24 套"的传统套路，还吸收了踏步翻身、大回环等许多现代舞台技术；活动内涵上，由传统宗教祭祀和族群活动的宗教仪式，转变成瑶族聚居区群众的生活方式和文化展演。"文化大革命"期间，民俗文化生活受到压抑，在十一届三中全会之后得到彻底的平反。瑶族长鼓舞在文化复兴的感召之下，多元的价值诉求得以释放，由宗教民俗活动积极演变成舞台表演、影视表演、节庆活动、群众健身等风格迥异的活动，丰富群众日益增长的精神文化生活，拓展体育非物质文化遗产的表现张力。

6. 21 世纪初至今——文化繁荣中的符号媒介

21 世纪是全球化的时代，"当全球性文化伴随着经济全球化到来的时候，就必然会对这些国家和民族的文化认同带来严峻的挑战。这就需要在文化交往过程中的任何一方，都要保持对民族文化的自信"。② 兰溪古寨及其周边地区的瑶族长鼓舞，一方面，以崭新的文化符号在国内舞台上推动文化繁荣发展，被不同地域、不同民族群众接受和认可。2003 年，《瑶族长鼓舞》节目参加了在宁夏举办的第七届全国少数民族运动会文艺节目，获三等奖；2007 年，《瑶人与鼓》节目参加了第九届全国体育非物质文化遗产运动会演出，获金奖；2008 年，瑶族长鼓舞被列入国家非物质文化遗产保护名录。另一方面，以独特的文化符号在国际舞台上展现民族文化的

① 杨仁里：《永明文化探奇》，中国文联出版社，2006，第 68～69 页。
② 万光侠、贾英健：《经济全球化进程中的价值冲突与文化建设》，吉林人民出版社，2007，第 209～212 页。

自信，在多元文化交往过程中收获归属感与自豪感。当地瑶族群众编排的《瑶族长鼓舞》先后为新西兰、芬兰、越南、阿尔巴尼亚及日本等国家的来宾进行专场演出，打造了瑶族长鼓舞的文化品牌效应。2011 年 10 月，党和国家审议通过了《中共中央关于深化文化体制改革、推动社会主义文化大发展大繁荣若干重大问题的决定》，当地政府也成立了以瑶族长鼓舞为核心的"非物质文化遗产保护中心"。通过中央电视台、湖南卫视，以及《人民日报》《湖南日报》等多家媒体宣传推介，长鼓舞已经成为全球化时代的文化符号和交互媒介。表 1 为村落族群关系变迁中瑶族长鼓舞社会功能的衍生规律。

表 1　村落族群关系变迁中瑶族长鼓舞社会功能的衍生规律

历史阶段	民族政策	族群关系	体育社会功能	族群心理
五帝至战国时期	部落迁徙中的原始宗教制度	迁徙氏族部落与迁入地土著部落族群交往	进行族群识别，有利于原始生产力提高和生产资源的控制	进行族群识别，增强族群内部凝聚力
秦汉至宋元时期	中央政权镇压、隔离、分化政策	族群分化后，盘瑶与布努瑶血缘、亲缘关系	强化血缘、地缘关系，划定有限生存空间，生产资源的合理配置	族群分化，增强族群之间的血缘、亲缘联系
明代至民国时期	中央政权羁縻、招抚、招安政策	民瑶、生瑶、客家之间的矛盾与共生关系	加强族群之间的内在联系和情感交流，减少社会矛盾冲突	润滑族群隔阂、冲突，避免族群矛盾激化
新中国成立至"文化大革命"时期	国家民族平等、民族团结政策	瑶族与其他少数民族之间的相互尊重	展现民族艺术独特魅力和形式，融入社会主义大家庭	展现民族特点与自我认同，获得认可尊重
改革开放后至20 世纪末	纠正错误民族政策，倡导文化复兴	瑶族与国内不同民族群众之间的文化交往	多元价值诉求释放，拓展传统文化张力的展示平台	群众日益增长的精神文化生活需求
21 世纪初至今	深化文化体制改革，推动文化繁荣	瑶族与不同国籍群众之间的文化交往	成为全球化时代文化繁荣的文化符号和交互媒介	通过全球化交互，收获文化归属感与自豪感

四　瑶族长鼓舞社会功能在现代村落转型中的冲突与调适

1. 社会矛盾冲突中瑶族长鼓舞安全阀功能凸显

当代中国正处于剧烈的社会转型期，转型过程中产生的社会分化加剧、利益群体形成以及社会关系复杂，使得不同社会成员间的矛盾与冲突呈常态化的趋势。[①] 从社会转型的速度、广度、深度、难度来看，少数民族地区的经济矛盾、政治矛盾和文化矛盾等表现得尤为突出。在兰溪古寨境内，激越欢腾的瑶族长鼓舞，蹲如猛虎，动如脱兔，刚劲有力，粗犷洒脱。尽情敲打长鼓时可以使用爆发性肢体语言，有利于个体心理压力的释放。长鼓舞的"还盘王愿"环节，讲述了瑶族祖先偷来黄帝族女人衣服，男扮女装，逃离"洛立城邑"的故事。瑶族"师公"和"厨官"男扮女装，用滑稽幽默的肢体语言，表演祖先逃离成功后偷猪、杀猪、祭祖和还愿等情节，惹得旁观群众欢声笑语一片。这种集体情感表达，有利于社会矛盾中摩擦和隔阂的缓解。在兰溪古寨境内，每月都有节日庙会，最为隆重的是农历五月十三日的"洗泥节"，农历十月十六日的"盘王节"等，这些盛大的传统节庆为当地群体提供了集会交流、情感表达、压力释放的平台。所以，传统村落中的体育非物质文化遗产，不仅具有促进身体健康和心理调适的重要作用，还对缓解社会矛盾、减少矛盾冲突、维持整个社会结构稳定和协调具有重要的社会安全阀功能。

2. 社会流动进程中瑶族长鼓舞文化认同提升

兰溪古寨政治、经济、文化的迅猛发展，急剧的社会流动，会给当地瑶族群众带来许多方面的深刻变化，如：特色村寨旅游的兴起，经济来源变更，带来传统生产方式的改变；现代文化的渗入与传播，使固有的传统文化逐渐消失或萎靡；部分农民变成居民后，职业身份改变，对身份认同感到迷惘；等等。许多瑶族青年为了生存发展的需要，为了实现富裕的理想，远赴千里去沿海地区打工，却难以融入当地社会。唱盘王歌、跳长鼓舞，这些娱神、娱祖、娱人的体育非物质文化遗产活动，表达了族群共同

---

① 王煜主编《社会稳定与社会和谐》，社会科学文献出版社，2006，第4～5页。

的民族心理和文化认同，具有文化聚合与向心力作用。2002 年 8 月，当地一些社会精英创办了以传承和保护瑶族长鼓舞为主要学习内容的江华民族艺术学校；一些有识之士也开始编撰瑶族长鼓舞乡土知识教材，引入当地小学的学校体育课堂；瑶族长鼓舞艺人欧阳绪珍、何仁俭也成为外聘教师和文化宣传员。所以，现在瑶族的长鼓舞已经脱离了传统社会宗教祭祀的功能，转变成社会流动中瑶族同胞文化重构的一种表达方式。这种体育非物质文化遗产文化的重构是少数民族传统生活面对现代环境的文化适应，也是民族地区从农业文明向工业文明转型发展中的必然选择。面对如此剧烈的社会流动，体育非物质文化遗产的文化认同功能与价值将在社会转型过程中得到进一步的升华。

3. 村寨旅游开发中瑶族长鼓舞经济属性呈现

在传统村落结构里，每一个姓氏都有自己的公山和公田。公山主要供给建筑、维修庙宇和祠堂的木材。公田名目繁多，维修庙宇有庙田，修筑河堤有坝田，办公学有学堂田，祭祀活动有宗祠田。公山、公田的经营方法是承包，只要是本宗祠的成员就有资格承包，每年按每亩多少担谷计量上交。公山、公田上交的粮食通过变卖换成资金，构成了体育非物质文化遗产或民俗活动的主要资金来源。改革开放之后，实行联产承包责任制，公山、公田也划归个人，传统经济结构断裂。现在村落体育非物质文化遗产或民俗活动的开展，主要依靠上级财政的临时拨款，资金严重缺乏，不具有长久性和持续性。兰溪古寨黄家村举办一次传统节庆大约需要 4 万元（其中伙食费 294000 元，鞭炮、香纸等物品费 3000 元，工作人员补助 6000 元，烟、酒、水等 2000 元，其他支出 2000 元）①，这些活动资金需要多次申请才能得到政府财政支持，有时地方财政紧张，就只得依靠村民自筹摊派，直接影响体育非物质文化遗产活动开展的连续性。面对传统经济供给模式的断裂，兰溪古寨在当地政府的支持下，积极打造特色村寨旅游

---

① 传统节庆中的"洗泥节"是勾蓝瑶族新春最盛大的节日，节日期间会开展瑶族长鼓舞、芦笙舞、拳术、舞龙狮等体育非物质文化遗产活动以娱神、娱祖和自娱。以前的"洗泥节"多依靠公山、公田的摊派，现在多依靠政府财政拨款和村落自筹摊派。以上经济支出细目由黄家村村支书欧阳绪珍提供。

项目。2010年，兰溪古寨黄家村被批准为"省级文物保护单位"，并被湖南省民委授予"湖南省少数民族特色村寨"。当地传统节庆"洗泥节"以及瑶族长鼓舞被列入非物质文化遗产保护名录。在特色村寨旅游开发过程中，瑶族长鼓舞元素贯穿于民族歌舞表演的整个过程，其经济属性逐渐显现，发展成为最具经济价值的旅游产品。瑶族村民也因为长鼓舞的表演，人均收入明显提高，生活质量和生活水平得到一定程度的改善。表2为兰溪古寨2007~2011年财政收入、支出情况。

表2　兰溪古寨2007~2011年财政收入、支出情况

项目	2007年	2008年	2009年	2010年	2011年
财政收入（万元）	135	140	138	136	143
财政支出（万元）	134	139	137	136	142
人均纯收入（元）	1080	1344	1344	1508	1539

4. 宗教世俗化中瑶族长鼓舞社会调适功能明显

在原始社会早期，少数民族先民为了取悦神灵、驱鬼降魔、获得庇佑、祛晦迎福，开展巫术与宗教活动。在传统农耕社会，这种巫术与宗教活动又被当地社会的上层阶级所利用，用来禁锢族人的思维，并逐渐形成稳固的宗教体系，使人们的价值选择和价值判断越来越依附于宗教。道光年间《永明县志》记载，瑶族"信巫好鬼，俗多淫祀，每岁七八月，远招瑶僮，桴鼓笙笛，绕行罗拜，大类带林之戏"，"每岁秋，巫师前导，弄舆者十数人，跳鼓者十数人，酒醴肴馔，极其丰腴，已而跳小鼓者起而跳，已而跳大鼓者起而跳，巫师亦随而跳，或起跃，或伛偻，忽先忽后，忽左忽右，忽离忽即，忽纵忽横，忽急忽缓，跳鼓者唱瑶歌声"。[①] 所以，现在我们认为的很多具有独立文化形态的体育非物质文化遗产活动，原来仅仅是宗教祭祀活动的一种仪式。改革开放以后，经济迅猛发展，科学日益普及，依附宗教的体育非物质文化遗产活动走向世俗化成为必然趋势。瑶族长鼓舞能愉悦身心、放松心情、缓解日常生活压力，必定会演变成为群众

① 周鹤修、王缵篡，《永明县志》，江苏古籍出版社，2002，第25~27页。

喜爱、乐于参与的一种休闲文化活动。所以，瑶族长鼓不应再是外族人不能触摸的"圣物"，也不应再是凝重神秘的宗教仪式，而应让更多的少数民族群体参与到长鼓健身文化中，满足群众日益增长的精神文化需求，提高群众的生活质量与生活水平，充分发挥瑶族长鼓舞在新时代、新社会的调适作用。

五　村落族群关系变迁中瑶族长鼓舞社会功能衍生的成因分析

1. 生计方式转型是村落族群关系变迁的内在动力

原始社会时期的瑶族先民，以渔猎和采集为主要生计方式，直接以野生动植物为生活资料来源，对自然的依赖度高。所以，必须占据大量自然环境资源，才能在自然界的博弈中获得生存和繁衍基础。这种生存的动力和对生命的渴望，促使瑶族族群形成血缘、亲缘依赖。瑶族的长鼓舞带有鲜明的图腾性质，通过定期长鼓舞的原始宗教仪式进行族群识别，圈定血缘、亲缘关系，有利于实现对人力资源和生产资源的控制。族群的不断繁衍、壮大和分化，对生产资源的需求与欲望的膨胀，使迁徙和战争"如期而至"。用瑶族长鼓舞来强化族群的血缘和地缘关系，有利于生产力资源的划定与分配。定居在兰溪古寨境内的瑶族、当地原住族群、外来迁入族群从自身利益出发，争夺有限的土地资源和生产资料，族群之间的矛盾时常发生。为了避免族群矛盾的激化，瑶族长鼓舞成为缓解族群矛盾、润滑族群关系的工具。新中国成立之后，党中央和国家政府解决了历代中央政权不能解决的温饱问题，民族平等、民族团结政策深入人心，使瑶族长鼓舞成为展现民族特点、实现自我认同的方式。改革开放之后，许多瑶族群众已经从土地的束缚之中解放出来，成为乡镇企业、私营手工业人员。瑶族长鼓舞也开始走出封闭的大山，成为展现文化自信的名片和文化交流的媒介。由此可见，经济结构因素是族群关系形成的内在动力，也是体育非物质文化遗产社会功能衍生的本质和核心。

2. 民族政策推动是村落族群关系变迁的核心要素

"影响族群关系法律和政策可分为两大类：一类是明确地以种族、族群为对象而制定的。另一类法规政策并不直接以少数族群为对象，但是在实际执行过程中可能间接影响到某些族群的利益和族群关系。"① 瑶族长鼓舞作为族群图腾的象征，族群必须遵守其程式、动作、规范、禁忌，借此引导族群的共同理念和行为。秦汉之后，中央政权对边疆瑶族族群实施镇压、隔离和分化政策，瑶族长鼓舞成为各个支系共同的祖先崇拜仪式，强化了血缘、地缘关系和族群凝聚力。明代之后，中央政权对边疆实施羁縻、招抚、招安政策，也在瑶族聚居区迁入"客家"族群，交错的生产居住格局时常引发族群矛盾。此时，鼓励瑶族长鼓舞等传统活动的开展，成为当时村落管理工作的有益补充。新中国成立后，国家民族平等、民族团结政策的颁布和实施，使每个民族都拥有改良族群习惯、生产生活方式、风俗习惯、文化传统等权利。特别是改革开放之后，国家鼓励民族文化传承、发展、交流、创新，瑶族长鼓舞成为瑶族展示文化自信和民族认同的文化符号。由此可见，制度政策因素是族群关系的核心要素，也是体育非物质文化遗产社会功能衍生的保障和关键。

3. 人口社会流动是村落族群关系变迁的限制条件

影响传统村落族群关系与体育非物质文化遗产社会功能的因素很多，由社会流动带来的人口迁移，是族群关系和体育非物质文化遗产发展不可忽视的因素。兰溪古寨村民除了种植农作物和发展传统手工业外，几乎没有其他额外收入来源，年人均纯收入约1500元，其所在的地区目前仍属于国家重点扶贫地区。改革开放之后，很多瑶族青年怀揣梦想，到沿海城市打工，成为城市建设中的边缘群体。兰溪古寨黄家村中共有228户900多人，其中有207名青壮年外出务工（其中，常年外出务工109人，包括乡外县内31人、县外省内25人、省外53人）。留守在兰溪古寨的瑶族人口，以老年人和中年妇女居多。每年当地政府组织文化活动时，这些老年人和中年妇女别无选择地成为体育非物质文化遗产活动的主体，使瑶族长鼓舞等体育非物质文化遗产的传承和发展失去了应有的条件。村落社会结构里的体育非物质文化遗产，除了家族传承方式的制约之外，更主要的是人口迁移的加剧，导致瑶族长鼓舞传承陷入了

---

① 马戎编著《民族社会学——社会学的族群关系研究》，北京大学出版社，2004，第474～491页。

"有师无徒""后继无人"的尴尬处境。由此可见，由社会流动引发的人口迁移构成了族群关系的限制条件，也导致体育非物质文化遗产传承出现"青黄不接"的社会现象。表3、表4均为兰溪古寨黄家村瑶族长鼓舞传承谱系。

表3　兰溪古寨黄家村瑶族长鼓舞传承谱系（一）

代际	姓名	性别	年龄阶段	传承项目	传承方式	传承地点
第一代	何韶道	男	1811～1893 年	长鼓舞、武术	家族传承	黄家村
第二代	何宗宜	男	1881～1959 年	长鼓舞、纸扎手工艺	家族传承	黄家村
第三代	何楚书	男	1839～1910 年	长鼓舞、武术	家族传承	黄家村
第四代	何元佑	男	1878～1940 年	长鼓舞、纸扎、炮硝	家族传承	黄家村
第五代	何克统	男	1909～1996 年	长鼓舞、歌舞	家族传承	黄家村
第六代	欧阳绪珍	男	1944 年至今	长鼓舞、武术	家族传承	黄家村

表4　兰溪古寨黄家村瑶族长鼓舞传承谱系（二）

代际	姓名	性别	年龄阶段	传承项目	传承方式	传承地点
第一代	何仕稠	男	1819～1899 年	长鼓舞、武术	家族传承	黄家村
第二代	何运泰	男	1859～1930 年	长鼓舞	家族传承	黄家村
第三代	何星盛	男	1849～1889 年	长鼓舞、纸扎手工艺	家族传承	黄家村
第四代	何锡成	男	1918～1988 年	长鼓舞、舞狮	家族传承	黄家村
第五代	何仁俭	男	1948 年至今	长鼓舞、武术、舞狮	家族传承	黄家村

4. 族群宗教仪式是村落族群关系变迁的集中体现

宗教是传统文化的重要组成部分，宗教思想和观念会影响族群内外之间的关系，也会渗透到体育非物质文化遗产的目的、过程、动作和内涵中；宗教文化的交流和传播，会对族群形象的塑造和族群观念的形成产生影响，也会指引体育非物质文化遗产发展的方向；甚至历史上某些偶发宗教事件，也会在族群内心深处留下烙印，并通过族群的记忆在很长的历史时期内衰变或聚变。当地老人回忆：兰溪古寨从唐代开始大规模建造庙宇，"文化大革命"前共有 49 庙、8 庵、5 寺、3 阁、2 观、1 宫，另外村内每姓还有氏族祠堂15座。这些场所经常举行以图腾崇拜、祖先崇拜、氏族崇拜、宗教崇拜为信仰的各类祭祀活动，祭祀完毕后经常通宵达旦举行长鼓舞、芦笙舞、舞龙狮、瑶族拳术等体育非物质文化遗产活动。① 图1为体育非物质文化遗产与族群关系的历史变迁情况。

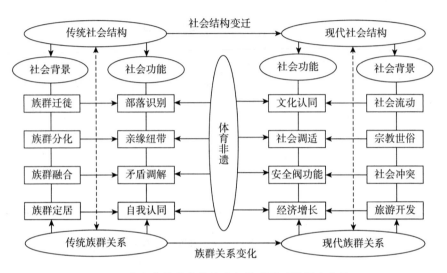

图1　体育非物质文化遗产与族群关系的历史变迁

当地文化部门于2012年进行宗教普查，从唐朝开始建立的宗教庙宇，仅黄家村1座盘王庙被基本保存下来，其余均在历史的沧桑中破败，只剩下遗址。1949年兰溪古寨专跳长鼓的"苟客"就有23人，1985年还有5人健在，2012年仅剩2人。宗教祭祀场所的破败，宗教祭祀活动的缺失，使体育非物质文化遗产逐渐失去了它所应有的载体。由此可见，族群宗教仪式是村落族群关系变迁的集中体现，也是许多体育非物质文化遗产延续千年不可忽视的承载方式。宗教信仰与经济结构、制度政策、人口迁徙、文化传播、历史记忆等一同构成了族群关系变迁和体育非物质文化遗产社会功能衍生的生态环境，共同制约和影响体育非物质文化遗产的传承、创新和发展。

---

① 陈幼君：《兰溪，美丽的城堡式瑶寨：勾蓝瑶历史文化研究》，湖南地图出版社，2008，第211～212页。

六　瑶族长鼓舞与现代族群关系协调发展的几点思考

1. 构建以瑶族长鼓舞为核心的文化生态村

以瑶族长鼓舞为核心的"文化生态村"构建包括经济、政治、文化三个层面，只有三个层面协调发展，才能形成自我家园构建、自我文化发展、自我生活改善的合力。[①] 经济构建是文化生态村的核心，包括以瑶族长鼓舞为核心的娱乐表演、餐饮住宿、艺术工艺品、音响印刷制品等；政治构建是文化生态村的保障，包括树立、保障、完善村民在体育非物质文化遗产发展过程中策划、决策、参与的权利，及政策、资本、宣传、协调等方面的支持；文化构建是文化生态村的源泉，包括丰富群众的业余文化生活，营造群众锻炼身心的积极氛围，及新农村村民文化素质的培养与提高等。"文化生态村"的构建，有利于体育非物质文化遗产经济属性的增长和文化认同功能的提升，让村民参与和感受体育非物质文化遗产发展的过程，从而充分发挥其自我选择和自我创新的积极性。

2. 由主管向服务转变的地方政府角色定位

长期以来，地方政府在体育非物质文化遗产保护与发展过程中，在方案制定、资金统筹、人员安排、活动布置、宣传推介等方面，扮演着包办一切的社会角色，行政命令行为也几乎成为其唯一的执行手段，并未真正重视民众的力量，影响民众自我选择和自我创新的积极性。所以，地方政府应该转变职能，将体育非物质文化遗产保护和发展的主管工作转变成服务工作。一方面，制定、实施符合当地实际的体育非物质文化遗产发展政策，给予当地适当的物质或资金帮助与支持，积极引导村民开展各种体育非物质文化遗产保护和传承活动，提高他们的自我管理能力，进而加强机制建设；另一方面，为体育非物质文化遗产发展提供政策、资本、宣传、协调等各方面的支持，并承担相应的社会责任[②]，由行政"主管"转变为

---

①　曹津永：《民族文化生态村：当代中国应用人类学的开拓（走向网络）》，云南大学出版社，2008，第54~61页。

②　王国祥：《民族文化生态村：当代中国应用人类学的开拓（探索实践之路）》，云南大学出版社，2008，第107~115页。

服务"主导"，充分发挥地方政府在体育非物质文化遗产发展中的协调作用。

3. 完善瑶族长鼓舞文化传承协会的社会功能

缺乏民间社会组织的灵活性和生命力，是村落体育非物质文化遗产发展面临的瓶颈之一。瑶族长鼓舞文化传承协会的构建有以下几项基本工作：瑶族长鼓舞艺人的技能考评和资质认定，并通过市场机制将资质技能等级转变成表演收入高低；瑶族长鼓舞技艺的青少年培训，青少年可以通过培训掌握一技之长，通过参与长鼓舞表演获取固定收入；瑶族传统工艺的研制和推广，结合古老工艺研制适合现代人需求的工艺产品；瑶族传统文化的整理和复原，乡土专家与研究人员相辅相成，推动传统文化的传承与发展。瑶族长鼓舞文化传承协会搭建了族群交流和族际交往的平台，让瑶族长鼓舞亲历者各尽其能，参与各项工作，有利于体育非物质文化遗产发展的稳定性、长效性和创新性。

4. 建立以瑶族长鼓舞为主题的民俗博物馆

建立"民俗博物馆"，也是建立体育非物质文化遗产传承和发展的物态生态圈。内容主要涉及：长鼓舞器具，如大长鼓（赛鼓）、中长鼓（长腰鼓或黄泥鼓）、小长鼓（短鼓）等；长鼓舞场地，比如盘王庙（长鼓舞祭祀场所）、长鼓舞场（长鼓舞娱乐场所）等；长鼓舞文物遗迹，如碑文石刻、经板木刻、壁画岩画等；长鼓舞历史文献，如地方史志、史诗传说、古歌唱词等；长鼓舞集中展示，如原生态展示、舞台式展示、参与式展示等；文化传承人，如对传承人口述资料的记录与整理等。建立"民俗博物馆"，有利于这些物化资源的收集、整理和保护，还有利于将瑶族体育非物质文化遗产文化精粹集中地展示，强化族群群体的历史记忆、民族情感和文化认同，促进现代族群关系的稳定与调适。

七 结论

在漫长的历史中，瑶族先民经历了族群迁徙、族群分化、族群定居、族群融合，并在恶劣的自然环境和具有有限生产资料的生存环境中形成了非常复杂的族群与族际关系。瑶族长鼓舞等体育非物质文化遗产，在村落社会结构中充分发挥着部落识别、血缘纽带、缓解矛盾、自我认同、符号媒介等社会功能。

少数民族地区正处于剧烈的社会转型期，转型过程中产生了社会分化加剧、利益群体形成以及社会关系复杂等问题。瑶族长鼓舞等体育非物质文化遗产的社会安全阀、文化认同、经济属性、社会调适等社会功能自发性的强化和提升，维系和调节着村落社会结构的稳定和发展。

生计方式、民族政策、人口流动、宗教信仰影响村落族群关系变迁，也是体育非物质文化遗产发展的制约因素。所以，通过构建文化生态村、转变地方政府角色定位、完善民间社会组织、建立民俗博物馆等方式，促进族群关系与体育非物质文化遗产的和谐发展。

侗族舞春牛文化生态变迁与体育价值的调查

——通道侗族自治县菁芜洲镇田野调查报告

一 前言

侗族是中华民族大家庭中具有悠久历史的一个民族，总人口 296 万人，主要分布在湘、黔、桂、鄂四省（区）毗邻地方，其中通道侗族自治县是侗族人口比例最大、数量最多的自治县。菁芜洲镇位于通道侗族自治县中部，东与临口镇、下乡镇相邻，西与地阳坪、县溪镇毗连，南与双江、牙屯堡镇交界，北与江口、溪口镇接壤，境内群山起伏、溪河环绕。菁芜洲镇除了自然环境十分优美外，境内原生态文化宝库中还有神秘的"祭萨"文化、纯美的"芦笙"文化、地道的"为也"文化、精绝的建筑文化、原始的稻作文化和"百里侗文化长廊"，被誉为"侗族文化圣地"，是广大侗族地区交流文化、展示艺术、传承精华的重要平台。[①] 舞春牛习俗是当地侗族群众春节期间规模最大、开展范围最广、民间传承性最好的典型性体育非物质文化遗产活动，至今对群众的身心健康发展、和谐社会构建发挥着举足轻重的作用。鉴于上述理论支持，本书从体育人类学视角出发，将湖南省通道侗族自治县菁芜洲镇确定为田野调查核心区域，运用田野实地调查法和文献资料法，研究侗族舞春牛文化生态变迁的历史流变规律及体育价值，为少数民族地区民族宗教、文化教育、体育管理等政府部门制定体育发展政策和开展全民健身工作提供参考。

---

① 通道侗族自治县概况编写组：《通道侗族自治县概况》，民族出版社，2008，第 25 ~ 32 页。

为此，课题组在 2009 年 12 月至 2010 年 2 月先后两次对湖南省通道侗族自治县菁芜洲镇不同村落的侗族舞春牛进行了较为细致、深入的田野调查。此次田野调查主要采用半结构式访谈以及田野观察笔记的方式，重点调查了菁芜洲镇的水南村和芙蓉村，并调查了地莲村、小江村、蒋家堡村和九龙桥村等村落。第一阶段在 2009 年 12 月，历时 7 天，主要完成三个预期目标：第一，了解侗族春牛的制作工艺、制作要求、文化特性等；第二，了解侗族舞春牛的仪式过程、宗教禁忌、文化内涵等；第三，通过初步走访，了解侗族舞春牛在社会变迁中发展、中断、恢复和繁荣的历史进程。目的在于正确分析侗族舞春牛这种体育非物质文化遗产活动的具体事项，揭示其中的内在逻辑。第二阶段在 2009 年 2 月，历时 5 天，采用田野观察笔记的方法，对侗族舞春牛表演者的年龄、性别、身份，以及参与者的地域构成、性别构成、年龄构成、观看或参与时的心情和神态等，进行实地定性观察。目的在于探寻民俗活动的社会功能与存在价值，以及民俗活动产生、发展和演变的规律。之后，课题组成员还通过电话访问的方式进行了一些比较零散的补充调查。此次田野调查，基本实现了研究设计的预期目标，掌握了第一手原始资料，为深入研究侗族乡土社会中的舞春牛活动提供了前提条件。

二　侗族舞春牛习俗的文化解读

　　在侗族地区，每年农历立春，有舞春牛习俗。舞春牛习俗在侗族各地区的表现形式存在一定差异，但基本有"迎春牛"、"贺春牛"、"闹春牛"和"祭春牛"等仪式过程。

1. 迎春牛仪式的文化解读

　　每年农历立春之前，侗族群众事先制作好"春牛"道具。春牛由竹篾扎成骨架，糊黑纸成牛头，用画有黑蚀波涡状毛纹的深灰色布拼缝成牛身，另以土布卷成上端稍粗、下端稍细的条状置于尾端，即成牛衣。春牛的尺寸及颜色都约定俗成，春牛身高四尺，应四时；身长三尺六寸，应一年三百六十日；头至尾总长八尺，应八节；尾长一尺二寸，应十二时。牛的颜色由天干地支决定，牛头用天干，其余用地支。如甲子年，甲属木，牛头用青色；子属水，牛身、尾、四蹄用黑色。《会同县志》记载："立春之日，竞观土牛，以色占岁水旱，以句芒神仙占寒暑晴雨，以便占桑麻，拾剥土以攘牛瘟。"① 立春当天，由侗族师公择定吉时，在田间选一块地方，供上萨岁神像和祖先牌位，两侧站立寨老和乡官，掌旗师手执青旗立于东面，掌鼓师立于西面，吹侗箫、侗笛、木叶者立于南面，摇铃者立于旗鼓之前。② 当师公将犁耙及牛鞭、供品设于萨岁神像和祖先牌位之前时，迎春牛仪式正式开始，鼓乐齐鸣，歌声顿起。两名侗族青年钻入由竹篾扎成的春牛道具内，在一名执鞭青年的驱赶下，随即做耕地状。寨老和乡官象征性地拿着盛有谷种的"青箱"随后播种，其余参与者南北方向来回走动行礼，以祈祷风调雨顺。春牛往返播种一轮为一推，九推完毕则礼毕。

2. 贺春牛仪式的文化解读

迎春牛仪式礼毕后，开始贺春牛。贺春牛队伍最前面的是由侗族当地吹弹乐师自发组成的鼓乐队。鼓乐队后紧跟着手提两个圆形大红灯笼的村民，灯笼上面写着"立春"两个大字。灯笼后，由两个侗族青年扮演耕牛，紧接着是一群手持农耕器具、女装扮相的农夫和农妇。他们载歌载舞、边走边唱，代表全村寨把"春牛"送到各家各户。春牛即将进寨时，全寨男女老少列队在寨前相迎，燃放鞭炮，敲锣打鼓，高声念诵《迎牛词》："春牛春牛，黑耳黑头，耕田耙地，越山过沟，四季勤劳，五谷丰收。"当地侗族寨民看见春牛进寨后，也可接春牛祈福。接春牛的家庭在堂屋门口燃放一挂鞭炮，"春牛"听到鞭炮响后随即进入这个家庭的堂屋，环绕厅堂四周，在祖宗神台前拜三拜后退出屋外。贺春牛队伍的歌师入屋向主人说"耕牛登门，预祝主人今年风调雨顺，五谷丰盈，人丁兴旺"等吉祥话。然后，歌师根据主家的具体情况即兴编唱贺词。如主家有寿星，则唱长寿歌；若是新居落成，则唱鲁班歌；想让子孙读书成才，则唱成才歌。如果主家还有其他愿望，也可告知舞春牛队伍，让春牛帮助祈求。③

---

① 会同县县志编纂委员会：《会同县志》，生活·读书·新知三联书店，1994，第 614～615 页。

② 新晃侗族自治县志编纂委员会：《新晃县志》，生活·读书·新知三联书店，1993，第 765～766 页。

③ 丁桦：《桂平"春牛舞"》，《当代广西》2009 年第 6 期，第 60 页。

唱毕，主家再燃放一挂鞭炮，欢送贺春牛队。除此之外，主家一般还要敬献红糖、年糕等物，现在多敬送红包和香烟。

3. 闹春牛仪式的文化解读

贺春牛送到各家后，舞春牛的队伍便涌向村寨的打谷场，将打谷场当作农田，围成圆圈，开始闹春牛活动。在二胡、芦笙、牛腿琴、锣、鼓、铃等乐器的伴奏下，舞春牛队伍表演牛走路、过桥、喝水、搔痒、撒欢、发怒、刨蹄、晃角、滚泥等动作，其中春牛翻身、春牛望春、春牛甩尾等动作难度较高。在送春牛队伍中，最让人感兴趣是一些男扮女装的农耕者，他们手持农具，围绕舞春牛队伍表演挖田角、培田、耕田、播种、锄草、施肥、收割、捞鱼、打猎等农事活动，内容诙谐有趣，颇有民族特色。喧闹一阵后，侗族师公请年纪最长的寨老领头抚摸"春牛"。寨老抚摸之后，侗族男女老幼都争着摸春牛的眉心，讨个开年吉利。此时，这头牛会突然变得很机灵，人们想摸到眉心可不是一件轻而易举的事情，不费一番功夫是办不到的。摸完春牛，周围观众还用对白或盘歌的形式，向"舞春牛"的扮演者提出各种各样有关农事的问题，要求他们回答。春牛表演者必须用山歌告诉大家何时干哪些农活，干农活的时候应注意的事项，寄理于歌、以歌启人、特色鲜明。① 侗族舞春牛的习俗相传已有千余年历史，这项风俗活动对促进农业生产、传授农耕知识有着积极的意义。

4. 送春牛仪式的文化解读

闹春牛仪式结束以后，点燃鞭炮，送牛归栏。送春牛仪式实际上也是侗族群众的狂欢节。在送春牛仪式上，以侗族哆耶舞和芦笙舞最为普遍。哆耶舞是集体舞蹈，人数不拘，十余人至数十人不等。表演时，男女分列，各自围成圆圈，男队后一人将右手搭在前一人的肩上，按照哆耶声甩动左手作拍，步伐整齐而有节奏，边唱边绕圈而行，女队互相牵手绕场踏地而歌。芦笙舞，即表演时边吹芦笙边跳舞，多模拟人们生产劳动和动物的动作。芦笙舞有模仿狩猎的"赶虎舞"，模仿鱼类活动的"鲤鱼上滩

---

① 廖君湘：《侗族传统社会过程与社会生活》，民族出版社，2005，第302～303页。

舞"，模仿鸡打架的"斗鸡舞"，等等。① 跳芦笙舞的侗族群众按芦笙吹奏的曲调左右摆动，做屈膝、甩腿、跨步、旋转、前进等动作，翩翩起舞，循环反复。在送春牛仪式中，侗族抹黑活动也是重头戏。逗趣的妇女们特意用黑黑的锅灰抹到男扮女装的男青年脸上，对方也毫不客气地把锅灰反抹到她们脸上，双方扭成一团，惹得围观者开怀大笑。诙谐有趣的表演，喜庆的锣鼓声，动听的春牛歌，使送春牛的队伍走到哪里，哪里就有歌声、笑声。

从侗族舞春牛的仪式中可以看出，侗族舞春牛是侗族群众立春时节的民俗活动，是侗族宗教思想、生活方式、农耕文化和民族特性的历史沉淀。舞春牛在侗族社会结构中处在非主导地位，没有规范的活动形式，没有科学的活动规则，也缺乏完善的活动组织方式，活动的目的仅仅是在节日期间活跃节庆氛围，是一种亚体育文化形态的活动形式。民俗节庆是舞春牛的文化载体，没有侗族立春习俗，舞春牛的活动形式不可能传承到今天。舞春牛是民俗节庆的活动内容，正因为有了舞春牛的活动形式，民俗节庆才变得丰富多彩。侗族群众通过舞春牛充分享受到活动的乐趣，也将地域认同、族群认同、文化认同内化为自己生活的准则。所以，在侗族历史长河中，侗族舞春牛与侗族民俗相互依存、息息相关、协同发展，形成了侗族特有的民族传统文化。

三　侗族舞春牛习俗的历史嬗变与体育价值呈现

1. 母系氏族时期萨岁崇拜与侗族舞春牛的起源

"萨岁"是侗语的音译，产生于原始社会母系氏族时期，原意为"祖母安息的地方"，萨岁是侗族至高无上的保护神，是侗族祖先崇拜的历史遗存。② 萨岁神灵既能庇佑人丁兴隆、村泰民安，又能使农业丰收、六畜兴旺；既能防卫盗贼劫寨、虎兽伤害，又能使家家发财致富、禾谷满仓。

① 湖南省志编纂委员会：《湖南省志·民族志》（第二十四卷），湖南人民出版社，1997，第452页。

② 席克定：《试论侗族的萨岁》，载黔东南州民族研究所编《百越文化国际研讨会学术讨论会论文集》，贵州凯里书报印刷厂，1995，第378~396页。

所以，侗族群众每年都会安排祭祀萨岁的活动，祈求农业丰收和神灵庇佑。在侗族先民的思想意识里，牛头属阳，牛身和牛尾属阴，牛是家禽家畜中唯一的阴阳合体、能够通神的动物，是传达神灵指示的信使，所以在侗族地区也存在牛崇拜或牛信仰。此外，由于侗族地区是农耕社会，耕牛是侗家人的"生命"，因此他们对耕牛的爱护尤为深切。每年立春这天，各家各户都要为耕牛修理圈台，蒸制五色糯米饭，用枇杷叶包裹喂牛。有的地方还在堂屋摆上酒肉瓜果供品，由家长牵一头老牛绕着供品行走，边走边唱，以赞颂和酬谢牛的功德。舞春牛习俗是侗族群众崇拜祖先、重视农耕和祈求丰收等农耕民族文化的外在表现，具有丰富的文化内涵。

2. 明清时期汉族文化传入与侗族舞春牛的发展

明代中叶以后，明朝政府在侗族地区逐步推行"改土归流"，实施汉化政策，这也从一个侧面加速了侗族群众和汉族群众的文化交往，丰富了侗族舞春牛的文化内涵。明清时期，每年"立春"这一天，侗族地区县令都要率领僚属等到"萨神庙"祭祀"萨岁神"，示意春耕季节已到，随后官民一起备耕，祈求国泰民安、五谷丰登，勤耕、催科成为旧社会历代地方官员的首要政务。《贵州玉屏县志》中记载："岁时立春，县官彩仗迎春东郊。农民塑土牛，各行办台阁，由东门出，北门入，绕匝竟日，点缀太平景象，亦差客观。"① 《沅陵县志》中记载："立春前一日，守令率同城僚属迎春东郊，祀句芒，出土牛，散春花春枝，结彩亭，伴故事，鼓吹宣阗，迎入官署。……农人有以松针作秧插田中，击鼓群歌，以相贺者。"② 《晃州厅志》中记载，通道侗族自治县"最后一次县官示耕，是在清末1910年举行的"。③ 由此可见，明清时期，在汉族文化与侗族文化的交流丰富侗族舞春牛文化内涵的同时，"改土归流"政策也增强了舞春牛的政治意味。

① 贵州省玉屏侗族自治县委员会：《贵州玉屏县志》（清乾隆二十二年），贵州民族出版社，1995，第60～65页。

② 沅陵县地方志编纂委员会：《沅陵县志》（清光绪二十八年刻本），湖南省娄底湘中地质印刷厂，1999，第519页。

③ （清）俞克振等纂《晃州厅志》台北：成文出版社，1975，第352～355页。

3. 新中国成立后民族政策与侗族舞春牛的壮大

新中国成立以后，政府十分尊重少数民族风俗习惯。《中华人民共和国民族区域自治法》以国家立法的形式保障少数民族享有保持或改革本民族风俗习惯的权利，侗族少数民族文化习俗得以继承和发展，成为丰富侗族地区群众业余文化生活的重要组成部分。"文化大革命"时期舞春牛曾一度在侗族地区消失。20 世纪 80 年代初期，政府投入大量资金、人力和物力，搜集、整理民间文艺资料，侗族地区先后整理出版了《侗族民间器乐集》《侗族医药》《侗寨大观》《侗歌大观》《侗族信仰大观》《侗戏大观》《侗族体育大观》《侗族饮食大观》等书。特别是少数民族地方政府，都建立了体育工作机构，将体育非物质文化遗产活动作为全民健身的重要内容，用以提高少数民族群众的身心健康水平，使侗族舞春牛获得了生存发展的新的动力源泉。1985 年，经过创编的侗族《春牛舞》参加了广西第十届少数民族运动会，并荣获民族音乐舞蹈表演项目二等奖，在国内引起很大的反响。① 由此可见，侗族舞春牛虽然至今没有形成相对独立的体育形态，但是群众喜闻乐见的舞春牛活动仍在少数民族地区全民健身和文化生活中占据着十分重要的地位。

4. 改革开放时期文化建设与侗族舞春牛的繁荣

十三届四中全会以后，在党和政府的引导下，侗族地区民俗活动的神秘面纱逐渐被揭开，并逐渐被国内外游客关注和认知。近几年来，在湖南通道侗族芦笙节、湖南侗族民俗生态旅游节、首届巫傩文化旅游节、全国侗族歌舞服饰表演邀请赛、侗族"天下第一合拢宴"冲击吉尼斯世界纪录等活动中，舞春牛成为侗族民俗文化的"形象大使"，借助各种媒介和传播方式引领侗族民俗文化潮流。在这样的宏观背景下，侗族舞春牛潜移默化地发生着许多变革，现代性逐渐增强。现代舞春牛的动作内容和传统舞春牛相比，除了模拟春牛动作、农耕场景外，还增加了两牛调情、双牛争食和群牛表演等；动作特点也由动作过程化、程序化，转向强调动作的难度、优美度、诙谐性和观赏价值；动作风格由古朴沉重转变成轻松活泼；

---

① 南宁市地方志编纂委员会编《南宁市志》（文化卷），广西人民出版社，1998，第 221 页。

动作形式由侗族本寨群体表演，转向强调外来人员主动参与；文化内涵由传统的祈求农业丰收，转变为休闲活动中的娱乐。[①] 侗族舞春牛的文化变迁过程是对现代环境的文化适应，是侗族舞春牛从农业文明向现代文明转型过程中的必然选择。

从侗族舞春牛习俗的历史嬗变过程可以看出，舞春牛起源于侗族的萨岁崇拜，具有神灵崇拜和祖先崇拜的原始宗教文化特征。明清时期，汉族文化传入，侗族舞春牛逐渐具备促进农业生产、传授农耕知识的农耕文化特征。新中国成立以后，在党和国家的民族政策、文化建设指导下，侗族舞春牛逐渐具备休闲文化特征，以满足少数民族地区日益增长的健身和文化需求。侗族舞春牛的宗教文化—农耕文化—休闲文化的转变历程，是生产力和生产关系变革的结果，也是社会和时代进步的结果。从侧面反映出，处在民俗与体育交叉边缘的许多体育非物质文化遗产活动坚持党和国家的民族政策、文化政策、体育政策，会获得更加广阔的发展空间。

四　乡土社会中侗族舞春牛习俗的多元价值

在侗族地区传统农耕方式中，牛与少数民族群众的关系最为密切。舞春牛活动将春牛作为主题，模拟牛的日常劳作动作，以开展体育非物质文化遗产活动，是历史传承的需要和群众生活的需求。舞春牛别具一格的活动形式，对丰富民间体育活动体系具有重要价值。同时，侗族地区的民间制度文化也为舞春牛的发展提供了传承方式和群众基础，我们可以利用舞春牛的群体性特征，让它在少数民族地区全民健身活动中发挥重要作用。舞春牛的动作特点与舞龙、舞狮相比，没有大幅度的跳跃、闪躲等高难度动作，整套动作中也鲜有惊险刺激的场面，一般表现出轻松、活泼、有趣的特点，更加人性化、生活化和群体化，深受群众喜爱。舞春牛的动作形式拟人化，如模仿春牛耕种过程中的手舞、屈膝、甩腿、跨步、旋转、翻身、前进等动作，从生理学和生物学角度分析，对人体身心健康发展具有积极作用。它还有利于中老年人群体的健身娱乐，也适宜在中小学生体育课堂教学和课外体育活动中开展，可以作为学校体育活动的内容资源。此

---

① 贵州省侗学研究会编《侗学研究》，贵州民族出版社，1998，第 295～300 页。

外，舞春牛活动多在民俗节日中举行，侗族舞春牛强调道德规范，是民族地区的一种教育方式，调节、规范着侗族群众的社会行为。侗族舞春牛是群众喜闻乐见的一种娱乐方式，其诙谐风趣的表演在少数民族地区社会转型过程中，对缓解社会矛盾发挥了社会安全阀作用。侗族舞春牛是侗族文化的一种传承方式，对研究少数民族的文化起源、少数民族之间的文化交流以及少数民族文化的时代价值都具有十分重要的作用。侗族舞春牛还具有经济价值、政治价值等，但仍需进一步的挖掘、整理和保护。

五　结语

侗族舞春牛是侗族群众立春时节的民俗活动，是侗族原始宗教思想、生活方式、农耕文化和民族特性的历史沉淀，是一种亚体育文化形态的活动形式。在侗族社会发展的历史长河中，侗族舞春牛与侗族民俗节庆相互依存、息息相关，民俗节庆是舞春牛活动的载体和传承方式，舞春牛活动是民俗节庆的内容和表现形式。侗族舞春牛的宗教文化—农耕文化—休闲文化的转变历程，是生产力和生产关系变革的结果，也是社会和时代进步的结果。侗族舞春牛具有健身价值、教育价值、社会价值和文化价值，在少数民族地区和谐社会构建中发挥了重要的作用，也为少数民族地区具有民族特色的全民健身和学校体育建设创造了条件。

传统苗鼓与现代苗鼓文化生态结构变迁比较

——湘西德夯苗族鼓舞文化生态的田野调查

一 前言

德夯位于湖南省湘西土家族苗族自治州州府吉首市西部，距吉首市政府 19 公里。西北部与保靖县、花垣县相衔接，东连已略乡，南邻寨阳乡。德夯山高坡陡，多悬崖峭壁，向西北方向横亘绵延，以原生态文化为特色的德夯风景区就处于其中。全境有稻田 10433 亩，占耕地总面积的 70% 以上。粮食作物以水稻为主，玉米、黄豆次之。德夯是一个典型的苗族聚居区，2555 户人口中有苗族 11712 人、汉族 488 人、土家族 183 人。① 由于历代封建王朝的封锁、禁锢和隔离，加之山河阻梗、交通闭塞，德夯在清康熙、雍正以前一直属于被摒之于"化外"的"生苗"区，直到明清政府实施"改土归流"政策以后，当地苗族的生产方式才开始由狩猎向水稻耕作转变，现在苗族地区基本适应了以耨田、护田、肥田为主的农耕生产方式。在漫长的历史洗礼过程中，苗族当地的生活习俗、传统文化等虽受到外来文化的冲击和中原文化的影响，但基本上仍然传承了苗族文化的精髓，比较有代表性的传统文体活动有苗族鼓舞、百狮会、苗族篝火晚会等。2005 年，由湘西土家族苗族自治州政府策划的中国（德夯）鼓文化节，使湘西苗族鼓舞享誉国内外，德夯也因此被称为"天下鼓乡"。

---

① 吉首市人民政府编印《湖南省吉首市地名录》，内部资料，吉首市民族印刷厂，1982，第 47 页。

二　苗族传统鼓舞的文化生态结构

20 世纪 20 年代，美国文化人类学家朱利安·斯图尔德开始提倡"文化生态"理念，其目的在于"解释那些具有不同地方特色的、独特的文化形貌和模式的起源"。① 文化生态学将一种文化存在形式视作一个包括内核与若干外核的不定型整体，从外到内分为物态文化层、制度文化层、行为文化层和心态文化层等生态结构层次。

1. 苗族传统鼓舞的物态文化层

由自然创造、人类加工而成的各种器物，即"物化的知识力量"构成的物态文化层，是人的物质生产活动方式和产品的总和，是可触及的具有物质实体的文化事物，构成整个文化创造的物质基础。湘西德夯苗族击鼓而舞的鼓有木鼓、铜鼓和皮鼓之分，三者构成了以生产方式变革为核心的文化传承体系。② 在苗族三鼓中，木鼓产生最早，源于母系氏族社会。木鼓有以枫木为材料的黑鼓和以楠木为材料的白鼓之分。比较规范的木鼓大小，换算成现代公制长 1.5 米～2 米，直径 0.4 米～0.6 米，将一整段枫木或楠木从中掏空，两端用水牯牛或黄牛皮蒙制而成。《苗防备览·风俗考》记载："刳长木空其中，冒皮其端以为鼓。"③ 苗族铜鼓大约诞生在青铜器的衰退时期，学者史继忠在《中华五千年文化探索》一书中认为："铜鼓的起始时间是在青铜器鼎盛时期之后，而它的发展则是青铜器的衰退时期；换言之，青铜器在中原衰落以后，青铜器技术继续南传，于是南方铜鼓兴起。青铜文化的传播，首先透过吴越、荆楚、巴蜀，在这一扩散带内有所变异，有所创新。"④ 铜鼓一般长 0.7 米，顶部直径 0.4 米，底部直径 0.3 米，上大下小，形似无耳水桶。苗族皮鼓和木鼓从材质上看都为木材和生牛皮，但制作工艺和外观表现存在区别。木鼓鼓身由一整段木头从中掏空，所以外形比较细长，工艺比较粗糙；皮鼓由小杉木板镶合而成，一

①　司马云杰：《文化社会学》，中国社会科学出版社，2007，第 152～154 页。

②　隆名骥：《苗学探微》，民族出版社，2005，第 214～220 页。

③　参见杨昌才《中国苗族民俗》，贵州人民出版社，1990，第 200～201 页。

④　史继忠：《中华五千年文化探索》，贵州民族出版社，1999，第 236～247 页。

般长 0.7 米~0.9 米，直径 1.0 米~2.5 米，两端蒙以水牯牛皮或黄牛皮，所以外形比较宽大，工艺比较精良。湘西苗族木鼓、铜鼓和皮鼓之间的传承关系，实质上是经济生产变革和社会发展的必然结果。

2. 苗族传统鼓舞的制度文化层

制度文化层是物态文化层与行为文化层之间文化流动的纽带，由人类在社会实践中组建的各种社会规范构成。苗族是一个有语言无文字的民族，也是一个民间制度和文化十分丰富的民族。历史上的"千里苗疆"，依靠其内部产生并世代相传的古理古法，调整人与人之间的关系，维持当地社会的稳定和安宁。湘西德夯苗族鼓舞最具典型意义的民间制度文化为"鼓社制"。鼓社，苗语称"江略"，"江"是一片地方的意思，"略"就是"鼓"的意思，"鼓社"即以鼓为标志单位开展氏族活动。苗族"鼓社制"就是在同一血缘氏族群体中承担祭祀、生产、婚姻、伦理、仲裁、军事等功能的一种原始社会组织形式。[1] 湘西苗族"鼓社制"对苗族鼓舞的许多方面做出了明确规定："氏族鼓社制"是苗族鼓舞开展的法律基础，"氏族鼓社"的最高权力机关是全体成员大会；一个氏族鼓社必须共同敬奉一个"祖宗的灵魂都住在里头"的木鼓，"鼓社鼓"象征祖先的安息之所，是"鼓社"团结之象征，亦为"鼓社"头人权力之象征；鼓舞的活动有定期和不定期之分，定期的是每 3、5、7、9、11、13 年一次，根据各地财富情况及要求确定，不定期的是通过许愿、掉石头、看卦、破蛋来决定的；鼓舞的仪式分为醒鼓、砍鼓树、凿鼓、换鼓、引鼓、祭鼓、淋花树、盖灵房、送鼓、洗鼓十个环节；对于"祭祖""祭社"的各种礼仪和活动，大家都要尊重，应参加的都必须参加，否则视情节轻重罚鸡、鸭、猪或牛一只（头）；等等。[2] 由此可见，湘西苗族通过"鼓社"这种民族习惯法，对苗族鼓舞发挥着规范、组织、管理、协调等作用。

3. 苗族传统鼓舞的行为文化层

由人类在社会实践，尤其是人际交往中约定俗成的习惯性定势构成的

---

① 龙生庭、石维海、龙兴武等：《中国苗族民间制度文化》，湖南人民出版社，2004，第 40~56 页。

② 石朝江：《中国苗学》，贵州人民出版社，1999，第 190~193 页。

行为文化层，是一种以礼俗、民俗、风俗形态出现的见之于动作的行为模式。湘西德夯苗族鼓舞形式多样，有单人跳鼓、双人跳鼓、多人跳鼓、团圆鼓舞以及风趣活泼的猴儿鼓等。传统鼓舞的技法又有男鼓和女鼓之分。男鼓有鸡公啄米、阵鼓催兵、梳头挖耳、整容剃须、三娘推磨、犁地耕田、农夫插秧、挖园种茶、霸王举鼎、黄龙缠腰、古树盘根、大鹏展翅、双手叉腰、大小春园、九龙下海、太公钓鱼、黄牛摆尾、鸳鸯伸腿、苏秦背剑、秧麻种棉、肩锄荷担、收获打谷、大翻天印、鱼水翻浪等 24 种技法；女鼓有鸡婆啄米、美女梳妆、穿衣整容、包头洗面、刷牙漱口、烧茶煮饮、左右摘花、巧妇织锦、绣花数纱、纶麻纺车、清洗扫除、铺床理被等 12 种技法。[①] 此外还有男女合鼓，36 种技法联合使用，配备相同的男女人数，同时表演，场面非常壮观。从湘西苗族鼓舞技法所反映的内容来看，其主要以祭祀、战争、生产、生活中的情节为动作素材，套路多变，讲究即兴发挥。这些行为文化的缩影深刻反映出苗族先民迁徙至湘西之后，面对荒山野岭、草莽洞穴等恶劣的自然环境，身处民族纷争中的勇敢顽强、奋力拼搏、勤于劳作、乐观向上的生活态度。

4. 苗族传统鼓舞的心态文化层

由人类在社会实践和意识活动中长期氤氲化育出来的价值观念、审美情趣、思维方式等主体因素构成的心态文化层是文化生态系统的核心部分。湘西德夯苗族的价值观念、审美情趣、思维方式具有以下三个方面的特征。一是深刻的农耕文化烙印。"男子耕猎，女子纺织"这种传统的中国农业社会特点，也是苗族鼓舞的具体表现形式和展演内容。二是价值观念具有明显的性别差异。在湘西苗族社会，苗族传统价值观念要求男人勇敢、能干、机智，具备这些优点后，不仅长辈夸奖，姑娘也视其为择偶的对象；要求女子勤快、会当家、温柔顺从、能生孩子，生了男孩的女性在家庭中的地位就高。这种价值观念中明显的性别差异，在苗族鼓舞的角色定位和动作特点上表现突出。三是以血缘关系为宗法基础。湘西苗族相互间的权利义务是依据血缘亲疏关系来决定的，如果家族中某个家庭出现经

---

① 石启贵：《湘西苗族实地调查报告》，湖南人民出版社，2008，第 393～395 页。

济上的窘迫，家族内部就会有人出来相助。如果遇到自然灾害、外族入侵、重大决议、突发事件等，湘西苗族氏族就会通过"立鼓结社"的形式，将具有血缘关系的族人紧密结合在一起，这具体体现在苗族传统鼓舞的社会功能和文化内涵上。

湘西苗族传统鼓舞的物态文化层、制度文化层、行为文化层和心态文化层在特定的结构—功能系统中融为整体。这个整体既是前代文化历时性的积累物，具有遗传性、稳定性，又在变化着的环境影响下，内部组织不断发生递变和重建，因而具有变异性、革新性。一般而言，与生产力因素直接相关的物态文化层，新陈代谢的节奏较快，制度文化层和行为文化层作为社会规范和行为定式，则带有较浓厚的保守性。构成文化内核的心态文化层与大众历史生活中的价值观念、审美情趣、思维方式、民族性格紧密融合，从而具有较强的稳定性和持续性，与社会生产力和社会制度的变迁不一定具有直接的、迅速的对应性效应，往往被称作"文化的深层结构"。

三 苗族鼓舞文化生态变迁的体育人类学考察

1. 湘西苗族鼓舞文化生态变迁的文献辑论

在湘西德夯苗族聚居区，至今流传着苗族鼓舞起源于枫木的传说。苗族神话古歌《蝴蝶妈妈·十二个蛋》也口头记载了人类始祖姜央和雷公，以及龙、虎、大象、水牛、蜈蚣等万物，均起源于从腐朽的枫树心中钻出来的蝴蝶妈妈所下的十二个蛋。如果我们掠去神话的面纱，按图腾原型去寻找，就会发现苗族是以枫树为图腾的古人类血缘群体，而苗族鼓舞就是以枫树为图腾的一种宗教祭祀仪式[①]，渗透着母系氏族社会时期图腾崇拜文化的影子。大约12000年前，处于洪水泛滥的洪荒时代，主体居住在现今山东泰山、鲁山以及沂蒙山区的苗族逐渐向南、向西迁徙，迁徙过程中的苗族先民在祖先神灵崇拜意识下，用敲击木鼓的方式呼唤祖先保佑以获得心理上的慰藉。苗族先民迁入湘西并定居后，用木鼓呼唤祖先以增强同

---

① 覃东平、吴一文：《蝴蝶妈妈的祭仪——苗族鼓社文化研究》，贵州人民出版社，2006，第2~5页。

一血缘氏族的凝聚力，共同面对自然和社会的双重压力。在苗族从迁徙到定居的漫长历史发展过程中，苗族传统鼓舞逐渐从图腾崇拜转变成以祖先崇拜为核心的宗教祭祀活动，形式、内容、特点和内涵也发生了许多改变，到明清时期当地的许多地方志均有所记载。如《龙山县志》（清光绪四年刻本）记载："苗民祀祖先，陈酒肉、米饼火床上，既乃集族姻邻人击鼓鸣钲，放火铳。"《古丈坪厅志》（清光绪三十三年铅印本）记载："苗祭，五月逢子、寅、午日专祭祖先。……刳长木，空其中，冒皮其端以为鼓，使妇女之美者跳而击之。"《永绥厅志·苗峒》（清宣统元年铅印本）中也提到："苗俗又有所谓跳鼓脏者，乃合寨之公祀，亦犹民间之清醮，数年间行之，亥、子两月，择日举行。……男外旋，女内旋，皆举手投足，其身摇动，舞袖相连，左右顾盼，不徐不疾，亦觉可观。"① 新中国成立以后，随着民族地区区域自治政策和法规的出台，当地的文艺工作者对湘西地区苗族鼓舞进行了适当的改造，剔除了其中的封建迷信成分，增加了许多新时代的气息，苗族鼓舞逐渐从宗教祭祀仪式中脱胎出来，开始形成一种独立的体育非物质文化遗产活动。如《湘西苗族》中记载："随着历史的向前推移，苗家跳鼓活动的形式与内容都有所演变和发展。民国时期和新中国成立以后出现的跳鼓活动，已经演变为两种形式：一种是古代歌舞式，即志书中记载的那种形式沿袭下来；一种是民间体育式。此两种形式并存，但体育式活动面更广，参加的人更普遍。"② 改革开放以来，特别是湘西苗族鼓舞被列入第一批国家非物质文化遗产保护名录后，湘西苗族鼓舞原有的图腾崇拜、祖先崇拜的原始社会功能基本消失，逐渐转化为以休闲娱乐为主的文体娱乐形式和群众寄托情感的方式。《武陵地区非物质文化遗产及其文献集成》中记载："湘西苗族鼓舞因形成的历史久远，对研究苗族的历史、战争、宗教、迁徙、生产、生活、爱情、民俗等有十分重要的价值。……因苗族鼓舞的表演朴素、热情、大气，深受游客喜爱，成为湘西自治州很多景区的表演项目。吉首市德夯、凤

---

① 丁世良：《中国地方志民俗资料汇编》，北京图书馆出版社，1997，第 628～631、640～641、644～649 页。

② 《吉首大学学报》编辑委员会：《湘西苗族》，《吉首大学学报》（社会科学版）1982 年第 3 期，第 256～259 页。

凰县山江已经形成了苗族鼓舞品牌。"①

通过对湘西德夯苗族鼓舞文化生态变迁历程的地方志进行梳理，我们不难看出：苗族鼓舞源于母系氏族时期，苗族先民在生产力极其落后的情况下对恶劣自然环境存在一种敬畏，既是以枫木崇拜为特征的图腾崇拜仪式，也是苗族先民探索生命本源的朴素唯物主义观的集中体现。随着历史的发展，苗族先民经历了长期的迁徙和定居过程，苗族先民在面对自然灾害、战争、民族纷争、生活困境时，就用敲击木鼓的方式祈求祖先帮助，从而获得心理的慰藉和增强民族凝聚力。从这个意义上说，此时的湘西苗族鼓舞以图腾崇拜为中心的原始宗教意识逐渐淡化，转变成以祖先崇拜为核心的原始社会功能，鼓舞在稳定当地苗族社会结构中发挥着重要作用。新中国成立以后，特别是改革开放以后，湘西地区的政治、经济、文化、教育等各领域都发生了翻天覆地的变化，苗族鼓舞在这种大环境变革中，原有的祭祖祈福的原始宗教功能、稳定社会结构的原始社会功能基本消失，取而代之的是体育价值功能的逐渐呈现，转变成以文体娱乐形式和群众寄托情感方式为主的新型社会功能。苗族群众、本地居民、外地游客都可以通过参与鼓舞的形式获得身体上的健康和心理上的调适，体育元素的比例在苗族鼓舞文化生态变迁的过程中逐渐增大。

2. 湘西苗族传统鼓舞与现代鼓舞的文化生态比较

湘西德夯苗族鼓舞自诞生之日起至今，内容、特点、内涵、功能和价值随着文化生态变迁发生了变化。湘西苗族鼓舞传统和现代的区别是传统体育形式和现代体育形式之间文化差异的缩影，所以我们需要更加深入地去了解和探索。

研究结果表明，湘西苗族鼓舞与自然界生物一样，受到环境影响而出现历时性的文化变迁过程。在这些环境的影响因素中，首先是生产力因素。简单木器加工—青铜器制作—木器镶合技术的进步，使苗族群众能制作出费时较少、外观精良、鼓声优美的木鼓。以前只有在结婚时才能穿的百褶裙、刺绣图案上衣，现在能随时出现在鼓舞表演中，这正是群众

① 胡萍、蔡清万编著：《武陵地区非物质文化遗产及其文献集成》，民族出版社，2008，第99～104页。

纺织刺绣技术水平提高的表现。其次是社会政治制度因素。随着社会政治制度的发展，特别是民族区域自治政策与法规的完善，苗族群众在稳定的社会环境中能全身心地追求美好生活，使苗族鼓舞的动作语言更加丰富，动作的时代性逐渐增强。最后是地理环境因素。随着民族地区交通状况的改善、国家"村村通"工程的实施，苗族鼓舞从深山的鼓藏场逐渐走向各地的节日庆典，揭开神秘面纱的苗族鼓舞受到各族广大群众的喜爱。

另有研究结果表明，湘西苗族鼓舞从母系氏族的图腾崇拜到现代文明的休闲娱乐，文化内涵冲破了氏族家庭对它的限制，逐渐实现图腾崇拜—祖先崇拜—休闲娱乐的转变，被各族群众所认知；舞蹈形式冲破了农耕文化的束缚，逐渐增加了动作的群体性、个性化和难美度；社会功能也由祭祖祈愿、男女社交的原始功能向锻炼身体、娱乐身心、经济价值等新兴功能转化；动作内容、动作特点、动作节奏、动作风格也都潜移默化地发生着改变。苗族传统鼓舞的文化变迁过程，是民族特性、地理环境、民俗活动、宗教信仰等诸文化因素从不同角度、不同层面作用的必然结果①，本质则是苗族传统鼓舞面对现代环境的文化适应，是苗族鼓舞从农业文明向工业文明转型过程中的必然选择。表1湘西德夯苗族传统鼓舞、现代鼓舞生态结构层次的比较。

表1　湘西德夯苗族传统鼓舞、现代鼓舞生态结构层次的比较

		传统鼓舞	现代鼓舞
物态文化层	使用器具	木鼓：由整段木头剜空而成	皮鼓：由小杉木板镶合而成
	器具特点	细长、做工粗糙、音质一般	宽大、做工精良、音质优美
	表演场合	具有同一血缘关系的苗族村寨鼓藏场	无血缘、无地域限制
	表演服饰	苗族传统便服	百褶裙、刺绣图案上衣
	表演式样	鼓有一面，鼓王击鼓，其余苗民跟随鼓声舞蹈	鼓有多面，鼓王和群众一起跟随节奏边击边跳

① 黄泽桂：《舞蹈与族群》，贵州人民出版社，1997，第192～194页。

		传统鼓舞	现代鼓舞
制度文化层	表演时间	苗族鼓藏节	传统节日。如元宵节、鼓藏节、四月八、吃新节等 庆典活动。如州庆、国庆、各种社区文化活动 鼓文化节。如2005年中国（德夯）鼓文化节 旅游黄金期。如五一、十一旅游黄金期和高峰旅游时间段
	动作传承	师徒关系传承。如第一至五代苗族鼓王龙英棠、石顺明、龙菊兰、龙菊献、黄娟均为师徒关系。	师徒关系传承 社会培训传承。如龙菊兰、龙菊献、黄娟等都在当地开设了苗鼓培训班 学校体育传承。如吉首大学、花垣县各中小学都已开设苗鼓课程
	运行制度	氏族鼓社制、民族习惯法	民族区域自治政策与法规
	组织机构	"氏族鼓社"全体成员大会	当地政府组织和群众自发组织相结合
行为文化层	动作内容	男鼓：24种技法 女鼓：12种技法	在保持原有的传统的男鼓、女鼓技法上增加了"开拖拉机""踩打谷机""运送公粮"等新时代内容，也增加了"鹞子翻身""乘马扬鞭""弯弓射雁"等高难美度的动作
	动作特点	以个人手法和步伐为主，基本上无旋转、不摆胯，动作幅度小，难美度偏小，动作节奏平稳	增加了群体性的步伐转换，增加了高速旋转，动作幅度增大，难美度增大，动作节奏变化丰富
	动作节奏	八拍敲击法	以八拍敲击法为主，辅以十三、十五、十七拍敲击法
	动作风格	拘谨、平稳	遒劲、洒脱
心态文化层	群体观念	深刻的农耕文化烙印 价值观念的性别差异明显，观念相对保守 以血缘为主要特征	农耕文化与工业文化并存 价值观念的性别差异弱化，个性化增强 地缘、业缘特征逐渐凸显
	社会功能	祭祖祈愿 男女社交	锻炼身体 娱乐身心 经济价值
	文化内涵	图腾崇拜 祖先崇拜	休闲娱乐

四 苗族鼓舞文化生态变迁对体育非物质文化遗产保护的启示

1. 增强现代体育价值理念，明确体育非物质文化遗产保护思路

体育非物质文化遗产是一个多样性运动和游戏的集合体，这个集合体的共同要素是在民众中形成风俗并与民俗文化有关。从文化生态的角度理解，体育非物质文化遗产是一种属于次生态文化层的民俗文化与体育活动的结合体。目前，这种次生态体育形式的发展面临着两个方面的困境：一是少数民族地区由农业文明向工业文明转型过程中的文化选择；二是外来现代文化的冲击和影响。对此，很多学者认为，在中国现阶段，应该采取维持体育非物质文化遗产自身传承的政策，尽可能保护体育非物质文化遗产作为历史文化载体的特性，强调实施保卫性看护和保守性"治疗"。这种传承即保护的体育非物质文化遗产保护思路，只适合继承过去，却未必适合展望未来。其实，体育非物质文化遗产发展所面临的困境是中国传统社会由农业文明向工业文明转型过程中的矛盾，我们应该依靠现代制度的完善和现代价值理念的建立来解决，这是保证体育非物质文化遗产始终不丧失魅力，适合现代社会并传递给未来社会的必然选择。

2. 注重"文化生态"的活态保护，把握体育非物质文化遗产保护重点

体育非物质文化遗产和少数民族当地的宗教信仰、族群习惯法、民族心理认同、民俗文化传播等有着千丝万缕的内在联系，不同的文化因子构成了体育非物质文化遗产独特的文化表现形式，这也是文化多样性存在的前提和基础。如果我们保护少数民族的体育非物质文化遗产不是从文化生态的整体性入手，而是仅仅保护体育活动的过程，那到最后就只剩下没有灵魂的躯壳了。因此，保护体育非物质文化遗产应该将文化生态保护作为民俗保护的重要内容，最终形成"活态"的保护体系，使体育非物质文化遗产活动在活态的文化生态环境中新陈代谢、自我更新，从而获得更加广阔的生存发展空间。除此之外，我们还要注意对体育非物质文化遗产地居民的社会空间、文化传统和民俗权利进行保护，尊重他们的利益，发挥他们的作用，这是体育非物质文化遗产保护工作必须贯彻的原则，也是保护体育非物质文化遗产的最好办法。

3. 完善政府社会公共政策，拓展体育非物质文化遗产保护新途径

在现代社会的工业化进程中，政府社会公共政策对体育非物质文化遗产资源的转化和民众权益保障起着非常重要的作用。政府对民俗旅游业的倡导，是目前政府社会公共政策对体育非物质文化遗产实施保护的最常用工作形式。政府对体育非物质文化遗产活动进行商业化的开发，创造了群众就业、文化扶贫和农村致富的机会，但也使部分村寨的体育非物质文化遗产传承脱离了原有的民俗生态环境和民族文化空间。所以，我们应该完善政府社会公共政策，探索新的形式，以保护和发展体育非物质文化遗产。2004 年在江西宜春进行的全国农民运动会就是个新例子。当地政府体育部门将有关"三农"的体育非物质文化遗产加量上马，而将其他非农项目压缩下马，传承了体育非物质文化遗产，促进了体育非物质文化遗产发展。2005 年由湘西土家族苗族自治州政府策划的中国（德夯）鼓文化节，不仅将湘西苗族鼓舞推向了全国，还推向了世界，从而推动了苗族鼓舞的可持续发展。湘西土家族苗族自治州政府组织申报的苗族鼓舞被列入第一批国家非物质文化遗产保护名录中，并走上了良性发展道路，这些探索都为体育非物质文化遗产的保护和发展提供了参考。

4. 保护要和教育相结合，增强体育非物质文化遗产保护内源动力

所有的体育非物质文化遗产都具有国民教育的潜功能，保护体育非物质文化遗产就是要发掘这种潜功能，在国民中形成尊重自然、尊重知识、尊重人类历史的优秀风范，激励群众的人文思考和保护行动。保护的前提是教育，保护的保证是教育，保护的可持续发展的内源动力还在于教育。就我国的情况而言，要将加强体育非物质文化遗产保护教育作为提高国民素质的重要环节。如，北京市部分中小学的课外活动中经常开展抖空竹运动，重庆的秀山土家族苗族自治县将土家族摆手舞引进中小学课堂，湘西土家族苗族自治州的中小学将苗族鼓舞作为必修课，吉首大学开设了苗族鼓舞等体育专项课程等，这些是各地在体育非物质文化遗产保护与教育相结合方面的努力和探索。特别是在中国加入世界非物质文化遗产保护公约以后，政府更应把民族体育非物质文化遗产的保护作为爱国主义教育工程列入现代化文化建设中，使这项工作能得到广大公众的认同，弘扬民族精

神、教育子孙后代和传承民族民俗文化，使中国在全球文化竞争中保持优势地位。

五 结论

湘西苗族传统鼓舞的物态文化层、制度文化层、行为文化层和心态文化层在特定的结构—功能系统中融为整体。这个整体既是前代文化历时性的积累物，具有遗传性、稳定性，在变化着的生态环境影响下，其内部组织又不断发生变化和重建，因而具有变异性、革新性。

苗族鼓舞在文化生态变迁历程中逐渐发展、繁荣和兴盛，它的内容、特点、内涵、功能和价值等也在逐渐发生变化。在这些影响因素中，最主要的是生产力因素，其次是社会政治制度因素，最后是地理环境因素。苗族传统鼓舞的文化变迁过程本质上是苗族鼓舞从农业文明向工业文明转型的必然选择。

体育非物质文化遗产属于次生态文化层的一种民俗文化与体育活动的结合体，通过对湘西苗族鼓舞文化生态变迁的分析和研究，我们应该明确完善现代体育价值理念，注重对"文化生态"的活态保护，完善政府社会公共政策，保护要和教育相结合，强化体育非物质文化遗产保护内源动力等对体育非物质文化遗产保护的重要性。

土家族烧龙习俗的文化生态变迁与体育价值

——湘西马颈坳镇钢火烧龙的田野调查报告

一 前言

20 世纪 20 年代，美国文化人类学家朱利安·斯图尔德（Julian Steward，1902～1972 年）开始提倡"文化生态"的理念，其目的在于"解释那些具有不同地方特色的独特的文化形貌和模式的起源"。① 民族文化的差异性与那些民族文化生态的差异性有着深刻联系，而文化生态又可大体区分为该民族所处的地理环境、所从事的物质生产方式、所建立的社会组织三个层次。② 马颈坳镇位于湖南省湘西土家族苗族自治州州府——吉首市北部，距市政府 13km，北与古丈县、保靖县相衔接，因吉首市地形象马，而该镇位于其颈上，故名。全镇处于中山丘陵区，北高南低，最高海拔725.1m，土层较厚，土质肥沃，水利资源利用率较高，稻田比较集中。全镇总面积 129300 亩，耕地 15616 亩，其中水田 10614 亩，旱地 5002 亩。③《乾州厅志》中记载，此地"地势较高，上有天池，村民环池居住，终夜风声拂拂，溽暑犹良"。

马颈坳镇有农业人口 3196 户、14036 人，非农业人口 136 户、579 人。该镇有汉族 7775 人，苗族 3909 人，土家族 2926 人，回族 3 人，满族 1

---

① 唐家路：《民间艺术的文化生态论》，清华大学出版社，2006，第 31～32 页。
② 冯天瑜、何晓明、周积明：《中华文化史》，上海人民出版社，2015，第 15 页。
③ 吉首市人民政府编印《湖南省吉首市地名录》，内部资料，吉首市民族印刷厂，1982，第65～71 页。

人，呈典型的"大杂居、小聚居"民族分布格局。马颈坳圩场是吉首市第二大圩场，也是古丈、吉首、保靖三县（市）边区的主要圩场，每逢农历一、六场期，都有万人左右在此交易农副土特产，圩场成交额在3万元以上。①

原始社会的土家人以狩猎为主要生活方式，明清时期政府在当地实施"改土归流"政策以后，土家族向汉族学习先进的水稻耕作技术，稻谷产量逐年增高，达到本地的先进程度，除了高远闭塞之地仍沿袭刀耕火种之外，大部分土家地区适应了以耨田、护田、肥田为基础的耕作方式。讲土家话，唱土家歌，过土家节日，办土家傩祭等生活习俗虽受到外来文化冲击和中原文化的影响，但基本上传承了土家文化的精髓，保持了自己民族的特色。

二 湘西地区马颈坳镇土家族"烧龙"仪式的民俗解读

湘西地区马颈坳镇土家族烧龙仪式可分为"起龙""跑龙""接龙""祭龙"四个过程。烧龙仪式的四个过程将土家族地区的社会结构、宗教观念、伦理道德乃至民族精神都蕴涵其中，并体现得淋漓尽致。

1. "起龙"仪式

马颈坳镇烧龙仪式按惯例在每年正月十五"元宵节"天色将黑时，在当地最高、最平阔的空地举行，主持仪式者一般为当地德高望重的族长。族长首先向族人总结本地一年来的农业收成等事宜，祈求来年五谷丰登、全族和睦。在宣布烧龙仪式开始之后，整个烧龙仪式转由当地的"梯玛"（土家族巫师）组织实施。梯玛在当地威信极高，该地区的婚丧嫁娶一般都由他主持。梯玛身穿梯玛服，头带八宝冠，手舞司刀，口念咒语。所念咒语大多为"请张先生掐算，请曹先生掐算，都把情由说通，旗长大神啊，要难为你来动一动啊"之类，乃请神和占卜之意。请神完毕，拿出案头的竹筊卦，竹筊卦是梯玛使用最多的主要占卜法器，由一节长约五厘米或七厘米的竹筊，从中劈开，一分为二制成。竹卦以其落地形状占卜，竹

---

① 中共湘西土家族苗族自治州委政策研究室：《湘西自治州经济发展战略研究》，湖南人民出版社，2003，第132～133页。

心朝上为翻，朝下为扑。两块卦子，一翻一扑为顺卦，两翻为阳卦，两扑为阴卦。如遇三次阴卦，则要杀鸡避邪或延期举行；如遇阳卦和顺卦，则仪式可照常举行。

2. "跑龙"仪式

在"梯玛"大声宣布"起龙"之后，吹响三声牛角号，两排的火铳手朝天鸣枪（新中国成立后当地政府发布禁枪令，农户家的火铳均被没收，所以现多改为燃放礼花）。随后，由土家族歌手齐声高唱土家族山歌，歌词大意为希望神灵保佑明年风调雨顺、五谷丰登。梯玛手持司刀在前，舞龙手随后，紧接着是烧龙手和其余人等，开始"跑龙"仪式。梯玛在前飞奔引路，其行进路线按风水早已心中有数，一般为从高往低，顺时针方向，不允许走回头路。舞龙手必须紧跟在梯玛后，边跑边舞边齐声发出"呕——哟嘿"的呐喊，后面的人群也随之发出同样的声响，此时声音响彻山谷，传至千家万户，热闹异常。

3. "接龙"仪式

当跑龙队伍接近寨口时，就已经进入了土家族族人聚居的地方。各家各户的人员一般都会出门迎龙。如有的族人想"接龙"，就在自家门口放一挂鞭炮，舞龙队便在梯玛的率领下舞进该住户的堂屋，龙头从前进、龙尾于后跟，向堂屋神龛行三下点头礼（当地居民家庭的堂屋一般都安置三清真人和祖先牌位），接着绕堂屋一圈，再舞出各种花样。随后主家给予梯玛和舞龙队谢礼，以前礼品主要为当地糯米打制的糍粑和炒米，现在多为红包和香烟，糍粑的数目或红包里面的钱都必须为双数，多少按主家自己的意愿而定。梯玛和舞龙队接过谢礼后，龙尾先后退，然后龙头出，梯玛向主人答谢和祈福后出门。当舞龙队和梯玛走出门槛时，主家再燃放一挂鞭炮，名曰"送龙"。主家通过"接龙"仪式，可以家庭兴旺、儿孙满堂和禳灾祛病。

4. "祭龙"仪式

梯玛和舞龙队从寨口走向寨中位置，在当地的寨中有一个宽大且平整的坪，被当地人称为寨中坪。此时，舞龙队"呕——哟嘿"的呐喊声加大，跟从的烧龙手随之加大呐喊声，旁边的观众也随之附和。年轻烧龙手在当地有经验的年长烧龙手的带领下，点燃钢火筒。钢火筒为竹制，分为火筒夹和火筒两部分。火筒夹是一根锄柄粗细，约3米左右的长竹竿，中间用火烤弯制成。火筒由茶杯粗细，竹壁很厚，约15厘米的楠竹制成，中间填充土制黑火药，黑火药由芒硝、硫黄和黑木炭按1:2:3的比例合成。钢火筒被点燃后，向外喷出火树银花，舞龙手赤膊上阵，迎着散落火星边舞边呐喊，旁边观龙的族人随之呐喊并可向舞龙人的脚边扔掷爆竹，此时烧龙的气氛达到高潮。龙头无明显长角，龙身由当地土布染色制成，无竹制龙骨，这是土家族"烧龙"的龙与汉族"舞龙"的龙的不同之处。整条龙必须烧完，不能留存，明年烧龙时再重新扎制。"祭龙"仪式接近尾声的时候，由梯玛（被当地敬奉为唯一能与神灵和鬼怪对话的人）将灰渣全部扫进水沟，名曰"放龙入海"，整个"烧龙"仪式宣告结束。

三 土家族"烧龙"习俗文化生态变迁的文献辑论

作为民间四灵之一的龙，湘西土家人自古非常崇敬。《后汉书·西南夷传》曾记载："（哀牢）种人皆刻画其身，象龙文"。[1] 土家族崇龙习俗据有关考证源于"当地蛇图腾走完了它的历史过程以后，转变成为一种灵物崇拜"[2]，并产生了舞龙灯、草把龙、板凳龙、泼水龙、划龙舟、晒龙袍等土家族习俗。《吉首市志》记载，土家族烧龙习俗与这些龙崇拜习俗有很深的文化渊源，"起于清顺治五年（1648年）镇溪所东部遭干旱。次年农历正月十五日，……土家族逢元宵节舞龙灯拜年，用钢花烧龙。十六日，放龙下河入海"[3]。从该文献中我们可以深深感受到土家族烧龙习俗中稻作文化的烙印。马颈坳镇土家族先民居住在土层较厚、土质肥沃、水利资源利用率较高、稻田比较集中的地区，每年收获的水稻几乎是家庭唯一的收入来源和生活物质基础。如遇干旱，靠天吃饭的土家族先民将面临极大的生存压力，风调雨顺、五谷丰登是每个人最大的心愿。带有灵性的龙能保佑苍生，也必然会成为他们心目中至高无上的崇拜物。烧龙习俗从诞生之日起至今，能演变成为当地土家族群众最隆重的习俗，与当地农耕文

---

① 武文：《中国民俗学古典文献辑论》，民族出版社，2006，第267页。

② 吉成名：《中国崇龙习俗》，天津古籍出版社，2002，第4页。

③ 吉首市志编纂委员会编《吉首市志》，湖南出版社，1996，第891~896页。

明的发展息息相关。

《来凤县志》（清同治五年刻本）所载烧龙习俗与《吉首市志》所载略有不同："土家族地区俗喜巫鬼，多淫祀。逢旱祈雨，都要举行隆重的仪式送瘟神。送瘟神时，要打醮龙。祈祷的人群举着草和篾扎成的草龙走村串寨。玩龙时，家家户户门口放一盆水、一碗谷，谷上插一木牌，上写'瘟火二部，两界神王'之类的祈语。……玩龙结束后，要把草龙和木牌一起烧掉。许多地方都用这种方法来送瘟神和祈祷风调雨顺。"① 对该文献进行仔细考证，我们发现，该文献所反映的是土家族先民舞草把龙的习俗。土家山寨在解放以前"全是木板瓦房，且有少数茅草偏棚，喜群居，各家住屋相连"。② 通过实地走访，我们发现湘西马颈坳镇溪马村等地至今仍有不少土家人居住在木板瓦房之中。这些木板房除了作为生活起居的地方之外，同时也作为储存粮食的仓库。如遇火灾，该地区的土家族群众不仅仅没有安身之地，还将失去生活的来源。可见，马颈坳镇土家族聚居区烧龙"迁火焰"的原始社会意识功能与当地的地理人居环境是密切相连的。这种烧草把龙与调年烧龙具有很深的传承关系，土家族调年烧龙习俗除了原有的祈求风调雨顺之意，还蕴含了"送瘟神，防火避灾"的双重功能。

此外，土家族烧龙习俗在部分地方志中也有所记载，但过程、内容和功能记载不详。如《宣恩县志》（清同治二年刻本）中记载："元宵迎龙灯，各家以爆竹掷迎者，忍痛不顾，犹以为乐，盖余习焉。"③《溪州竹枝词》记载："彭公祠畔赛神歌，火树银花照眼姣；侬识踏歌郎识曲，今宵相约闹元宵。"④ 从这些文献中，我们仍然能感受到土家族男女青年相约烧龙闹元宵的热闹非凡的场景，如同亲身经历一般。

土家族烧龙习俗的原始社会意识功能转型发生在 20 世纪 80 年代以后。

---

① 丁世良等：《中国地方志民俗资料汇编·西南卷》（上下），北京图书馆出版社，1997，第445~449页。

② 田荆贵：《土家族纵横谈》，未来出版社，2007，第400~401页。

③ 丁世良等：《中国地方志民俗资料汇编·西南卷》（上下），北京图书馆出版社，1989，第443~445页。

④ 彭万廷、屈定富：《巴楚文化研究》，中国三峡出版社，1997，第367页。

《吉首市志》记载："民国年间，调年烧龙活动中断。1957年恢复，后又中断。80年代，为发掘民族文化遗产，恢复调年烧龙，调年烧龙成为以娱乐为主的传统节日。"① 《土家族风俗志》也记载："元宵节，是土家族隆重的节日。舞狮玩龙的人们，打着赤膊、迎着花筒烟火，穿来钻去，盘滚翻跳，边舞边呼：'烧呀！'、'越烧越旺呀！'花筒焰火，照耀得夜空银亮，火星漫天飞洒，十分壮丽。……玩至哪里，小伙子和姑娘们跟踪相随至哪里，相伴而歌，留（流）连望（忘）归。"② 我们通过查阅这些文献所记载的烧龙习俗背景，结合与当地年龄较长的群众访谈，了解到在20世纪80年代以后，烧龙习俗原有的祈求风调雨顺、防火避灾的原始社会意识功能已经慢慢淡化，逐渐转变为以休闲娱乐为主的社会功能。例如，当我们询问一些年轻的舞龙手"你为什么要玩烧龙"时，得到的答案更多的是"好玩""开心""刺激"之类的词。可见，烧龙习俗经过历史文化变迁，在土家人心目中原有的祈求风调雨顺、防火避灾的社会意识功能已经逐渐淡化，取而代之的是参与其中的快乐和满足。特别是我国公布非物质文化遗产保护公约以后，当地政府为了发掘民族文化遗产，将土家族元宵烧龙作为正月期间一种正式的文化娱乐活动，并对整个烧龙仪式过程和内容进行了删繁就简，去除了烧龙仪式的迷信陋习，增强了表演性和娱乐性，也注入了增强民族自豪感和振奋民族精神等时代内容，目前已经被列入《湘西土家族苗族自治州民间文化保护工程名录》和《湘西土家族苗族自治州第二批州级非物质遗产保护名录》。现在的烧龙仪式不仅仅是当地少数民族群众的传统节日民俗，也吸引着全省乃至全国的游客纷至沓来，享受参与其中的快乐。

四　土家族烧龙习俗文化生态变迁与体育价值的呈现

1. 土家族烧龙习俗中体育价值的逐渐呈现

土家族的烧龙习俗，从民俗的起源和发展而言，是一种自娱与娱人的庆典仪式。在这种仪式活动中，灵物崇拜是此项活动的文化本源。伴随土

---

① 吉首市志编纂委员会编《吉首市志》，湖南出版社，1996，第895页。
② 杨昌鑫：《土家族风俗志》，中央民族大学出版社，1989，第146～147页。

家族聚居区政治、经济、文化等地区格局的整体变迁，烧龙习俗原有的祈求风调雨顺、防火避灾的原始社会意识功能已经慢慢淡化，逐渐转变为以休闲娱乐为主的社会功能。目前的烧龙习俗参与人群构成已经不仅仅是当地的土家族群众，还有从四面八方赶来的观赏者和体验者，参与目的就是共同获得参与其中的快乐和满足。所以，土家族烧龙习俗原有的原始宗教功能逐渐退出历史的舞台，取而代之的是体育价值的逐渐呈现。参与土家族烧龙不仅对维持身体健康比较重要，更重要的是能获得心理上的调适，使体育元素比例在少数民族地区社会变迁过程中逐渐增大。

2. 土家族烧龙习俗是土家族体育传承的载体

正月"元宵节"，土家族群众将"烧龙调年"与来年五谷丰登的祈盼紧密地联系在一起，所以对"烧龙调年"活动极其重视。烧龙活动一般定在正月十五的晚上正式举行，但实际上当地群众在秋收完以后就逐渐恢复了烧龙的组织和训练工作。德高望重的土家族族长在从秋收到正月的时间里，要完成烧龙人员的组织、舞龙动作的编排、舞龙技术的培训、仪式活动的安排等一系列工作，每家每户则按民俗惯例为烧龙人员提供物质上的资助。因此，土家族烧龙习俗不仅仅是一项活动，它也是土家族体育传承的载体。正是通过这一活动，土家族精美的烧龙艺术才能传承到现在，精彩的"龙戏水""龙翻身""龙上天""盘龙入海""二龙戏珠"等烧龙动作才能延续到如今。

3. 土家族烧龙习俗是土家人尚武精神的遗存

土家族先民常年居住在地理环境闭塞偏僻的山区，在从事水稻耕种以前主要以狩猎为生。在原始社会，人们对凶禽猛兽怀有极度的畏惧之心，对其威猛之力产生崇拜，希望自己也能够拥有这样的力量，因此把勇猛、英雄（祖先）与各种猛兽联系在一起，产生了崇尚勇武的精神。在明清政府对当地实施"改土归流"政策以后，土家群众处于中央王朝的统治之下，常年受到歧视和压迫，为了反抗明清政府和当地土司的压榨和迫害，民间自古就有习武之风。土家族青年在钢火筒喷射的火树银花面前，高声呐喊、赤膊上阵、迎火而舞，在爆竹面前面无惧色、翻转腾挪、游刃有余，就是崇拜英雄（祖先）与猛兽、崇尚勇猛与坚毅的遗存和体现。

4. 土家族烧龙习俗是民族精诚团结的象征

土家族是一个以家族为荣、注重精诚团结、具有强烈民族自尊心的民族。在土家族漫长的历史进程中，土家族在"抗倭""抗英"等斗争中，都为中华民族做出了巨大的贡献。明朝嘉靖年间，东南沿海遭到倭寇的侵扰。明王朝三次调派土家族士兵赴东南沿海抗倭。士兵、将士奋勇杀敌，血洒海疆国门，立下了赫赫战功，由明宪宗亲赐"东南第一功"称谓。土家族的民族心理是以共同的祖先信仰为核心的民间信仰综合体。土家族烧龙习俗深刻体现了土家族注重精诚团结的民族心理，是土家族地缘民族共同体形成过程中不可缺少的联系纽带。"烧龙"习俗中所表现出来的群体意识、民族忧患意识、团结协作意识等丰富的文化内涵，正是土家族精神的象征，也是土家族的民族凝聚力和向心力所在。

5. 土家族烧龙习俗是社会安全阀功能的体现

所谓"社会安全阀"功能，就是社会中存在一类制度或机制，能为公众提供一些正常渠道，以宣泄和消解敌对和不满情绪，进而缓和乃至解决社会矛盾和冲突。[①] 马颈坳镇的民族分布呈现土家族、苗族、汉族之间"大杂居、小聚居"的典型分布格局。在民族交往的历史发展历程中，矛盾与冲突是不可避免的。特别是明清政府实施"改土归流"政策以后，当地少数民族与迁入汉族之间矛盾、冲突日益加剧。烧龙习俗给群众提供了一个疏通渠道，以缓解冲突、释放能量，把问题解决在萌芽状态。随着我国社会经济的快速发展，马颈坳镇许多青年男女都南下加入"打工一族"，他们艰辛的打工生涯里也是一个矛盾频发期。每年过年回家后的元宵烧龙是他们最乐意参与的活动，通过参与烧龙活动，尽量宣泄和消除隐藏在心里的不满情绪，缓和了社会矛盾和冲突。在实地调查过程中，我们询问这些打工的青年"烧龙活动给你最大的感觉是什么""元宵节过后有什么打算"时，得到的答案大多是"痛快""以后好好努力打工，改善自己的生活"等。透过烧龙习俗文化生态变迁的历史演变过程，我们清楚地发现，民俗文化活动对缓解少数民族地区社会转型过程中的社会矛盾和冲突具有

---

① 红旗大参考编写组：《构建社会主义和谐社会大参考》，红旗出版社，2005，第180～181页。

重要的价值和作用。

五　结论

土家族烧龙习俗与当地的社会结构、宗教观念、伦理道德乃至民族精神等紧密相连，共同构成了烧龙习俗的文化生态。这种文化生态是土家族稻作文化特征和生命原始价值的充分体现，改革开放以后，烧龙习俗的农耕文化特征逐渐淡化。

土家族烧龙仪式可分为"起龙""跑龙""接龙""祭龙"四个过程。烧龙仪式起源于土家族先民的灵物崇拜，具有祈求风调雨顺、防火避灾的原始社会意识功能，但在20世纪80年代后，在政府的引导下，逐渐由祛灾祈福向休闲娱乐的社会功能转型，成为当地群众和各地游客参与性、观赏性极高的民俗活动。

土家族烧龙习俗在当地社会、经济、文化转型过程中，体育价值逐渐呈现。土家族烧龙习俗是土家人体育传承的载体和纽带，是尚武精神的遗存和民族精诚团结的象征，在社会稳定发展过程中发挥了重要的社会安全阀作用。

台江苗族独木龙舟仪式历史记忆与传承机制

——台江县施洞镇独木龙舟的田野调查报告

一　前言

位于贵州省清水江畔的台江施洞独木龙舟，被誉为我国舟船史上的"活化石""活古籍"，是中华大地龙舟文化中的一朵奇葩，被列入国家级第二批非物质文化遗产名录。古老的苗族独木龙舟，从采木到做成龙舟，从下水到竞渡，都有严格的仪式、禁忌和规程，折射出苗族地区的宗法制度、生产生活、风俗习惯、群体行为和民族心理，是苗族古老民俗生活场景的历史缩影。"仪式一直被人类学当作观察人类情绪、情感以及经验意义的工具，成为民族志研究者阅读和诠释社会的一种不可多得的文本。"[①]因此，本书利用人类学、文化学、民俗学等学科的相关理论和方法，对苗族独木龙舟的仪式过程进行文化解析，探寻仪式中所蕴含的历史记忆以及传承机制，以期管窥我国体育非物质文化遗产发展的历史进程和客观规律。

二　苗族独木龙舟仪式的历史记忆

台江施洞独木龙舟是一个完整的符号整体，按照仪式过程的顺序，可分为龙舟制作仪式、下水仪式、接龙仪式、竞渡仪式、分龙食仪式等。

---

① 彭兆荣：《人类学仪式的理论与实践》，民族出版社，2007，第2页。

1. 苗族独木龙舟制作仪式的历史记忆——祖先崇拜观念的客观表达

台江施洞苗族独木龙舟与其他民族的龙舟制作相比，最大的区别和特色就体现在其制作工艺上。施洞独木龙舟分为母舟和子舟两个组成部分（中间的一根称为母舟，长二十余米，两边的两根叫子舟，长度在十五米左右），都分别由整段杉木从中间刳空，再由坚硬的木质构件和柔韧度很高的竹篾纽结相连，在加工制作的时候不用一根铁钉，也不用一个金属器件。在远古时期，我国许多少数民族掌握了这种刳木为舟的制作技术。《易·系辞下》就有"刳木为舟，剡木为楫，舟楫之利，以济不通，致远以利天下"的记载。① 时隔千年，其他民族的独木龙舟制作技艺已经消失殆尽，台江施洞地区却将这种古老的制作工艺和仪式文化神奇地延续了下来，并呈现勃勃生机。苗族是一个只有语言没有文字的民族，关于苗族群众刳木成舟的原始思维意识，在被奉为苗族史诗的《苗族古歌之枫木歌》唱词中遗留下一些历史记忆。《枫木歌》的唱词记载，"枫树是人类和万物的始祖，树干腐朽中空后，生出苗族始祖妹榜妹留（即蝴蝶妈妈），妹榜妹留与水泡沫结合，生下十二个蛋，蛋破之后生成自然界的各种事物"。② 苗族祖先诞生于腐朽中空的树干中，独木龙舟来源于刳空的整段树干，在原始思维的感悟下，苗族先民将两者之间的特点紧密联系在一起，表达了祖先崇拜观念的朴素意识。在独木龙舟制作仪式中，在砍伐制作龙舟的树木时，寨子一般要备糯米饭、活鸡鸭、刀头肉、丝麻（象征缟素）、酒、香、纸钱等祭祀物品，有纪念祖先之意。祭奠完毕，在需要砍伐的树木下埋一元二角钱（古代为 12 个铜钱），象征妹榜妹留与水泡沫结合所生下的十二个蛋。砍伐树木必须是"有福之人"（父母双全、儿女俱在的人）先砍第一斧，象征着子孙繁衍、生活繁荣昌盛。树木倒下时必须朝向东方，因为苗族人系溯江西来到此定居，树木倒向朝东有纪念祖先迁徙的文化内涵。独木龙舟制作完毕，村民对龙舟刷三道桐油后抬到龙船棚进行保存，以免日晒雨淋损坏了龙舟。从中

---

① 孔令河：《五经注译》（上册），山东友谊出版社，2001，第 280~283 页。
② 杨亮才、陶立璠、邓敏文：《祖国丛书：中国少数民族文学》，人民出版社，1985，第35~37 页。

我们可以看出，苗族独木龙舟制作仪式是苗族先民祖先崇拜观念的客观表现，形成了很强的族群认同意识，是施洞独木龙舟延续千年的深层次原因。

2. 苗族独木龙舟下水仪式的历史记忆——祈雨求福的稻作文化认同

苗族独木龙舟下水仪式又可分为"请龙头""下水""取水"等过程。① 原来的"请龙头"仪式一般在"鼓头"家堂屋或院子中，"下水"仪式一般在寨子的水边码头，"取水"仪式一般在水域的上游等三个不同的地点举行，通过古老的祭仪，祈求山神、水神、龙神的庇护和保佑，祈求风调雨顺、五谷丰登。现在的苗族独木龙舟下水仪式逐渐简化，通常在水边码头将三个仪式整合在一起，其仪式的文化意蕴也发生了许多改变。独木龙舟下水必须选择良辰吉日，"鼓头"在下水的河滩边置一方桌，方桌之上放蜡烛一对、香龛一个、白米一升、刀头肉一块，桌脚绑一根五倍子树棍，树棍上绑雨伞一把，系红布一段，剪白纸一串，此外还需准备公鸡、米酒、芭茅草等祭祀物品。整个下水仪式由当地苗族寨老主祭，苗族寨老一人立于河滩上，面对龙舟唱念接龙词："一请龙神、地神和山神；二请够秀（苗语，意为'麻公'，传说是苗家独木龙舟节的创始人）；三请地方神灵。祈求风调雨顺，五谷丰登，保佑人畜兴旺，划船平安"。寨老边唱接龙词，边进行杀鸡祭祀、撒米祭祀等仪式。下水祭祀仪式结束以后，寨老将一把芭茅草插在龙舟尾部小孔中象征龙尾。当龙舟划到集结地时，鼓头将龙尾的芭茅草分给每人一根，众人在"风调雨顺、五谷丰登"的祈祷声中，将芭茅草一起抛入江中，芭茅草形似利剑，有驱邪避祸之意。龙舟水牛角上的"风调雨顺、国泰民安"八个大字，也能真切反映出苗族群众对美好生活的憧憬和热爱。由此可见，苗族独木龙舟下水仪式具有典型的稻作文化特征，客观反映出群众较强的农耕生产意识，表达了群众祈求生活安康的共同社会心理。

3. 苗族独木龙舟接龙仪式的历史记忆——母系氏族社会的遗风异俗

当独木龙舟来到清水河码头时，接龙仪式正式开始，鞭炮齐鸣、热闹

---

① 吴思震：《舟船史活化石——苗族独木龙舟文化》，《魅力中国》2008 年第 13 期，第 74 ~ 83 页。

异常。从四面八方纷纷赶来接龙的客人，主要是独木龙舟鼓头已出嫁的姐妹、女儿以及媳妇家里的人。这些亲戚一般要给龙舟鼓头送一壶酒、一块红绸、一只鸭或鹅，如果关系比较亲密的还要送一定的礼金，从几十元到几百元不等。"鼓头"收到这些礼品后，将红绸挂在牛角上、鸭鹅挂在龙颈上、礼金登在礼簿上，并表示谢意。在这些亲朋好友中，所送礼品最为贵重的是鼓头的女婿。女婿除了送米酒和红绸之外，至少还要送一头大肥猪，家境较好的女婿甚至要送一头小牛犊。女婿的礼金也是最多的，一般是几百元到上千元不等。亲朋好友所赠礼物，鸭鹅全部挂在龙颈上，挂得越多，则表示"鼓头"亲戚越宽裕，"鼓头"也越有面子。接龙仪式中至今还保存了一种"姑妈制"，即"鼓头"的近亲或远亲姑妈会集中起来凑钱给"鼓头"送一面锦旗和一大笔礼金，姑妈们通过这种形式表达鼓头在独木龙舟活动中的崇高地位。此外，独木龙舟上还有一位头套银围、颈戴项圈、腰系缀有银泡花彩带、男扮女装的小锣手也特别引人关注。这种男扮女装的现象在当地苗族的许多传统民俗（如跳花、芦笙舞等活动）中都有所呈现。可见，独木龙舟接龙仪式中"姑妈制""男扮女装"的文化现象不是个别、偶然现象，而是延续了千年的母系氏族社会的历史文化遗存。著名的人类学家泰勒曾经指出："古老的习俗不象（像）化石一样。如果说死亡就是失去功能，变得无用。它们不会消亡，但是它们的价值已经改变。"① 在苗族的重大活动和节日里，女性的地位非常高，充分表明苗族社会生活中母系氏族社会遗风的盛传。随着社会制度的变迁，这种原始社会早期母系氏族制度的社会功能已经退化，但仍以一种文化残留形态保存延续到今天。

4. 苗族独木龙舟竞渡仪式的历史记忆——游艺类传统民俗的时代发展

苗族独木龙舟竞渡仪式与规程在新中国成立前后有一定的差别。《台江县志》中有"解放前，竞赛中，于安置点放置一渔船，船上挂一只活鸭，最先夺得活鸭者为胜，胜者奖以奖旗和银牌等"的活动记载。② 在独

---

① 威谦·费尔丁·奥格本：《社会变迁——关于文化和先天的本质》，王晓毅、陈育国译，浙江人民出版社，1987，第 83~84 页。
② 贵州省台江县地方志编纂委员会：《台江县志》，贵州人民出版社，1994，第 105 页。

木龙舟竞渡当天，附近喜欢游玩的群众纷纷租用渔船，"观龙舟竞渡，游人催小船围以布，上下游行，谓之漂江"。① 清水河码头边的苗族群众则"苗人男吹笙，女人旋绕而跳，其音铿然，观者如云"。② 由此可见，新中国成立之前的独木龙舟竞赛没有科学的场地区域设计、缺乏严谨的竞赛规程、竞赛组织也不规范，民俗游戏的成分远远大于竞技比赛。1986 年，台江县施洞镇将独木龙舟竞赛纳入群众体育活动范畴，并成立了龙舟协会，施洞镇政府和施洞镇龙舟协会共同组织独木龙舟节。2010 年 6 月，施洞独木龙舟节被列入第二批国家级非物质文化遗产名录，此后声名远扬，受世人关注。与此同时，施洞独木龙舟竞技比赛也逐渐规范化。现在的独木龙舟竞渡设立了正规的 500 米赛道，赛道中间用航道线对水域进行了区分，制定了龙舟竞渡的竞赛规程，成立了竞赛组织委员会，组织志愿者对岸边的秩序进行管理，甚至还聘请武警战士成立了水上救护队。施洞独木龙舟竞渡由民俗活动向竞技比赛转变，不仅使竞赛活动的开展更加科学、合理，也增强了龙舟竞渡的竞技性、观赏性和娱乐性，吸引了各地游客纷至沓来。由此可见，现在的独木龙舟仪式，已经从过去祈求风调雨顺、五谷丰登的传统农耕仪式，演变成一种娱乐身心的休闲文化活动了。

5. 苗族独木龙舟分龙食仪式的历史记忆——祛晦纳新的原始思想意识

独木龙舟竞渡结束以后，每条独木龙舟回到本寨中，按照古老习俗举行独木龙舟的上岸仪式。鼓头在河岸边摆好供品、香烛、纸钱等祭祀物品，本寨寨老主持龙舟上岸仪式，念诵送龙词："人间要晴雨均匀，风调雨顺，五谷丰登；人间要子孙繁荣，六畜兴旺，百业隆兴……"祭祀毕，开始拆卸龙舟。首先将龙头拆下送到鼓头家堂屋安放好，将舟身抬到龙舟棚放好，以备明年继续使用。鼓头家人将接龙仪式中所收到的鸭鹅等宰杀洗净烹制，一般还会再杀一头大肥猪犒劳归来的龙舟成员和本寨乡亲，俗

① 《沿河县志》（民国 32 年铅印本），覃梦杜纂、杨化育修，台北：成文出版社，1974，第 335～338 页。

② 黔东南苗族侗族自治州地方志编纂委员会：《黔东南苗族侗族自治州志社会科学志》，贵州人民出版社，2005，第 184～185 页。

称为"吃龙肉"。至于为什么可以吃龙肉，为什么可以用猪肉替代龙肉，这与当地苗族的龙图腾意识密切相关。汉族的龙皇权在上，不可侵犯，而苗族对龙敬而不畏，两者之间的原始思想意识有明显的不同。"苗族对龙敬而不畏，不把龙置于至尊不可冒犯的地位，不善的龙称为恶龙，可以惩罚，就象（像）对待他们的首领可撤换一样。"① 苗族认为，对待恶龙可以惩罚，所以在清水江流域的苗族的思想意识里，可以将兴风作浪的恶龙杀死并吃掉。苗族传统的龙形象以与人们生活关系密切的花草、动植物造态，有蜈蚣龙、鱼身龙、牛脚龙、猪嘴龙、花树龙、槐树叶龙、粽粑叶龙等，处处与自然贴近、亲切，与人的生活息息相通。所以，在清水江流域的苗族用猪肉替代龙肉，通过吃龙肉（吃猪肉）的方式隐喻，表达除晦纳新的意思。在吃龙肉的仪式中，所有人不用筷子，只用手抓而食，这种对祖先原始生活状态的模拟，表达了苗族对祖先的缅怀和敬仰。

三 苗族独木龙舟仪式的传承机制

1. 传统经济结构断裂与现代经济模式尚未形成的矛盾冲突

"经济结构是社会结构的基础，对其他社会结构的其他部分具有决定性作用，因而是分析和理解全部社会结构的钥匙。"② 传统村落经济是以农耕生产为主要特征的一种经济结构形式，直接决定了村落体育非物质文化遗产活动发展的方向和规模。以前，清水江流域的各个村寨都为独木龙舟活动配备专一的田土、山林、稻谷，称为"众田""众山""众谷"，其年收益作为独木龙舟节活动的资金来源。如遇到风调雨顺、国泰民安、五谷丰收，当地农业生产的年收益较好时，则独木龙舟最多可以有 30 余条，《镇远府志》（二十八卷）就曾记载乾隆时期"端午日，作龙舟戏，结彩两岸，观者如堵，以祈岁稔"的盛况。③ 如果遇到自然灾害、战争瘟疫、作物减产，农业生产的年收益较差，则独木龙舟数量就会减少，甚至在某

---

① 任新福主编《苗族文化论丛》，湖南大学出版社，1989，第 102~106 页。
② 刘豪兴主编《社会学概论》，高等教育出版社，2003，第 102 页。
③ 蔡宗建修、龚传绅纂《镇远府志》，中州古籍出版社，1996，第 61 页。

些年份"停止了独木龙舟节活动"。① 改革开放以后，当前施洞地区的经济结构逐渐由传统的农业经济向现代工业经济转型。传统的"众田""众山""众谷"等传统经济供给模式由于土地承包责任制而消亡，使独木龙舟的经济供给链发生了断裂，各村寨每年的独木龙舟活动只能依靠从具有一定经济基础的家庭中推选出鼓头轮流举办，发展举步维艰。近几年来，施洞地区政府明确了以民俗旅游为经济新增长点的思路，也制定了每年由地方财政为每条参与独木龙舟节的龙舟补助 1000 元等扶持措施。但是，由于地方政府财政资金紧张、投入资金量偏少，因此没有形成良好的现代经济供给模式，效果并不明显。

2. 传统组织职能消失与现代组织职能尚未确立的矛盾冲突

贵州的黔东南、黔南等地的苗族，至今仍保存着一定的鼓社组织形式。鼓社组织通过鼓社全社民众推选鼓主，鼓主必须来源于德高望重、办事能力较强、家境比较富裕、子女双全的家庭。鼓主一经选出，便领导全社群众维护鼓社的种种权益，凡属全寨、全鼓社重大事情的讨论或重大庆典活动，均由鼓头负责召集和主持。每年独木龙舟节前后，首先，鼓主要根据独木龙舟赛事的需要邀请锣手、撑篙、理事、艄公等人员，并进行分工安排。其次，鼓主要在本寨中挑选精壮青年作为桡手，并负责独木龙舟比赛前的训练和组织。独木龙舟比赛期间，鼓主不仅要作为龙舟竞渡成员，负责发号施令，猛烈击鼓，催促桡手奋勇向前冲刺，还需准备米饭、酒、肉、鱼、鸭等物资，安排独木龙舟所有人员的饮食。对于独木龙舟活动期间的各项费用开支，鼓主则依靠"接龙"时亲戚朋友的馈赠来补充。这种民间传统组织结构的集权形态虽然与现代组织机构强调的分权形态相比，存在分工不清、权责不明、效率低下等缺陷，但由于组织灵活、协调性好、操作便利等特点，仍表现出比较顽强的生命力。新中国成立后，苗族群众的鼓社观念日趋淡薄，鼓社职能也消失殆尽。为了弥补传统组织结构逐渐消亡对独木龙舟发展带来的影响，施洞镇政府以国家行政权力机构的身份介入独木龙舟节的组织中，并成立了施洞镇龙舟协会，三管齐下、

---

① 贵州省镇远县志编纂委员会：《镇远县志》，贵州人民出版社，1992，第 546 页。

分工协作，取得了比较理想的组织效果。

3. 传统民俗的文化保守性与现代社会发展需求的矛盾冲突

从历史发展的角度而言，传统文化是统治阶级维护其统治需要，经过历史的沉淀而形成的意识形态，也是群众民族心理、思维方式和风俗习惯等观念形态的客观存在，这种意识形态和客观存在带有强大的文化稳定性和保守性力量。现代社会所提倡的现代意识作为对传统的超越，必定会与传统文化中的保守性力量发生激烈的冲突和矛盾，体现出变革和创新的内在需求。清水江独木龙舟仪式中仍然保存着一些文化糟粕，与现代意识格格不入，制约着当地群众的思想变革。比如，独木龙舟仪式从伐树制作到竞渡上岸，女性都不能接触独木龙舟。在当地苗族群众的思想意识里，如果妇女接触了独木龙舟，特别是处于孕期和经期的妇女，就会给龙舟竞渡、农业生产、族群生活带来不可预知的灾难。这种仪式中的男女有别，与现代精神中所提倡的男女平等思想，产生了"针尖对麦芒"的激烈冲突。此外，独木龙舟仪式过程中存在过多的巫术渲染，仪式意识中的宿命论观点和现代社会所提倡的科学、民主、平等、自由等精神背道而驰，也直接影响到群众现代精神的塑造和社会现代化进程。当然，我们也不能全盘否定独木龙舟仪式在民族文化认同、民族凝聚力培养、民族情感交流等方面的重要作用，这也是我国主流先进文化所需要的精神内核。"传承精华、剔除糟粕"一直是我国文化建设的主要方式和重要手段，我们既要强调现代意识的世界性，也不能忽视其含有的民族特色。正确处理传统文化发展与现代社会需求之间的矛盾和冲突，是我们应该客观遵循的原则。

四　结论与建议

1. 结论

第一，台江施洞独木龙舟是一个完整的符号整体，按照仪式过程的顺序，可分为龙舟制作仪式、龙舟下水仪式、接龙仪式、龙舟竞渡仪式、分龙食仪式等过程。台江施洞独木龙舟从采木到制作龙舟，从下水到竞渡，都有严格的仪式、禁忌和规程，折射出苗族地区的宗法制度、生产生活、风俗习惯、群体行为和民族心理，是苗族古老民俗生活场景的历史缩影。

第二，台江施洞独木龙舟的整个仪式过程体现出祖先崇拜仪式—稻作文化仪式—休闲活动仪式的历史进程和发展规律。传统民俗游戏成分逐渐退化，现代竞技竞赛成分逐渐增强，这是体育非物质文化遗产发展的时代需求。此外，台江施洞独木龙舟的仪式中仍保留了苗族社会从母系氏族社会向父系氏族社会跨越的历史烙印，这种原始社会制度虽然社会功能已经退化，但它却以一种文化残留形态保存延续到今天。

第三，随着苗族地区的社会转型，台江施洞独木龙舟的发展存在传统经济结构断裂与现代经济模式尚未形成，传统组织职能消失与现代组织职能尚未确立，传统民俗文化保守性与现代社会发展需求不匹配等方面的主要矛盾和冲突。正确处理传统文化发展与现代社会需求之间的矛盾，是村落体育非物质文化遗产发展应该客观遵循的原则。

2. 建议

第一，利用文本、影像、网络等现代存储技术，将独木龙舟的制作加工技术、仪式活动过程、龙舟文化现象等保存下来，这些历史文化记忆是消失后不可复原的宝贵财富。对独木龙舟实物、独木龙舟器械、仪式使用器具等，通过建立民俗博物馆的形式保存下来，不仅可以作为体育非物质文化遗产研究的历史资料，也可以作为民俗旅游的推荐景点。

第二，政府加大财政投入，不仅要将独木龙舟节作为民俗旅游的亮点，充分发挥其经济价值，还要投入相应固定资金作为民俗传统文化保护的基金来源，充分发挥其社会价值。适当企业资金的介入，不仅能减轻地方财政负担，也能为独木龙舟发展带来新的生命力。政府与企业的紧密结合，形成了良好的现代经济供给模式，促进了独木龙舟的可持续发展。

第三，充分发挥传统社会组织的功能和作用，其组织灵活、协调性好、操作便利等特点不仅有利于独木龙舟活动的开展，本身也是独木龙舟活动中不可或缺的文化现象。政府以国家行政权力机构的身份融入独木龙舟节的组织中，为民俗文化活动提供机制保障。大力扶持龙舟协会的发展，利用龙舟协会的中介和管理作用，形成三位一体的现代组织管理模式。

第四，加强民族地区的文化和精神文明建设，发挥当地基层文化和体育管理部门的职能，剔除独木龙舟文化中与现代社会发展需求矛盾、冲突的文化糟粕，适当赋予其时代特征与需求，使其不仅强调现代意识的世界性，也重视其所含有的民族特色，从而促进独木龙舟的创新和发展，满足人民日益增长的文化需求。

第五，注重"独木龙舟文化圈"的品牌建设，重视对独木龙舟活动的无形资产保护，如独木龙舟活动中的言语表现形式（如故事、传说、诗歌等）、音乐表现形式（如歌曲、器乐等）、行动表现形式（如舞蹈、游戏和其他表演等）等，这种权利形态保护是传统文化保护制度构建的核心范畴。

传统节日变迁与体育非物质文化遗产发展

——瑶族"盘王节"田野调查与文化分析报告

一 前言

节日是按照历法时序排列而成的、周期性的、约定俗成的社会民俗文化活动日，是带有强烈人文因素和浓厚文化色彩的一种独特的表现形式。① 体育非物质文化遗产是一个多样性运动和游戏的集合体，这个集合体的共同要素是民众中形成的风俗，并与民俗文化有关。② 在少数民族地区发展的漫长历史进程中，少数民族传统节日与体育非物质文化遗产相伴相生、栖息与共，共同构成了少数民族的传统文化体系。改革开放以后，少数民族地区政治、经济、文化取得了飞速的发展，少数民族地区传统节日的文化内涵、制度约束、内容结构、社会功能等方面也随之发生了许多改变，这必然会对传统节日中的体育非物质文化遗产发展产生冲击和影响。鉴于上述理论支持，本书从体育人类学视角出发，运用田野调查、历史过程比较、地方文献整理等方法，以瑶族代表性的"盘王节"为重点考察内容，揭示瑶族"盘王节"的文化变迁对瑶族体育非物质文化遗产的影响，并在此基础上探索体育非物质文化遗产发展问题，为少数民族地区民族宗教、文化教育、体育管理等政府部门制定体育非物质文化遗产发展政

---

① 蔡宗德、李文芬编著《中国历史文化》，旅游教育出版社，1998，第150页。

② Eichberg Henning, "Folk Sports," *Berkshire Encyclopedia of World Sport 3* (2005)：612 – 619.

策和开展全民健身工作提供参考依据。

二 瑶族"盘王节"传统仪式中的体育非物质文化遗产

瑶族"盘王节",又称"庆盘王""做盘王""还盘王愿"等,主要流行于广西、湖南、广东、云南四省区接壤地区,一般可分为"请盘王""祭盘王""跳盘王""唱盘王""送盘王"等仪式过程。

1. 请盘王仪式

瑶族"请盘王"仪式需要比较长的准备过程,一般最短也需要 7~15 天时间。瑶族目老(目老组织是瑶族地区较原始的政治制度,目老都由瑶族本寨寨民各户或联寨寨民代表大会民主选举产生,主管瑶族内部日常遇到的抢劫、偷盗、欺负妇女等民事纠纷)必须一个个去请寨老(瑶语"样果",具有宗教职能,主持扫寨、祭鬼、献神、求神等斋内各种宗教祭祀活动,主宰人们的精神世界)、寨主(瑶语"样周",一寨之主,负责主持社会生产、维持村寨秩序、组织群众、募集宗教祭祀用品,具有行政管理职能)、龙师(瑶语"楼遂",主持宗教祭祀活动,在瑶族成年男子的度戒活动中担任度戒师)三位大师公和歌娘、歌师、长鼓手、唢呐手等艺人以及 6 位童男童女,还有厨官、厨娘等,请他们在盘王节参加祭祀活动。此外,提前组织本寨寨民准备祭祀用品,如盐信三封(用当地草纸包盐半斤,别无他物)、猪头、雄鸡、酒若干等,还有三眼火铳、鞭炮、瑶族长鼓、盘王旗等祭祀所需物品。一切祭祀物品准备就绪后,在祭坛中央悬挂诸神像,正中最大的一张画像就是盘王像,寨主领着十余名有威望的长者恭恭敬敬地端出贡品呈放在供桌上。主要贡品都用簸箕装着,有猪头一个,糯米橄招十余个,刚开叫的去毛剖腹的小雄鸡一只,盛满瑶家美酒的酒杯十余个和各类水果、糖果、糕点等,祭坛四周悬挂"国泰民安""万代兴隆"等标语条幅,并燃起熊熊火把。

2. 祭盘王仪式

祭奠盘王当天,瑶族各地寨民都身穿节日盛装不远万里前来参拜,瑶族妇女的衣襟、袖口、裤脚镶边处都绣有精美的刺绣花纹,发结细辫绕于头顶,围以五色细珠,衣襟的颈部至胸前绣有花彩纹饰。男子则喜欢蓄发盘髻,并以红布或青布包头,穿无领对襟长袖衣,衣外斜挎白布"坎肩",

下着大裤脚长裤。先是鸣金 12 响、鸣三眼火铳 12 响，紧接着鞭炮齐鸣，祭祀盘王活动正式开始。在烟雾缭绕、火光照耀下，寨老大师公念念有词，吟唱祭神调，恭祭盘王等诸神。然后，寨老、寨主、龙师三位大师公面对神像，低头默祷，表示敬仰、怀念。击鼓 12 通后，瑶家盘、赵、邓、李、蒋、胡、周、冯、包、黄、雷、沈 12 姓后裔上主祭台为盘王献鼓，以示告祭；来自各地及海外瑶人代表上主祭台祭祀盘王，并敬献花篮、高香、贡酒。敬献完毕，各地及海外瑶人代表肃立一排一起向盘王三鞠躬。最后是瑶族各地寨民原地向祖先三鞠躬，以示崇敬。盘瓠，亦称盘王、盘护、盘古等，是神话传说中龙犬的名字。湖南江华瑶族地区流传的民间传说《十月十六调盘王》中说，"在古老的年代，瑶胞乘船飘洋过海，途遇大浪，马上要船毁人亡。这时，有人在船头祈求始祖盘王保佑子孙平安，许下大愿。许过愿后，风平浪静，瑶人得救"。[1] 这天是农历十月十六日，恰好又是盘王的生日，就诞生了瑶族最隆重的节日——盘王节。瑶族的盘瓠崇拜，最早实际上是一种图腾崇拜。很多瑶族人认为盘瓠是瑶族的始祖，把他当作始祖神加以崇拜、祭祀与供奉。经过长期的发展变化，形成特定的以祖先崇拜、欢庆丰收为特征的祭祖、娱神、乐人兼有的祭祀性活动。

3. 跳盘王仪式

祭祀完毕，寨老师公携带法杖、铜铃、铜钹、铜剑、牛角、木简、竹兜挂、长腰鼓、经书等领舞出场跳长鼓舞。龙师师公将母鼓（直径有一尺，长三尺许，两端成漏斗型，顶部蒙以兽皮，用绳绷紧，特点是声音低沉洪亮）横挂在他的胸前，腰微下弯，右手执细竹片击鼓之一头，左手以掌击鼓另一头，随着"空—哐、空—哐"的鼓点，在场地中央稳步起舞，动作粗犷，跳跃转身幅度较大；其余瑶族鼓手出场，他们左手执公鼓（直径比母鼓小，长约二尺，中间细小，声音清脆爽朗），右手拍击鼓面，应合母鼓节奏，围着母鼓顺时针跳转，多为蹲点步，随歌声节奏两拍转身一次；最后是寨主率歌舞队出场，环绕鼓手围成一圈，手执花围巾按逆时针方向边舞边唱。[2] 在跳盘王环节中，除了长鼓舞之外，还有反映瑶族早期

---

① 赵廷光：《瑶族祖先崇拜与瑶族文化》，中央民族大学出版社，2002，第 80～91 页。

② 广西瑶族研究学会编《瑶族研究论文集》，广西民族出版社，1987，第 281～291 页。

狩猎内容的《左穴耗》《熊舞》《猴舞》《穿团舞》《捉龟舞》《挡虎舞》等，主要再现了瑶族先民的狩猎生活；有反映瑶族原始祭祀内容的《跳神》《游神》《过九州》《做洪门》《师公舞》《草龙舞》等，主要反映祖先崇拜、鬼神崇拜，舞蹈动作象征赶鬼驱邪，祈求神灵保佑；有反映瑶族历史上反抗封建统治者民族压迫的《剑皇舞》《双刀舞》《棍舞》《旗舞》等，以战争为主要题材，舞蹈特点是刚劲有力、威武雄壮，具有武术表演的性质；也有反映瑶族生产生活题材的《春堂舞》《木枷舞》《木槽舞》《绣花舞》《婚礼舞》等，动作简朴形象，生活气息浓郁。

4. 唱盘王仪式

跳盘王仪式结束以后，善于歌唱的瑶民开始唱盘王，《南越笔记》中记载："瑶俗最尚歌；男女杂沓，一唱百合。"[1] 先由瑶族歌师独唱盘王为国立功、被封为"评王"、与三公主结婚、上山耕种、生下六男六女、出猎中不幸摔死岩下等身世；后由歌师和两对童男童女唱《乐神歌》，内容主要是颂赞盘王恩德，传播生产生活知识、人生哲理和男女间的纯贞爱情。其间有鼓乐，由小鼓、大锣、小锣等乐器演奏，还有拍板子、吹笛声、吹木叶等唱词，历史上还有拍板、竹笛、木叶等乐器一同演奏。唱盘王中的瑶族民歌曲牌丰富多样，唱腔相当复杂。从歌谣的内容来看，《祭神歌》《造物歌》《生产歌》《爱情歌》《婚姻歌》《风俗歌》《甲子歌》《诘难歌及滑稽歌》《新歌》等反映宗教祭祀内容的祭祀歌谣，曲调沉稳深沉；反映生产生活内容的生产歌、酒歌，曲调平缓而喜悦；反映情感世界的苦歌，曲调悲痛苍凉；至于情歌，则曲调欢快动人。最著名的是瑶族民间歌谣《盘王歌》，亦称《盘王大歌书》《盘王大歌》《还愿歌》等，它是伴随远古瑶族先民祭"盘瓠"而产生的一首宗教历史长歌，其中蕴含丰富的社会生产生活知识。唱盘王仪式中一般由寨老师公和瑶族中老年歌师一起咏唱，《盘王歌》是瑶族大百科全书，是瑶族人民长期与自然、封建压迫斗争经验的结晶。

5. 送盘王仪式

唱盘王接近尾声的时候，以娱神为主基调的送盘王仪式便开始了。送

---

[1] 李调元：《南越笔记》，商务印书馆，1936，第76~78页。

神活动中除了瑶族长鼓之外，其他具有瑶族传统文化特色的体育非物质文化遗产活动纷纷上演。例如，"人龙"，一般由17人组成，构成八节，每两人组成一节，一人站立，另一人跨于其肩，向后仰头搭在后一组跨者的腿上，并双手扶住其双脚，后一组站立者双手扣住前一组仰卧者的胸部。运动时，由"龙"头领先，按"之"字形、圆形、弧形的路线走动，速度或快或慢，其余成员靠脖、肩、腰、腿的力量互相配合，协调行动。"打猎操"，以棍棒为道具，动作刚劲有力，模拟打猎情景，棍棒交击，铿锵有力、激烈，高潮时棒声急响，齐声雷鸣，扣人心弦。"独木桥"，选两株相距10米的大树，在上面架一坚实的树干作为"独木桥"，表演者在"独木桥"上做各种惊险的技巧动作。"对顶木杠"，双方各以红布缠腹，分别用腹部顶住一根碗口粗细、长约3米的木杠两端进行对抗。双方用手扶住木杠，奋力向前推顶，直至一方不支败下，再换一人与胜者较量。此外，拾天灯、舞龙灯、瑶族武术等民间艺术表演也精彩纷呈。天微亮，三声三眼火铳响起，歌舞停止，瑶族群众面对盘王画像，虔诚地低头不语，主祭师公口中念念有词，吟唱送神。至此，整个"盘王节"祭仪结束。表1为1992～2002年历届中国瑶族盘王节主题活动。

表1　历届中国瑶族盘王节主题活动（1992～2002年）

举办时间	节庆名称	主题与理念	相关活动
1992年11月10～12日	广西贺县湘粤桂南岭地区首届瑶族盘王节	不详	不详
1993年10月8～9日	广东乳源瑶族自治县成立三十周年暨湘粤桂南岭地区第二届瑶族盘王节	不详	不详
1995年11月24～25日	湖南江华瑶族自治县成立四十周年暨湘粤桂南岭地区第三届瑶族盘王节	不详	不详
1998年10月24～26日	广西钟山县第八届体育运动会暨湘粤桂南岭地区第四届盘王节	宣传民族政策，促进民族团结，做强生态旅游，推进民族经济	1. 农产品展销；2. 民族歌舞表演；3. 瑶族经济社会文化研讨会；4. 篝火晚会；5. 瑶乡风情游览

续表

举办时间	节庆名称	主题与理念	相关活动
2001 年 11 月 8～11 日	广东清远旅游招商经贸洽谈会暨湘粤桂南岭第五届瑶族盘王节	以节为媒，加强文化交流，推动区域经济发展	1. 大型主题文艺演出；2. 文艺游行；3. 瑶族歌舞展演；4. 瑶学研讨会；5. 油茶大赛；6. 瑶族舞蹈大赛等活动
2002 年 11 月 19～22 日	湖南江永女书国际研讨会暨湘粤桂南岭地区第六届瑶族盘王节	展现瑶族群众本土文化，突出千家峒、江永女书、中国香柚之乡三大品牌	1. 瑶族形象使者大奖赛；2. 盘王大宴；3. 瑶族古都千家峒寻根探源活动；4. 江永女书文化揭秘活动；5. 瑶族文化专题研讨会；6. 国际女书学术研讨会等活动

从瑶族"盘王节"这个传统仪式层面的体育非物质文化遗产中可以看出，体育非物质文化遗产活动的不少内容是以民俗的形式进行和发展的，还有的体育非遗活动是依附民俗的某些事象开展的。少数民族传统节日是体育非物质文化遗产活动的传承载体和制度规范，而体育非物质文化遗产活动则是少数民族传统节日的重要内容和表现形式。由于这种密切的关系，民俗学方面把民族体育作为民俗的一部分，体育学方面则把民族体育作为民俗事象。所以，少数民族传统节日中的体育非物质文化遗产活动与当地群众的宗教活动、生产活动、纪念活动、社交活动、文化娱乐活动、岁时活动等都存在较为密切的内在联系，是一种带有政治的、经济的、艺术的、宗教的、民族的、心理的乃至自然的等多重因素的综合性民俗文化事象。改革开放以来，我国少数民族地区的政治、经济、文化发生了翻天覆地的变化，少数民族传统节日也因此而经历着潜移默化的文化变迁历程，这无疑会对体育非物质文化遗产发展产生深远的影响。

三 瑶族盘王节的文化变迁的历史解读

1. 远古至先秦时期的瑶族盘王节

盘瓠传说最早见于东汉应劭的《风俗通》，其后《山海经·海内北经》、《玄中记》、《搜神记》、《晋纪》和《后汉书·南蛮传》等史籍中也均有所记载。通过对这些资料的整理和分析，可以认定盘瓠是高辛氏时代一个以犬为图腾的氏族部落，它早期活动在今山东境内偏北的地方。这个氏族部落以犬为图腾，说明这个部落的经济生活以狩猎为主。在公元前2500年至公元前2000年之间，高辛氏部落与犬戎和戎吴部落经历了长时间的部落战争。战争获得胜利之后，高辛氏部落离开故地南下进入山区，继续过着以狩猎为主的生活。随着时间的流逝，经历了多次迁徙的高辛氏族部落逐渐演化成南蛮各支系。瑶族传承下来的珍贵民间文献《评皇券帖》中就有记载："评皇券帖，其来远矣。瑶人根古，即系龙犬出生。"[1]可以看出，远古至先秦时期的盘王祭祀活动主要是以图腾崇拜为主要特征的宗教祭祀仪式。

2. 秦汉至唐宋时期的瑶族盘王节

从秦汉至唐宋时期，南蛮人经历了大迁徙、大同化、大融合的历史过程。在迁徙的过程中，为了共同面对时势动荡、战争连绵，错综复杂的民族关系，增强民族凝聚力，经常举行祖先祭祀活动。由南蛮分化而成的瑶族都认为自己的民族与盘瓠有着密切的关系，都承认盘瓠是本民族的共同始祖，而自己则是盘瓠子孙。直到今天，他们不但保留着有关盘瓠的传说，而且多半保留了盘王祖先神位，有的瑶寨建有盘王庙，并不定期地举行祭祀盘瓠的活动。这个时期的瑶族盘王祭祀仪式逐渐成形，许多体育非物质文化遗产活动成为盘王祭祀活动的主要内容。值得一提的是，这一时期，以乐神为主要目的的《盘王歌》应运而生。据有关考证，初始的《盘王歌》产生于晋代，成形于唐代，成熟于宋代。[2] 内容远及人类起源、万物诞生，近及族源传说、劳动狩猎、民族迁徙；情调上或是庄重肃穆，或是轻松调笑，或是传播知识经验，或是风趣谈情。秦汉至唐宋时期的盘王祭祀活动逐渐转化为以祖先崇拜为核心的宗教祭祀仪式。

3. 元明清时期的瑶族盘王节

元明清时期，随着各民族之间经济文化交流的加强，一些汉、壮族节

---

① 《过山榜》编辑组：《瑶族〈过山榜〉选编》，湖南人民出版社，1984，第20～24页。

② 奉恒高主编《瑶族通史》，民族出版社，2007，第290～292页。

日文化不断传入瑶区，和瑶族民间习俗相融合，形成新的节日文化内涵，而瑶族民间传统节日在传承过程中，文化内涵也在不断变化。元明清时期，瑶族较为集中地生活在南方山区，地理环境、社会发展水平较为接近，各支系的节庆习俗比较相似，因此形成较大规模的盘王节，后演变成民俗节日，时间不定，"时节祀之"。清人宗绩辰《永州府志》（清道光八年刻本）中记载："岁首祭盘瓠，击腰鼓，吹笙竽为乐。"① 清人王言纪《白山司志》（清道光十八年刻本）中记载："白山瑶人……，每岁以五月二十九日为除夕，此日椎牛屠豕，男女杂沓，执木杓挹而饮之，欢呼唱歌，众山皆响。及至除夕、元旦反漠然如常日。"② 元明清时期的盘王祭祀活动逐渐固定为民俗节日，由于吸收了各瑶族支系以及汉族、壮族的优秀文化成分，逐渐形成以祖先崇拜为核心的、规模较大的盘王节。

4. 鸦片战争至民国时期的盘王节

清代末年，清政府对瑶区政治统治逐渐加强，民国时期新旧混合政制都对瑶族地区群众的传统生产生活造成了很大的影响。旧中国政治格局的复杂性、战争的烟火也映及了地处深山的瑶族村寨，瑶族传统社会组织也因此在近代社会中发生了演变。清末至民国的瑶族民俗节日虽然众多，但多为支系性或族群性节日，或是地域性节日，没有出现全民族的统一性节日，各个节日文化内涵也不同。各地盘王节的时间不太一致，一般多在秋后至春节前，分为定期和不定期两种。定期的一般都固定在农历十月十六日，一年一次。不定期的为三年、五年或十年、十二年举行一次，具体时间由师公择吉月吉日举行。间隔的时间越长，节日就越隆重。可单家独户过，也可联宗共祖同族共同举行。单家独户者，节期多为一天两夜；联宗共祖同族共同过节的，一般为两天三夜，最长的达七天七夜。其活动内容以娱祖、娱神为中心，兼有娱人成分。民国廖炯然《瑶民概况》中记载："正当节期之日，所有未婚青年男女得予共同饮食，齐集荒野，鸣锣击鼓，

---

① 丁世良：《中国地方志民俗资料汇编·西南卷》（上下），北京图书馆出版社，1997，第 574～576 页。

② 吴永章：《瑶族史》，四川民族出版社，1993，第 597～601 页。

跳舞唱歌，极为高兴。"① 练铭志《排瑶历史文化》中也有民国广东连南排瑶"扛抬神像击鼓鸣锣四处游行"等方面的记载。② 由此可见，随着政治、经济格局的转变，鸦片战争至民国时期的盘王节逐渐由祖先崇拜的娱神祭祀活动向娱人方向转变。

5. 中华人民共和国成立以后的盘王节

瑶族民间节庆、娱乐活动繁多。中华人民共和国成立后，城镇中的瑶族对部分传统节日逐渐有淡化之意，乡村中的瑶族仍以传统节日为重。娱乐中的娱神、娱祖成分逐渐淡化，娱人成分不断继承、发展，成为节庆中的体育非物质文化遗产、游戏活动。"文化大革命"时期，瑶族的盘王节被认定为封建活动，曾一度中断。改革开放以后，针对各地瑶族过盘王节的时间不同的现象，1984 年来自广西、广东、湖南、云南、贵州、北京、武汉等省市（自治区）的瑶族干部、学者代表在南宁举行商定节日座谈会，一致倡议将盘王节定为瑶族的统一节日，时间为每年的夏历十月十六日，并得到国内瑶族人民的认同，至此各地盘王节的时间趋于一致。从 1992 年至 2008 年，全国性的、大规模的、高品位的盘王节在瑶族聚居地陆续举办了 10 届，各地瑶族群众终于可以齐聚欢度自己的节日，瑶族盘王节也被列入国家非物质文化遗产保护名录。现在的瑶族盘王节已经转型，发展成集瑶族文化、经贸洽谈、地区发展、娱乐生活于一体的全国性休闲娱乐活动，也成为瑶族文化的代表性活动，吸引了本地群众和国内外游客的参与。表 2 为 2004～2012 年的历届中国瑶族盘王节主题活动。

从瑶族盘王节的文化变迁历程我们可以看出，从母系氏族的图腾崇拜到现代文明的休闲娱乐，瑶族盘王节文化内涵冲破了氏族家庭对它的限制，逐渐从图腾崇拜到祖先崇拜再到休闲娱乐，被当地群众和国内外游客所认知；社会功能由祭祖祈愿、男女社交的原始功能向锻炼身体、娱乐身心、经济功能等新兴功能转化；瑶族盘王节中的瑶族体育非物质文化遗产的文化内核在漫长的迁徙活动中汲取了汉族、壮族等少数民族的文化因子

---

① 廖炳然：《瑶民概况》，中华书局，1948，第 78～79 页。

② 练铭志、马建钊、李筱文：《排瑶历史文化》，广东人民出版社，1992，第 444 页。

而得以丰富、壮大和发展；瑶族盘王节中的体育非物质文化遗产的文化价值也经历着娱神—娱祖—娱人的转变。由此可见，少数民族传统节日是体育非物质文化遗产的传承载体，而体育非物质文化遗产是民族传统节日中的活动内容；少数民族传统节日的文化变迁本质上则是少数民族的民俗生活面对现代环境的文化适应，而体育非物质文化遗产发展从农业文明向工业文明转型则是发展的必然选择。

表 2　历届中国瑶族盘王节主题活动（2004~2012 年）

举办时间	节庆名称	主题与理念	相关活动
2004 年 11 月 27~28 日	广西富川脐橙节暨第七届中国瑶族盘王节	利用民族资源，弘扬民族文化，展示民族风情	1. 民族风情歌舞表演；2. 大型明星演唱会；3. 十县市篮球赛；4. 商贸洽谈会；5. 富川脐橙节
2006 年 12 月 6~8 日	广东连州市第二届连州国际摄影年展暨第八届中国瑶族盘王节	展示原生态历史文化，倡导原生、原创、原型、还原瑶族古老文化	1. 大型主题文艺演出；2. 招商引资洽谈会；3. 摄影采风大赛；4. 民族风情歌舞表演；5. 连州风情美食节等活动
2007 年 11 月 24~26 日	广西桂林恭城月柿节暨第九届中国瑶族盘王节	保护瑶族非物质文化遗产，拓展瑶族区域合作	1. 大型主题文艺演出；2. 游行活动；3. 瑶族文化学术研讨会；4. 生态水果展销；5. 生态旅游观光；6. 焰火晚会；7. 瑶族舞蹈大赛等活动
2008 年 11 月 12~14 日	广东连山县 55 周年县庆暨第十届中国瑶族盘王节	研究盘王历史，弘扬瑶族文化，增强民族团结	1. 原生态经典民间歌舞；2. 瑶族文化学术研讨会；3. 瑶族衣食住行展；4. 瑶族特色节目大会演
2010 年 11 月 20~21 日	广西乳源第十一届中国瑶族盘王节	民族生态，传播瑶族文化，推介乳源资源	1. 开幕式；2. 世界瑶族公主大赛全球总决赛；3. 中国瑶族歌舞展演；4. 千人长桌宴；5. 大型晚会；6. 瑶绣艺术节；7. 美食节；8. 彩石展等
2012 年 11 月 29~30 日	湖南江永第十二届中国瑶族盘王节暨首届中国香柚节	打响品牌，促进发展，缅怀先祖，欢聚千家峒	1. 祭祀盘王；2. 柚王评比；3. 盘王宴菜品展；4. 摄影作品展；5. 文学作品选；6. 绘画作品展；7. 瑶族公主游江永

四　结论

第一，在少数民族地区发展的漫长历史进程中，少数民族传统节日与体育非物质文化遗产相伴相生、栖息与共，共同构成了少数民族传统文化体系。少数民族传统节日是体育非物质文化遗产活动的传承载体和制度规范，而体育非物质文化遗产则是少数民族传统节日的重要内容和表现形式。

第二，在少数民族传统节日从母系氏族的图腾崇拜到现代文明的休闲娱乐演化过程中，体育非物质文化遗产不断吸取各少数民族的文化因子，社会功能逐渐由祭祖祈愿、男女社交的原始功能向锻炼身体、娱乐身心、经济功能等新兴功能转化，文化价值也经历着娱神—娱祖—娱人的转变。

第三，少数民族传统节日文化在变迁过程中存在过度依赖官办模式，被赋予过多内涵，过度商业化，传承方式单一等问题，导致传统节日中的体育非物质文化遗产发展缺乏社会组织活力，内涵偏离正确的价值轨道，失去多样化生存空间，濒临失传。民族体育发展应该做到政府管理与社会组织管理相结合，应强调个人对快乐的心境和生活方式的追求，突出体育非物质文化遗产的民族性，增加政府主管、学校培养、社会培训等途径。

展演与逻辑：村落女性体育参与
行为人类学阐释

——湘西三村女性群体口述历史与话语解构

一 前言

湘西三村①的"村"，不是行政区划概念意义上的村级行政单位，而是具有宗族血缘、文化时序的少数民族聚居地，当地人称为"寨"。选择这三个少数民族聚居区作为实证区域，是因为课题组成员在长期的关注过程中达成了一种观察共识，村落中的女性群体经历了特殊历史机遇，在男权社会里逐渐演变成为体育活动的参与主体。湘西三村之一的坪村，20世纪五六十年代滋养出一位女性社会精英——"中国第一代苗鼓王"，她两次受到毛泽东等党和国家领导人接见的经历，激励着众多女性开始参与苗族鼓舞；湘西三村之二的兴村也是苗族聚居山寨，2002年地方政府将当地抢狮年俗推广成规模和影响力更大的"百狮会"，很多女性开始由家庭主妇转变成舞狮、舞龙成员；湘西三村之三的凤村，是一个土家族聚居山寨，也是国家级贫困村，村里绝大多数男性怀揣对经济致富的向往，成群结队，常年远赴沿海发达地区打工。2001年左右，凤村开发村寨特色旅游，村里的留守妇女成为毛古斯、摆手舞的参与主体。湘西三村女性在体育参与行为中的"反客为主"现象，与国内许多学者的调研结果，如"江西省

---

① 湘西三村中的坪村、兴村和凤村，都是经过技术处理的学术名称。任何以本书为线索，"按图索骥"的行为都是没有充分依据的，特此声明。

临川孝桥镇……，活动主体由以青壮年为主转变为以中老年、妇女为主"
等基本一致。①

特别是近几年来，村落里的中年妇女不仅是苗鼓、摆手舞等女子舞蹈
类项目的直接继承者，也是对力量、体能、技术要求很高的抢狮、舞龙和
拳术等男子竞技类项目的积极参与者。这种女性体育参与行为在男权社会
中的集体呈现，是女性体育参与意识的自我觉醒，还是社会文化失衡的被
迫选择呢？为此，研究者深入实地调查，探寻其中的答案。围绕村落女性
体育参与行为的时代命题，课题组成员以局内人的主位视角扎根三个少数民
族聚居村落中进行田野调查实证。土家族、苗族在历史的主流社会中属于弱
势群体，只有自己的民族语言，没有自己的民族文字，他们的历史发展和重
大事件基本依靠古歌唱词、传说故事、口头叙事等形式记载、传承和传播。
所以，对待这样的少数民族，利用语言交流方式，收集历史事件关键人叙
述资料的口述史研究方法就显得尤其重要。② 课题组成员在田野调查实证过
程中，采取单独或集体约谈的无结构式访谈方式，与 L（1928～2013 年，
女，苗族，坪村人，中国第一代苗鼓王）、Y（1968 年出生，女，苗族，兴
村人，约 10 年苗族抢狮经历成员）、M（1971 年出生，女，苗族，兴村人，
约 5 年苗族舞龙经历成员）、P（1975 年出生，女，土家族，凤村人，村寨特
色旅游经营者）等体育参与的亲身经历者进行深度访谈，③ 并对女性群体体
育参与的目标达成、情境表现、行为规范等进行话语解构和文化诠释。

二 工具理性：人类社会行为分析的维度与视角

人类的社会行为，不是生物属性的个体行为，而是社会属性的群体行
为，是一种被赋予主观意义的行为，必须有一定的目的，或者体现一定的
意义。④ 德国哲学家康德将人类社会行为"自由终极价值"思考分为工具

① 郎勇春：《城镇化变迁中的孝桥镇民俗体育》，《上海体育学院学报》2007 年第 2 期，第
29～34、39 页。
② 李向平、魏扬波：《口述史研究方法》，上海人民出版社，2010，第 7～8 页。
③ 本书在论述时为了体现真实性，又尽量不给引述者带来困扰，因此按照学术研究惯例，
采用假托之名的做法，用 L、Y、M、P 代替论述过程中涉及的人物姓名。
④ 王锟：《工具理性和价值理性——理解韦伯的社会学思想》，《甘肃社会科学》2005 年第 1
期，第 120～122 页。

理性和价值理性的两歧。马克思·韦伯深受康德哲学思想的影响，在考察西欧资本主义文明的兴起时，将人类社会行为的哲学思辨发展成为应用性更强的以目的为趋向的工具合理性行为和以价值为趋向的价值合理性行为的二维分析视角。韦伯认为工具合理性行为是"通过对外界事物的情况和其他人的举止的期待，并利用这种期待作为条件或者作为手段，以期实现自己合乎理性所争取和考虑的作为成果的目的"，而价值合理性行为是"通过有意识地对一个特定的行为——伦理的、美学的、宗教的或作任何其他阐释的——无条件的固有价值的纯粹信仰，不管是否取得成就"。① 布罗尼斯拉夫·马林诺夫斯基也是社会行为工具论的积极倡导者，他在《西太平洋的航海者》中描述了"特洛布里恩德岛及其他岛屿居民之间的贵重物品的奇异周转，虽与普通的贸易相伴随，但其本身却绝非纯粹的商业性交易"，"而是具有伦理价值色彩、具有关系交往色彩"，例如"他们储存食物的目的不仅是准备他日之用，而是在于炫耀"，深刻揭示了人类经济交往行为不仅具有价值理性，而且更多地体现出工具理性。② 塔尔科特·帕森斯在总结帕累托、韦伯、涂尔干、马歇尔等人类学家思想的基础上，提出了社会行动理论。他认为社会行动的基本单位包括目标、情境和规范三个要素，而条件和手段是情境中的行动者可以控制和利用的工具性要素。帕森斯强调，"这里的手段并不是具体的工具或器械，而是行动者依靠他们所掌握的有关事物某些方面和特质的知识和对它们的控制，能够依照自己的意愿来改变它们"。③ 法国的皮埃尔·布迪厄在阐述文化再生产理论时，认为权力关系"使之成为强加一种文化专断和掩饰这一强加的双重专断性所必需手段的系统，即成为符号暴力的工具与掩饰（即合法化）这一暴力的工具之间的历史性结合"，并提出了符号权力中工具理性行为"误识"和"合谋"的内在缘由和社会机制。④ 此外，后现代主义者尤尔

① 马克斯·韦伯：《经济与社会》（上卷），林荣远译，商务印书馆，1997，第56页。

② 布罗尼斯拉夫·马林诺夫斯基：《西太平洋的航海者》，梁永佳译，华夏出版社，2002，第148页。

③ 塔尔科特·帕森斯：《社会行动的结构》，张明德、夏遇南、彭刚译，译林出版社，2003，第826页。

④ P. 布迪厄、帕斯隆：《再生产：一种教育系统理论的要点》，邢克超译，商务印书馆，2002，第24页。

根·哈贝马斯关注如何在当代条件下发展现代性事业的过程中阐述"工具理性的扩张"现象，并指出"工具理性向所有生活领域的扩张则是破坏性的"。[①] 从康德对人类社会行为"自由终极价值"的思考，到韦伯工具合理性行为和价值合理性行为二维视角的提出与应用，到布迪厄关于符号权力工具"误识"和"合谋"的分析与解释，再到哈贝马斯对后现代主义的"工具理性的扩张现象"的反思，西方人类学社会行为流派的长期积累为我们分析人类的体育参与行为夯实了理论预设与建构基础。

三　体育的工具性：体育参与行为研究的命题与范式

体育参与行为在社会急剧变革和发展的当下，成为反映社会运行规律的缩影和文本，引起国内外学术界的日益重视。21 世纪初，随着体育学科分化和研究领域细化，国内许多学者逐渐将研究聚焦点从宏观的体育参与现状调查，过渡到微观的体育参与行为分析，获得了十分丰硕的研究成果。如布特在《和谐体育的哲学探索——现代体育的文化哲学批判与建构》中阐述："实证主义的体育观导向了体育的工具性霸权凸现而意义性丧失。工具性体育必然导致体育运动与意义的断裂、动作与心灵的割舍、身体与灵魂的分道扬镳。"[②] 胡小明在《竞技运动文化属性的皈依——从工具到玩具》中倡导，中国体育在新时期从政治旋涡回归文化主流的趋势来看，竞技运动文化发展应"从工具到玩具"。[③] 此外，袁旦、宋亨国、田荣和、马晶等学者也对"工具理性体育价值观"[④] "体育发展的工具理性内涵"[⑤] "体育的工具性异化"[⑥]，以及"运动文化工具性与人文性的辩证统

① 斯蒂文·贝斯特、道格拉斯·凯尔纳：《后现代理论——批判性质疑》，张志斌译，中央编译出版社，2001，第 310 页。
② 布特：《和谐体育的哲学探索——现代体育的文化哲学批判与建构》，北京体育大学出版社，2011，第 2 页。
③ 胡小明：《竞技运动文化属性的皈依——从工具到玩具》，《体育文化导刊》2002 年第 4 期，第 15～18 页。
④ 袁旦：《时代呼唤人文体育价值观——工具理性体育价值观批判》，《天津体育学院学报》2011 年第 1 期，第 1～6 页。
⑤ 宋亨国、王新：《论现代竞技体育发展的工具理性内涵》，《体育学刊》2009 年第 12 期，第 23～26 页。
⑥ 田荣和：《体育的工具性异化与人性化复归》，《体育学刊》2005 年第 4 期，第 11～13 页。

一关系"① 等进行了一系列的思考和梳理。目前，国内体育学术界对体育参与行为领域的研究和探索，集中体现出以下特点：以逻辑思辨为主的命题选择，自上而下的研究范式（局外人的视角和范式），以文献整理为主的研究方法，注重"物"的现象而忽视"人"的价值，强调对体育参与行为观念、类型、理论的解读和思辨。

国外研究者在体育参与行为研究的命题与范式上，与国内的思路存在明显的差异。如英国安东尼·吉登斯在《当代英国的运动与社会》中，从体育运动与社会的关系出发，对 19 世纪足球运动参与过程中的人际互动关系进行研究，提出了体育运动作为社会建构工具的重要作用。② 德国的诺贝特·埃利亚斯在《论文明、权力与知识》中根据"在奥林匹克运动会的拳击或摔跤比赛中，被杀死的儿童或成年人常常被献以胜利者的桂冠，他为他的家族和城市赢得了光荣，而幸存者——那个凶手——则既不会受到惩罚也不会受到诬蔑"的社会现象，揭示了人类通过体育参与行为获取权力的过程。③ 信奉马克思·韦伯人类社会行为合理性理论的埃瑞克·丹宁在《野蛮人、绅士和运动员》著作中，通过对 19 世纪英国私立学校具有很浓英国传统和很强独立性的橄榄球、足球运动的考察，认为"随着体育化进程的发展，胜利感逐渐成为运动员在体育比赛中追求的目标"，体育运动可能演变成一种"功能性的暴力工具"。④ 处在东亚的日韩国家研究者则在引入、借鉴欧美国家的社会行为理论的同时，注重社会行为理论本土化移植，并对本土体育参与的文化现象进行实证研究。如日本八木康幸《故乡的太鼓》一文，对长崎县内 79 个市町村共 61 个作为地域文化象征的太鼓活动进行比较分析，提出"新创作的日本太鼓的全国性普及"，基于祭祀法的"地方传统艺能全国会演活动"，以及"地方博览会市町村活

① 马晶、杨刚山、李卫平：《运动文化是工具性和人文性的统一》，《体育与科学》2005 年第 6 期，第 20～21 页。

② 杨善华：《当代西方社会学理论》，北京大学出版社，1999，第 211～212 页。

③ 诺贝特·埃利亚斯：《论文明、权力与知识——诺贝特·埃利亚斯文选》，刘佳林译，南京大学出版社，2005，第 159～162 页。

④ 熊欢：《身体、社会与体育——西方社会学理论视角下的体育》，当代中国出版社，2011，第 66～67 页。

动"等，太鼓活动"都被作为地方文化重构过程中的工具"。① 韩国金烈圭热衷于社会行为理论，执着于对祭仪事象与祭仪主题进行研究。他在《韩国民俗与文学研究》中把索战（拔河）等集体赛力竞技活动及包括洞祭在内的村社信仰活动看作丰收祭仪的一种工具表达形式。② 由此可见，国外研究者崇尚具体的体育参与行为的实证，自下而上的研究范式（局内人的视角与范式），采取参与性的定性观察和深度访谈方法，注重社会行为交互过程中"人"的价值展现，还强调通过对体育参与行为的个案实证，揭示人类社会行为与社会建构关系的宏大命题。

体育参与行为是人类社会行为的组成部分，是建构社会结构特征，展现社会运行规律，诠释现代性社会与现代性身体运动内在关联的重要命题。就体育参与行为研究体系的整体性而言，自上而下的逻辑思辨和自下而上的参与实证同等重要。但是，如果仅仅局限于逻辑思辨的"案牍"整理，而忘记田野调查的"局内"体验，不注重体育参与行为的个案实证，忽视人类社会行为与社会建构内在规律，就不利于我国体育参与行为研究体系的成熟和发展。

四　工具的展演：村落女性体育参与行为的集体记忆

马克斯·韦伯社会行为理论将人类的社会行为分成工具理性行为、价值理性行为、沿袭传统行为、情绪化行为四种类型，并认为以目的为趋向的工具合理性行为和以价值为趋向的价值合理性行为对人类的社会行为起着主导性和决定性作用。塔尔科特·帕森斯在前人的基础上提出了社会行动的分析模型，并认为分析人类社会行为目标、情境和规范要素之间的内在逻辑是解构人类社会行为的钥匙和关键。因此，课题组试图通过对湘西三村女性体育参与行为的定性观察和深度访谈，从工具理性行为和价值理性行为的二元维度与视角出发，分析村落女性体育参与行为的目标达成、情境过程和规范调控的表现和结果。

村落女性体育参与行为的目标达成。目标是行动者的期望，行动者通

---

① 王晓葵、何彬：《现代日本民俗学的理论与方法》，学苑出版社，2010，第189～190页。
② 李惠国主编《当代韩国人文社会科学》，商务印书馆，1999，第642～643页。

过目标的制定来采取相应的社会行为。行动者目标的形成又可以细化成两种，一种是外界环境刺激的被动接受，一种是内心价值愿望的主观达成。湘西三村女性在"反客为主"，成为鼓舞、舞狮、舞龙、毛古斯、摆手舞等体育参与"主力军"之前，其体育参与行为在传统社会结构中已经边缘化，没有参与传统和话语权力。P："摆手舞是祭神和祭祖时才跳，女的参与是对神的不敬。毛古斯更不是，以前跳毛古斯时，男人都不穿衣服的，一个女的如果不穿衣服，你想有多丢人。"① L："以前我们苗族的鼓，只是在吃鼓藏②的时候才打，都是先生敲鼓。女的一般在（祭祀活动）完成之后，才能聚在一起敲着玩。"但是，近几年来，村落女性不仅积极参与能体现女性柔美特征的鼓舞、摆手舞，也积极参与具有男性阳刚特征的抢狮、舞龙，她们体育参与行为的目标达成有一定的历史特定性。

　　L：我小时候当童养媳的时候就比较野，但是比较聪明，只要看几遍大人打苗鼓的动作，自己再练几遍就会了。而且，我比较喜欢玩花样，经常创造一些动作。所以，我还是姑娘的时候，就被县歌舞团的人看中，在县歌舞团专门练习和表演团圆花鼓。

　　Y：我想想啊……大概是 2002 年的时候，村主任有一天来我家找我。他告诉我县里准备请周边的舞狮队一同比赛，估计到时候会有100 多头狮子呢，同时希望我能组织一头狮子，为村里争荣誉③。我告诉村主任，家里男人在外面打工，又有老人、小孩，还要生产、喂鸡、喂猪，特别是老人一直卧在床上，实在是走不开啊。后来，村主

---

① 在传统社会结构里，摆手舞和毛古斯是反映祖先迁徙、祖先功绩、祖先生活的宗教祭祀性活动。毛古斯被誉为人类"戏剧的活化石"，描述的是土家族祖先从迁徙到定居，衣不遮体、艰苦创业的生产和生活场景。

② "吃鼓藏"是苗族民间社会制度——鼓社制的集中反映，是苗族最重要的族群认同、血缘认同、祖先认同的宗教祭祀仪式。"先生"，在这里指吃鼓藏习俗中主持宗教祭祀仪式的苗族巫师。

③ 2002 年，兴村直管县政府将原来民间自发性的抢狮贺岁习俗推广、打造成规模宏大的"双百会"，即百只狮子竞技、百支篮球队竞技。由县政府出面邀请周边地区的人组队参加，由当地政府和企业共同出资及进行表彰。

任又到我家找了好几次，最终我还是答应了，没想到一舞就是 10
多年。

　　M：我舞龙的时间不长，就是前几年的事。我原来一直和家里那口
子在广东打工。后来，我的大儿子要考高中了，成绩还不错，我就一个
人从那边回来了，在家照顾大儿子的生活。那一年，我表嫂得癌症过世
了，她是舞龙头的。所以，队里的人找到我，希望我能帮忙舞龙头。呵
呵，因为我膀子有劲儿。

湘西三村女性在进入体育参与情境之前，没有参与传统和话语权力，
但受外界环境因素刺激，逐渐树立了体育参与行为的目标。这种外界环
境因素刺激主要来自政府行政机构的强大统慑力，如通过招工等优越条
件吸纳优秀女性体育参与者；或通过行政影响力，如集体荣誉感等感召
女性积极参与体育活动；还有很少一部分来自零散的民间社会组织形式，
如通过血缘、亲缘的互助方式呈现。所以，村落女性体育参与行为并不
是自身主观愿望的集中呈现，更多的是外界环境刺激后的被动接受。
　　村落女性体育参与行为的情境过程。村落女性往往是一些被动的体育
参与者，但是当她们逐渐进入体育参与的情境之后，首先带来的是社会角
色的快速转变，从而继续推动她们的体育参与行为。湘西三村中的 L 是通
过体育参与行为实现社会角色转变最显著的一个。L 小时候被卖到富裕人
家做童养媳，如果没有体育参与，最好的结局仅是成为社会底层的贤妻良
母。但是，由于历史机缘和自身条件，她两次到北京参加全国民族艺术工
作汇演，并受到党中央和国家领导人的接见，随后迅速成长为社会阶层中
的精英。

　　L：1957 年和 1960 年我两次到北京，打苗鼓给毛主席看。① 毛主

---

① 1957 年，L 随湖南省歌舞团赴京参加"全国音乐周"，并到中南海怀仁堂参加了民族艺术
专场演出，演出后受到毛泽东等党和国家领导人的接见。1960 年，L 出席全国第三次文
艺工作者代表大会，在中南海与毛泽东等党和国家领导人合影。L 两次赴京，受到党和国
家领导人接见的经历，铸就了她在苗族鼓舞领域的地位、荣誉与辉煌。

席跟我握手的时候还夸我，"小老乡，你打得好呢！"从北京回来后，经常参加各种表演活动，忙得很。我还去武汉的大学里面教过苗鼓呢！虽然自己没什么文化，但也教过大学生，学生都喊我 L 教授，羞得我脸都红了！①

　　Y：我们代表村里参加抢狮活动的第一年，就拿了第一名，村主任带人敲鼓一直敲到我家里呢。……每年的腊月，村主任都来我家里，做我和家里人的工作。那时候，反正家里的生产也忙得差不多了，年猪也杀了，家里人也就不怎么反对了。

　　M：刚开始参加舞龙队的时候，也没觉得多么好。后来，我们的舞龙队叫得响了，有些老板就经常请我们去舞龙，一场有 2000 多块钱呢，呵呵，比在家里生产强。……寨子周边人户的红事也经常请我们去。②

湘西三村女性通过体育参与行为，带来了社会角色的转变，也带来了生活水平的提高、社会地位的提升和民众的认可尊重。

　　L：政府对我们这样的人真的没得说，每月给我发工资和生活费，而且还交社保和新农合。现在我不仅不愁吃穿，连生病住院也不用愁了。我能动的时候，政府经常请我去参加活动，……德夯、凤凰、王村、乾州都去了，我前几年还去上海参加了那什么（吉尼斯世界纪录）呢。③

---

① 1958 年，湖北省武汉市的中南民族学院聘请 L 传授苗族鼓舞。

② 红事，当地人一般称婚嫁、生子、乔迁、贺寿、开业等喜庆之事为红事。湘西地区家庭在办红事的时候，喜欢邀请周边的舞龙、舞狮队闹喜。一般来说，家庭邀请舞龙、舞狮队前来，都会根据家庭承受能力给予舞龙、舞狮队成员一定的经济报酬。

③ 2006 年，L 等人接受大世界吉尼斯总部的邀请，前往上海参加 2006 年大世界吉尼斯颁奖晚会。

P：前几年，对参与（毛古斯、摆手舞）表演的人，村里没钱给，后来就喊不来人了。我搞了这个（凤村村寨特色旅游开发）公司后，① （按照盈利的多少），有时给 30 元，有时给 50 元，最多的一次给了 100 元。……表演人数要求不多的时候，只要通知村里的人就行了。人数要求多的时候，我们就要提前打电话通知县里的（附近打工的村民）赶回来。

M：有些老板开业请我们去，一般一场 2000 块钱，平均下来每人有 100 多块钱吧。有时候碰到个别大方的老板，还给我们封 5000 ~ 8000 块钱的红包呢。……在没龙舞的时候，农忙的时候就搞生产，农闲的时候就打打牌。

情境是行动者置身其中，影响其目标实现的环境因素。情境可以进一步区分为条件和手段，条件是情境中行动者无法控制和改变的客观因素，手段是情境中行动者可以控制和利用的工具性要素。湘西三村女性体育参与的情境和动力主要来自体育参与之后社会角色的明显改变和社会影响力的迅速扩大，这些与体育参与行为本身没有必然联系的外在环境因素成为推动村落女性体育参与的主要动力。除此之外，经济收入的快速增长和生活条件的明显改善，成为推动村落女性体育参与的次要动力。

村落女性体育参与行为的规范调控。规范是行动者在确立目标、选择手段、克服障碍过程中所遵循的社会标准。湘西三村女性体育参与行为的社会标准主要来自对传统伦理道德、传统文化心理的沿袭。L 是通过体育参与进行社会角色转变最成功的人，她一直想把自己所拥有的社会地位和社会影响力传递给自己的女儿，可惜她的女儿于 1985 年在"百狮会"活动中被压在倒塌的舞台下，不幸去世。

L：村里很多人愿意跟我学鼓，这一片打鼓的都是我徒弟，我还

---

① 凤村村寨特色旅游的客源主要来自各级政府组织的观摩。凤村村寨特色旅游开发公司根据政府要求的人数规模和具体拨款情况，调整参与人员的数量和给予报酬的多少。

叫我的儿子和女儿一起跟我学。可是，大儿子不愿学，女儿最有出息，可惜死得早，现在就剩这个二儿子，会打 10 多套鼓。

Y：舞狮子其实很好学，就是要胆子大，5 米多高的桌子站在上面，脚不能打颤。旁边村子里那几个女的向我学舞狮子的时候，我就是这样告诉她们的。我亲手教过的徒弟有 100 多人呢！

M：旁边寨子的一些人看我们玩龙有了点外来收入，他们也玩，经常过年的时候在人家门面上舞，讨红包。① 我们从不做这样的事，一般都是别人请我们的。

在湘西三村女性体育参与的过程中，社会规范调控也没有改变女性体育参与的运动感知与健康意识。

L：听镇上的文体干部说，打鼓对身体有好处，可以少生病。他们说有，我估计就是有，我们又没有什么文化。

P：（我对毛古斯、摆手舞对身体健康的促进作用）不是很清楚，我想她们也就是想挣点钱。闲着也是闲着，（表演主要在晚上进行）反正也不影响生产。

M：我们队的身体都还是不错的，你看我就挺壮。② （深思了一会）……也说不好，我表嫂不就死得早吗，当时她也就 40 岁出头。

L：以前身体不舒服，就找个人看看，我们这边都这样。……现在有了新农合，每年都可以去医院检查。

---

① "到门面上舞，讨红包"，反映的是一部分人在春节期间，利用舞龙、舞狮等民俗活动，到小商户铺面上贺岁讨喜，借此牟利的一种社会现象。
② 在湘西地区实地访问过程中，村里许多人将身体形态的健壮理解成此人的身体健康状态比较好。

Y：医院体检？我反正没去过，生病的时候就找医生开点药吃一下。不过，去镇上的药房找医生买药可比医院便宜多了。

M：自从表嫂得癌症死后，我更害怕去医院了。哪个家里有人得了这种病，全家都没好日子过。①

从体育参与行为目标、情境和规范的内在逻辑来看，湘西三村女性的体育参与行为不是发自身心健康的内在需求和对体育运动的由衷热爱，而是与体育参与行为本身存在内在关联的价值理性行为。湘西三村女性的体育参与行为更多来自对社会角色、社会地位、社会影响力、经济收入和生活条件等现实利益的追逐，而这些现实利益与体育参与行为本身不存在内在关联。所以，村落女性的体育参与行为更多地表现为具有功利性的工具理性行为。

五　工具的属性：村落女性体育参与行为的话语解构

工具属性的村落女性体育参与行为。在米歇尔·福柯的眼里，人的身体是可以被"知识控制和权力干预的领域"，"人的身体一旦卷入了政治的漩涡，既可以被权力肆无忌惮地任意处理，也可以被权力积极地干预、教化和投资"。② 卓别林的代表性电影《摩登时代》，曾对人的工具性有精彩的呈现，从批判理论视角演绎了人的身体在现代性的社会建构过程中，逐渐沦落成社会控制的工具。工具属性的身体被誉为"机器的活的附件"，核心思想是"驯服"，即让身体变得可分析、可支配。③ "单从身体而言，人制造的机器和上帝制造的生命体之间，没有任何原则的区别。唯一的区别仅在于完善和复杂程度上。"④ 20 世纪 50 ~ 60 年代，我国开始开展规模

---

① "全家都没好日子过"，反映的是现在的农村虽然推广了新型农村合作医疗，但是对于国家级贫困地区的农村家庭来说，医疗负担还是经济支出中最难以承受的部分。

② 米歇尔·福柯：《福柯集》，杜小真编选，上海远东出版社，2003，第 377 页。

③ 拉·梅特里：《人是机器》，顾寿观译，商务印书馆，1959，第 17 页。

④ 大卫·勒布雷东：《人类身体史和现代性》，王圆圆译，上海文艺出版社，2010，第 90 页。

宏大的民族认定工作。这一时期，为了展现民族特色、促进民族团结，党和国家牵头组织全国性民族文化艺术汇演，并由国家领导人亲自对优秀民族艺术工作者进行表彰。少数民族自治地区各级地方政府在这种宏观民族政策的引导下，积极吸纳民间优秀艺术人才，并将她们由普通家庭妇女包装、培训、塑造成为社会精英，"中国第一代苗鼓王" L 就是在这样的环境中正式开始自己的体育参与生涯的。Y 和 M 虽然没有和 L 一样的辉煌历史和成就，但是从体育参与行为上看与 L 基本一致。地方政府推广以体育非物质文化遗产文化为基调的民族特色旅游，而村里的男性劳动力迫于家庭经济的压力，常年成群结队远赴外地打工，造成了体育参与主体的性别缺位。在这种社会文化结构失衡环境中，女性逐渐从幕后走向台前，由家庭主妇成长为"体育明星"，在"国家在场"中扮演着体育活动参与者和民族文化承担者的社会角色。所以，地方政府意志推动下出现的女性体育参与行为并不意味着她们真正认识到了体育参与对身心健康发展的重要作用，她们的体育参与行为是地方政府工作的重要部分。

工具属性体育参与行为的话语解构。既然是工作的部分工具，那么她们就可以被社会权力干预、教化和投资，"这种政府工具是多元的，包括命令条款、财政补助、管制规定、征税、劝诫、权威、契约等"。[①] 在湘西三村女性群体的体育参与过程中，地方政府将命令条款、财政补助、劝解、权威、契约等方式相结合，发挥出巨大的工具性作用，短期内形成了令人瞩目的女性体育参与的兴盛局面。长期以来，政府管理模式成为落实体育公共政策、推动体育文化建设的常态化模式，可以在可预测的环境中产生良好的效果。但是，这种政府管理模式由于临时性、间断性和特定时间的规定性，不能形成女性体育参与行为稳定的结构性发展模式。另外，政府管理模式预期目标具有单一性，只能"头痛医头、脚痛医脚"，不能促进女性体育参与价值理性行为的形成。政府管理模式采取的方式方法存在拔苗助长的倾向性，容易造成女性体育参与行为的目标迷离和过程疲劳。[②] "女性驯服的身

---

① 陈振明等：《政府工具导论》，北京大学出版社，2009，第 9 页。
② 唐贤兴：《政策工具的选择与政府的社会动员能力——对"运动式治理"的一个解释》，《学习与探索》2009 年第 3 期，第 59~65 页。

体常被要求服从于各种家庭责任与社会责任……，体制与家庭的决策合谋
迫使在经济和社会关系上处于弱势的女性做出从事体育的选择，社会权力
通过这样的手段使女性的身体被征集利用以获得集体荣誉。……大多数没
有获得太大成绩、缺乏利用价值的女性只能复归原有的生活。"①

六 工具的逻辑：符号权力支配关系的误识与合谋

在村落女性的体育参与行为中，女性身体的生命历程伴随其家庭的生
活历史，构成了社会发展变革中重要的历史事件，符号权力也通过"误
识"与"合谋"的支配治理关系，建构起女性体育参与的"国家—民众"
话语体系。

"符号权力是通过一种既是认识，又是误识的行为完成的，这种认识
和误识的行为超出了意识和意愿的控制，或者说是隐藏在意识和意愿的深
处"，"社会行动者对那些施加在他们身上的力量，恰恰并不领会那是一种
权力，反而认可了这种权力，布迪厄将这种现象称为'误识'"。② 作为社
会权力象征的地方政府体育部门在体育文化工作实践中，将女性体育参与
的"身体行为"与"妇女解放""体育明星""民族形象""集体荣誉"等
语言符号交织混淆，并与"招工""命令""劝解""财政补偿"等外部强
加的治理模式紧密结合，勾画出一幅超越原来社会结构和社会认知的宏伟
蓝图，否定了女性原有的"惯习"意识形态。女性集体模糊了原有的体
育参与主体边界，认为自身的体育参与行为是在"沿袭一种传统"，并
非全然被动（甚至主动）地参与到体育文化活动中，从而产生了符号权
力支配治理下的"误识"。这种"误识"的内在机制，一方面，来源于
"他们的心智是根据认知结构构建的，而认知结构正是来自于这个世界的
结构"；另一方面，作为社会权力象征的地方政府体育部门垄断了话语
权力，在"国家—民众"话语体系中形成了不对等的社会权力关系，那
些"属于某些范畴的言说者被剥夺了在某些情境下说话的能力——而且，

---

① 孙睿诒、陶双宾：《身体的征用——一项关于体育与现代性的研究》，《社会学研究》2012
年第 6 期，第 125～145、244 页。
② 郭于华：《心灵的集体化：陕北骥村农业合作化的女性记忆》，《中国社会科学》2003 年
第 4 期，第 79～92 页。

人们还经常接受这种剥夺"。① 除此之外，女性体育参与的集体性情境相对于个体性情境而言，是符号权力实施中"误识"产生的催化剂。

"国家—民众"话语体系中的村落女性体育参与，本质是形成符号权力中支配者与被支配者之间的支配治理关系，除了被支配者对自身体育参与意识的"误识"外，其效果取决于被支配者与支配者的"合谋"。皮埃尔·布迪厄在阐述"合谋"时强调，"社会行动者是有认知能力的行动者，甚至在他们受制于社会决定机制时，他们也可以通过形塑那些决定他们的社会机制，对这些机制的效力'尽'自己的一份力。而且，几乎总是在各种决定因素和将人们构成社会行动者的那些感知范畴之间的'吻合'关系中，才产生了支配的效果"。② 地方政府在推行体育文化工作时，将女性的体育参与行为塑造成"民族品牌""政府工程"，并通过行政命令、财政拨款、争取集体荣誉等社会机制，谋划着地方体育文化工作的政绩。由于不对等的社会权力关系，女性体育参与意识在符号权力体系中产生"误识"，女性尽自己的力量"吻合"这种支配关系，意图通过社会角色改变、社会地位提升、经济生活改善等途径，谋划自己及家庭生活的幸福。符号权力中的支配者每一次的符号语言表达，都是一次社会权力的实施与呈现，也伴随被支配者的一次"误识"与"吻合"。符号权力中的支配者与被支配者有不同目的，两者在追求不同的利益过程中达成了集体"合谋"，推动了村落女性体育参与行为在"国家在场"中的展示，形成了一种看似"沿袭传统"，实则"反客为主"的辉煌与繁荣。

体育文化建设中的政府管理模式和思维，是"强政府—弱社会"的"传统社会主义时代中国最常见的一种国家治理方式"，③ 造就了计划经济模式下群众体育参与的暂时"繁荣"，却远离了体育参与的人文关怀和全民健身的价值愿景。在"国家—民众"话语体系中，国家与民众之间是一种相互建构和塑造的逻辑关系，政府的体育文化工作由传统性的"强政

---

① 皮埃尔·布迪厄、华康德：《实践与反思——反思社会学导引》，李猛、李康译，邓正来校，中央编译出版社，1998，第 186～195、221～229 页。
② 谢立中：《西方社会学名著提要》，江西人民出版社，2001，第 628～630 页。
③ 唐皇凤：《常态社会与运动式治理——中国社会治安治理中的"严打"政策研究》，《开放时代》2007 年第 3 期，第 116 页。

府－弱社会"结构向现代性的"强政府－强社会"结构转型，女性体育参与行为由以目的为趋向的"工具理性行为"向以价值为趋向的"价值理性行为"转变，才是村落女性体育参与真正兴盛之时，才是体育文化建设工作中社会治理模式的集中展现。①

七 工具的回归：村落女性体育参与的纠结与诉求

2013 年 2 月，"中国第一代苗鼓王"伴着她的鼓声，永远地魂归她所熟悉的苗寨。偏僻山寨里的乡亲回忆起她悲惨的童养媳经历时，可能会感慨她通过参与苗鼓所铸就的成绩、荣誉和辉煌。可是，有谁会在这个光环背后沉思她小时候被要求服从于父母意愿（做一名童养媳），长大后被要求服从于家庭责任（做一名家庭主妇），成名后被要求服从于集体荣誉和社会形象（成为代表政府形象的鼓王），她的人及其苗鼓参与行为自始至终都要服从于社会权力安排。目前在"国家—民众"话语体系之中，村落女性集体的体育参与行为是具有功利性的工具理性行为，实质是地方政府体育部门对话语权力的垄断，由此产生不对等的社会权力，形成支配者与被支配者之间的支配治理关系。在符号权力支配治理下，作为被支配者的女性体育参与意识逐渐出现"误识"，而实际效果取决于支配者与被支配者之间的"合谋"。拥有不同目的的两者在追求不同的利益过程中达成了集体"合谋"，推动着村落女性体育参与行为在"国家在场"中的展示。在理想的"国家—民众"话语体系中，国家与民众之间应该是一种相互建构和塑造的逻辑关系，当人的身体被社会权力驯服、干预、教化和投资，并转变成社会权力驾驭的工具时，人就已经失去了生命存在的意义，就如同时钟的钟摆，进行机械的、无赖的、无意识的延续运动。长期以来，政府管理模式成为落实体育公共政策、推动体育文化建设的常态化模式，村落女性体育参与的工具理性行为疯狂扩张，价值理性行为逐渐消失，暂时的繁荣换不来女性体育运动长期、稳定、持续的发展，也换不来村落女性

---

① 2014 年 3 月 19 日，郑杭生教授在其发表于华中师范大学的《理想类型与本土特质——社会学视野下的社会治理》中指出，社会治理模式包含 5 个方面的结合："治标治理与治本治理相结合；刚性治理与柔性治理相结合；社会服务与社会治理相结合；政府主导与多方参与相结合；科学精神与人文精神相结合。"

身心健康状况的改善和提升。当体育文化建设工作能从政府管理模式向社会治理模式转变，当身体不再是社会权力所租用的工具，当体育参与者能清晰感受到运动对于生命存在的意义，当体育参与行为由目的趋向的"工具理性行为"向价值趋向的"价值理性行为"转变，群众对身心健康的个体诉求与国家对体育现代化的价值愿景才能同步实现。这个时候，我们似乎才聆听到，少女时期的 L 在打谷场尽情敲打苗鼓时的天真、无邪、欢快的笑声。

芙蓉桥散杂区体育非物质文化遗产嬗变历程

——芙蓉桥白族乡"三月街"的田野调查报告

一 前言

少数民族散杂居亦称为"杂散居"、"散居"和"杂居"等，是我国少数民族人口除了聚居以外的另外一种非常重要的、相对集中的分布方式。① 相对于聚居的少数民族，散杂居的少数民族伴随外因和内因的转变，经历了差异—不适应（甚至冲突）—适应—交融的多次反复的动态过程，形成了一个更具有地域特征和群体特色的民族文化体系。② 所以，研究体育非物质文化遗产必须对散杂居少数民族文化的传承体系、变迁历程和体育非物质文化遗产约束力等方面有一个全新的认识，这样才能深入了解体育非物质文化遗产的文化内涵及重要价值。鉴于上述理论支持，本书从体育非物质文化遗产视角出发，着眼于散杂居少数民族从迁徙到定居、传统维系、族群关系、大杂居和小聚居等民族特点，把湖南省张家界市桑植县以芙蓉桥为中心的七个白族乡确定为田野调查区域，将白族"三月街"习俗作为重点考察内容，对白族钟以放③等传承人进行深度访谈，研究少数

---

① 张丽剑：《"民家情"：散杂居背景下的族群认同——湖南桑植白族研究》，民族出版社，2009，第2页。

② 杨晓纯：《散杂居回族经济与回汉民族关系研究——以山东省枣庄市台儿庄区为例》，博士学位论文，中央民族大学，2007，第1~4页。

③ 钟以放，白族，74岁，目前是桑植白族乡境内唯一健在的、能主持各种祭祀活动的"朵兮博"，"文化大革命"期间改行从事农事，改革开放以后重操旧业，目前处于无徒可带的尴尬境地。

民族散杂居体育非物质文化遗产社会功能的嬗变历程和一般性规律，为民族宗教、文化教育、旅游经济等政府部门制定体育非物质文化遗产发展政策提供参考。

二 桑植芙蓉桥白族乡"三月街"的文化生态环境

桑植白族是宋末元初从云南大理白族聚居地区迁徙来的，迄今已有700多年历史。《元史·兀良合台传》记载，元军平定云南后，于公元1258年"引兵入宋境"，兀良合台"率四王骑兵三千，蛮、爨万人"，经广西"破横山寨、辟老苍关"，"蹴贵州，躁象州，入静江府"①，途经湘西，抵达长沙、武汉一带，后蛮爨军不再受重用，就地遣散。桑植白族始祖谷均万、王朋凯、钟千一等在被遣返过程中，因有姻亲关系，便"溯长江、渡洞庭、漫津澧、涉慈阳"②，定居于如今桑植县的七个白族乡，即芙蓉桥白族乡、洪家关白族乡、马合口白族乡、刘家坪白族乡、淋溪河白族乡、走马坪白族乡和麦地坪白族乡，乐其风土、解甲归田、世代定居、繁衍生息。

芙蓉桥乡地处桑植七个白族乡的中心位置，位于桑植县城东北部约28km处。全乡面积70.2km²，地势南北高，中间低。南北部多山地，峰峦连绵，多悬崖峭壁。中部为低山丘陵，酉水河由东北向西南流贯中部，沿岸的少量河谷平地土质肥沃，是该乡的主要农耕区，其中水田6483亩、旱地5226亩、宜林荒山30240亩。芙蓉桥乡全年气候温暖，年平均气温16℃，无霜期270天，年平均降雨量1500mm左右，主要粮食作物为稻谷，其次是玉米、小麦、薯类和豆类。全乡总人口13258人，其中95%以上是白族，其次是土家族、苗族和汉族。从桑植县目前人口整体分布的民族特征来看，土家族、白族、苗族、汉族分别占全县总人口的63.47%、23.43%、4.85%和12.00%，是典型的"大杂居、小聚居"的散杂居格局。③

① 段鼎周：《白子国探源》，云南民族出版社，1998，第256页。
② 桑植县地方志编纂委员会：《桑植县志》，海天出版社，2000，第511页。
③ 桑植县人民政府：《湖南省桑植县地名录》，桑植县印刷厂，2003，第50页。

桑植白族为武陵山片区白族唯一迁入地，基本沿袭了白族的民族特征及风俗习惯，如至今信奉本主神，以及保留了歌舞传情订婚等众多习俗。迁入的白族与当地的土家族、苗族之间散杂区的生活环境加速了民族之间的文化交流与融合。如，从迁入的白族习惯使用当地的生产工具，习惯以当地耨田、护田、肥田为基础的耕作方式之处可见端倪。从当地的历史发展来看，明清政府在当地实施"改土归流"政策以后，汉族迁入，随之带来的中原儒家文化对白族文化的发展产生了深远影响。总体来说，迁入的白族的文化主体虽受到当地文化的冲击和中原文化的影响，经历了文化变迁的长期发展历程，但基本上仍传承了白族文化的精髓，保留了原有的民族特色和艺术特征。所以，我们在研究少数民族散杂区体育非物质文化遗产时，要特别注意区分民族文化的主体精神、文化的变迁历程和文化的融合因素等方面的重要问题，这样才能深入了解体育非物质文化遗产的文化内涵及重要价值。

三 散杂区白族"三月街"的历史嬗变历程

1. 萌芽时期宗教教化功能的强化

白族"三月街"原是佛教的讲经庙会，《大理风物志》记载："相传南诏细奴逻时，观音于三月十五日到大理传授佛经。每年到期，信徒们搭棚礼拜诵经，并'以蔬菜祭之'。故三月街又称祭观音街。"① 南诏（738~902年）由蒙舍诏首领皮罗阁在738年建立。南诏统一云南后，佛教各教派通过各种渠道不断传入南诏，与当地巫鬼教经过长期斗争，最终取得主导地位，成为南诏统治者与白族信奉的主要宗教。《南诏图传·文字卷》记载："大封民国圣（佛）教兴行，其来有上，或从胡梵而至，或于蕃、汉而来，易代相传，敬仰各异。"② 当地民间流传的"南诏王细奴逻在观音的点化下立国"传说，证明了佛教在当地具有比较深厚的群众基础。在当时大理国政教合一的政治体制下，统治阶级利用庙会讲经，把宗教义理与地方民间文艺结合起来，宣扬体育非物质文化遗产知识和

---

① 大理州文化局：《大理风物志》，云南教育出版社，1986，第146~147页。

② 参见李昆声《云南文物古迹》，云南人民出版社，1984，第119页。

道德规范的教谕，"三月街"习俗的社会功能更多体现为一种宗教教化功能。

2. 发展时期传统经济功能的发展

大理是连通中土和天竺的要冲，随着社会经济发展，到明清时期，"三月街"逐渐演变成以贸易集市为主要特征的民族节日盛会。早在明代中叶，每年三月十五日，大理就在"苍山下贸易各省货"①。1636 年"三月街"期间，著名旅行家徐霞客在《滇游日记》中写道："俱结棚为市，环错纷纭。……千骑交集。……男女杂沓，交臂不辨。……十三省物无不至，滇中诸蛮物亦无不至。"② 清代《大理县志稿》也记载了当时"三月街"的盛况："盛时百货生意颇大，四方商贾如蜀、赣、粤、浙、桂、秦、黔、藏、缅等地，及本省各州县之云集者殆十万计、马骡、药材、茶市、丝棉、毛料、木植、磁、铜、锡器诸大宗大理交易之，至少者值亦数万。"③ 这种规模在当时的中国甚至亚洲并不多见。可见，大理地理位置的独特性、宗教节日盛会的集体性、各地文化交流的互动性等紧密结合，使"三月街"由原来的讲经庙会逐渐演变成具有浓厚民族色彩的集贸集市和物资交流盛会，宗教教化功能逐渐向传统经济功能转变。

3. 停滞时期文化社会功能的衰退

新中国成立以后，武陵山片区桑植白族"三月街"活动中的传统陋习得到某种程度的改良，融入了新时代内涵，取得了一定程度的发展。但在"文化大革命"时期，当地的体育非物质文化遗产被视为洪水猛兽，遭到前所未有的破坏。举行"三月街"活动的白族祖先祠堂全部被收为公有，或自然颓废，或撤毁，或改造，所剩无几。如，桑植当地的均万房谷氏宗祠建于"清咸丰四年（1854 年），正殿三间，前室二间，左右厢房各一，祠西耳室数间，占地 180 平方米"。④ 所以，体育非物质文化遗产的重要价值在"文化大革命"时期处在一个停滞甚至衰颓的发展阶段。

---

① 张宝三：《奇境云南》，云南人民出版社，1999，第 165 页。
② 徐弘祖：《徐霞客游记》，褚绍唐、吴应寿整理，上海古籍出版社，1980。
③ 周宗麟：《大理县志稿》，张培爵修，台北：成文出版社，1974。
④ 武陵谷姓白族志编纂委员会：《武陵谷白族志》，桑植帅乡彩印厂，2001，第 3046 页。

4. 繁荣时期区域旅游经济的拓展

桑植白族由大理迁徙而来，而桑植土家族、苗族多信奉道教，汉族独奉儒家，多样的宗教文化相互影响、相互交融，形成了当地儒、释、道三位一体的宗教信仰模式。改革开放以后，"三月街"习俗也在潜移默化地发生着变化，主要体现为宗教教化功能和传统经济功能的逐渐淡化，凸显出一种少数民族散杂居独特的教育文化功能。对于桑植白族现在的"三月街"习俗，白族群众用本主祭祀活动传递着认祖归宗的族群认同文化；桑植白族学生在习俗当天会放假一天，而且必须参加"三月街"活动，以传承白族独特的民族文化；当地政府也积极整理和申报，目前"三月街"习俗已经被列入湖南省第二批非物质文化遗产保护名录中；当地群众和各地游客前来观赏和参与这种体育非物质文化遗产活动，享受参与其中的快乐和满足，使其成为一种新的旅游经济增长点。现在白族的"三月街"，宗教教化功能和传统经济功能淡化，逐渐转型为少数民族散杂居特有的教育文化功能和以体育非物质文化遗产旅游为特征的新型经济功能。

四 散杂居体育非物质文化遗产嬗变中的自我适应

少数民族散杂居"三月街"习俗的文化变迁是体育非物质文化遗产变迁的缩影，本质是少数民族散杂居社会、政治、经济、文化等变迁过程中群众生活的自我适应。

1. 生产方式变迁与自我适应

大理白族先民居住地区虽然地处横断山脉，但分布着许多小湖泊、小盆地，气候夏凉冬温，雨量充沛，森林茂密，禽兽众多，盛产鱼虾。平地可以种植谷物、饲养牲畜，山区可以采集、狩猎。所以，大理白族不仅是洱海地区以渔猎为主的世居居民，而且是种植水稻的古老民族。

桑植县七个白族自治乡地处武陵山脉，其间峰峦连绵，多悬崖峭壁，没有大量的鱼虾来满足桑植白族群众渔猎经济发展的需要。所以，桑植白族的生产方式以农业生产为主，主要粮食作物是稻谷，其次是玉米、小麦、薯类和豆类，经济作物有烟叶、花生、蓖麻等，林业经济主要是经营油茶、油桐、乌桕和茶叶。改革开放以后，桑植县七个白族自治乡的工业得到迅速发展，同时，依靠张家界的旅游经济资源，白族体育非物质文化遗产旅游成为新的经济增长点。

2. 生活方式变迁与自我适应

桑植县是我国国家级贫困县，是典型的"老、少、边、穷"地区。改革开放以后，桑植县政府着力打造文化桑植理念，营造以老区革命文化、民族传统文化、边区文化、生态文化为格调的"老、少、边、生"旅游胜地，借以发展县域经济，提升群众的社会生活水平。1988 年桑植县农民人均纯收入 299 元,[①] 2008 年桑植县农民人均纯收入 2143 元,[②] 21 年间增长了 6 倍多，生活方式也随之发生了日新月异的变化。国家"村村通公路"政策的实施，使桑植县七个白族自治乡的交通状况得到明显的改观。收入较高的家庭购买了摩托车、私家车等便捷的交通工具；随着数字电视信号的普及，白族群众购置了数字电视，能随时随地了解国内外各种资讯；电冰箱、洗衣机等电器也不再是奢侈品，早已经进入白族寻常百姓家。

3. 居住环境变迁与自我适应

桑植白族以前多以一个支系结群而居，房屋全由木料建成，由柱、枋、骑、挑等部件排联成栅，连栅成间，连间成栋；柱上搁檩，檩上钉椽，椽上盖瓦，木板铺地、装壁。"三厢一照壁"的建筑艺术，是少数民族民居所特有的风格。白族民居中堂一般设有神龛，接待来宾，两侧房间住人，楼上储藏粮食和用具，亦可作为宿舍。住房建筑是人类文明的标志，也是体育非物质文化遗产意识物化和生活方式的体现。改革开放以后，桑植白族的居住条件也在不断变化，昔日的木房矮院正在被钢筋水泥建筑所替换，古老的纸糊格子窗已被玻璃窗所替代。白族新型的住房建筑群蝉联村落，脱贫致富的小康气息越来越浓郁。

4. 文娱活动变迁与自我适应

随着全球化趋势的加强和现代化进程的加快，民族传统文化与现代

---

① 湖南省地方志编纂委员会：《湖南年鉴》，湖南年鉴编辑部出版，1987，第 149 页。

② 《桑植县 2008 年国民经济和社会发展统计公报》，http://www.hntj.gov.cn/tjgb/xqgb/zjjgb/200904080045.htm，最后访问日期：2009 年 4 月 8 日。

文化产生冲突，桑植县七个白族自治乡部分体育非物质文化遗产未能进行价值转型与提升，以致丧失了生存的领地，濒临消亡。比如，薅草锣鼓是白族的史诗，但唱词全凭白族艺人的口传心授，没有形成完整的文献资料。

仗鼓舞是白族特有的民间舞蹈形式，但桑植健在的钟以成、钟以善、谷兆庆、毛利之、钟千银等艺人面临无徒可教的尴尬境地，其传承体系可能会出现断代的危险。体育非物质文化遗产的变迁带来的严重问题，引起了桑植县政府各部门的高度重视，政府成立了非物质文化遗产保护小组以加强体育非物质文化遗产资料的挖掘和整理工作。目前，桑植民歌已被列入国家首批非物质文化遗产保护名录，桑植白族的仗鼓舞和游神活动也已经被列入湖南省第二批非物质文化遗产保护名录。同时，教育部门加强了对民族文化知识和技能的学习，白族舞龙舞狮、腰鼓舞、仗鼓舞、打霸王鞭、打花棍、摇旱船、桑植民歌等已经成为桑植县中小学的教学内容，这些项目在自我调节、自我更新与自我适应过程中会形成自主性变革。

五　结论

第一，少数民族散杂居民族的主体文化虽然受到当地文化的冲击和中原文化的影响，但经历长期文化变迁，仍传承了迁入前民族文化的精髓。所以，我们在研究体育非物质文化遗产时，要特别注意区分民族文化的主体精神、文化的变迁历程和文化的融合等方面因素。

第二，白族"三月街"习俗原是佛教的讲经庙会，具有宣扬体育非物质文化遗产知识和道德规范的宗教教化功能。明清时期，"三月街"习俗的宗教教化功能逐渐向以集贸集市为特征的传统经济功能转变。桑植白族的"三月街"习俗度过衰颓时期后，现在逐渐转型为少数民族散杂居特有的教育文化功能和以体育非物质文化遗产旅游为特征的新型经济功能。

第三，少数民族散杂居"三月街"习俗的文化变迁是体育非物质文化遗产文化变迁的缩影，本质是少数民族散杂居社会、政治、经济、文化等变迁过程中群众生活的自我适应。这种自我适应不是为了生存需要而被迫接受，而是在自我调节、自我更新与自我适应过程中螺旋上升的自主变革和发展。

第四，少数民族散杂区体育非物质文化遗产社会功能嬗变过程以自我实现与社会选择之间的矛盾运动为核心，以依附宗教走向世俗化为表现形式，以价值同轴对称为调节原理，以政府组织与自我组织相结合为组织保障。

"原生态体育"：体育非物质文化遗产保护模式悖论

——三个"原生态体育"的田野调查个案阐释

一 前言

"原生态"概念最初来源于生物学科，指原生生物群落及其生存环境。2003年，我国著名舞蹈家杨丽萍带领其歌舞团队将云南彝、苗、藏、傣、白、哈尼等民族的舞蹈塑造成《云南映像》舞台剧，以"全国首部大型原生态歌舞集"为口号进行品牌宣传和商业巡演，"'原生态'在很短的时间里成为一个使用频率极高的词"。① 国内学术意义上的"原生态"一词，来源于2006年中央电视台第十二届青年歌手电视大奖赛增设"原生态唱法"之后的乐理讨论②，还引发了声乐演唱技法的"原生态"与"学院派"之争③。由于生物学科的"原生态"概念与非物质文化遗产保护强调的"源头性""原生性""整体性"高度契合，因此原生态民居、原生态唱法、原生态舞蹈、原生态体育、原生态文化等时髦概念涌现，"客观地说，人们并没有弄清楚它的含义，就匆匆忙忙地使用起来"。④

2005年，颁布了《国务院关于加强文化遗产保护的通知》（国发

---

① 彭兆荣：《论"原生态"的原生形貌》，《贵州社会科学》2010年第3期，第19~24页。

② 田青：《原生态音乐的当代意义》，《民族音乐》2006年第9期，第16~19页。

③ 毛微：《民族唱法应该"百花齐放，多元共融"——谈"原生态"与"学院派"民歌之争》，《音乐生活》2008年第6期，第31~32页。

④ 彭兆荣：《原生态：现代与未来》，《读书》2010年第2期，第3~10页。

〔2005〕42号），在"保护为主、抢救第一、合理利用、传承发展"工作方针的指导下，许多"传统体育、游艺与杂技"等身体运动项目被列入各级非物质文化遗产保护名录。由此，"原生态体育"的相关研究成果也如雨后春笋般出现并竞相斗艳。目前，国内学者对于"原生态体育"概念及其内涵的理解，大约可以分为三种。第一种学术观点认为，"原生态体育"就是一种"纯粹的体育"，是一种回归体育本真的哲学思考。这种"原生态体育"概念及其内涵是一种抽象化、意识化的哲学概念。① 第二种学术观点认为，"原生态体育"的原初性是其最主要的文化特征，即从表现形式来看，原汁原味是其最大的文化内涵，不改变或少加工是其最主要的文化特征。另外，本土性、生活性和交融性也是其主要的文化特征。② 第三种学术观点认为，"原生态体育"强调事物的本真状态，而这显然与人类社会的发展规律有所错位，因为我们的生活不可能保持原有的"本真"。③ 就体育非物质文化遗产保护实践而言，上述第一种"原生态体育"观点是一种抽象化、意识化的哲学概念，而第二种与第三种"原生态体育"观点，一种强调原汁原味、回归本源的"原初性"，另一种强调调适改变、与时俱进的"变迁性"，两者之间是对立关系，是体育非物质文化遗产保护和发展中必须明晰的问题。

本研究除了从学理上对"原生态体育"进行阐释之外，还结合田野调查实证对"原生态体育"的社会动因和内在机制进行民族志书写。3个田野调查区域均为单一少数民族聚居的自然村落，被许多文化媒体和学术团队誉为"原生态"文化的标杆。（1）湖南省永顺县双凤村被誉为"中国土家第一村"。20世纪50年代，我国著名民族学家潘光旦深入双凤村进行土家族的民族识别工作，双凤村土家人表演的毛古斯舞、摆手舞以及"古老话"（一种用土家语言说唱本民族迁徙历程的史诗）等，为土家族的民族

---

① 张波、姚颂平：《纯粹的体育：一种培育德性的身体活动——评〈原生态奥林匹克运动〉》，《上海体育学院学报》2013年第3期，第8～12、19页。

② 李延超、虞重干、杨斌：《论原生态体育的内涵——以苗族村寨体育为例》，《山东体育学院学报》2009年第6期，第1～3页。

③ 王林、晋会峰、徐刚：《非物质文化遗产视域下传统武术"原生态"传承之悖论》，《天津体育学院学报》2009年第2期，第158～161页。

识别认定工作做出了巨大贡献。2008 年，双凤村土家人表演的毛古斯舞、摆手舞等原汁原味的舞蹈，还获邀参加北京奥运会开幕式前的文艺表演，被认为是一种土家族古老的、标志性的、原生态的体育。（2）云南省弥勒市可邑村被誉为"阿细跳月的发祥地"。可邑村阿细人作为云南彝族的一个重要分支，至今仍保留着完整的撵火妖仪式、阿细跳月以及"阿细的先基"（一种用阿细语言说唱的彝族阿细史诗）等，其中阿细跳月是最具"原生态"象征意义的原生态体育。（3）贵州省江口县寨沙侗寨被誉为"梵天净土"。寨沙村紧邻国家级自然保护区梵净山和佛教文化苑（内有世界最大金佛），寨内有侗族象征意义的宏大建筑"鼓楼"，以及与"萨岁"祭祀相伴的哆耶舞和芦笙舞，呈现世外桃源般的原生态意境，让人流连忘反。因此，本研究从文化生态学理论出发，结合 3 个"原生态体育"田野调查个案，采取参与定性观察、实地深度访谈等质性研究方法以及民族志的书写范式，由点及面地阐释双凤村土家族摆手舞、毛古斯舞，可邑村彝族阿细跳月、打霸王鞭，寨沙村侗族哆耶舞、芦笙舞等"原生态体育"的社会建构过程，探究"原生态体育"形成的社会动因和内在机制，旨在明晰体育非物质文化遗产发展的价值取向和保护模式。

二 理论阐释：原生态体育从"核心物"到"环境要素"的文化生态分析

"原生态"现在已经成为学术圈的时髦用语，"学者、民众、政府官员在大多数情况之下运用'原生态'一词时基本都含褒义——意味着对古老艺术和文化的尊重、对非物质文化遗产传承人的尊重"①。但是，褒义和尊重并不意味着用语恰当。基于文化生态学原理，原生态体育是探寻身体运动文化现象最初形态的一种认知模式，应该包括不能割裂的"核心物"和"环境要素"两个重要组成部分。（1）"核心物"即身体运动行为，应该保证"出生"时的形式、内容、规则、组织和意义等。乔瓦尼·巴蒂斯塔·维柯认为，"原始"的字源意义就是"出生"，"每一种习俗的本性，

---

① 曾舟记：《心迹原生态》，武汉出版社，2008，第 339 页。

即它的起源的时期和方式"。① （2）"环境要素"即伴随身体运动行为的生产方式、生活习俗、民间制度、宗教信仰、伦理规范等因素。朱利安·斯图尔德则认为，"环境要素"是"一个包括内核与若干外核的不定型的整体"，从外至内又可以分为物态文化层、制度文化层、行为文化层、心态文化层四个基本层次②，目的在于"解释那些具有不同地方特色的独特的文化形貌和模式的起源"③。人类的身体运动行为是社会行动结构的重要组成部分，体现出"文化适应"与"文化冲突"两个层面的社会交互方式。（1）作为"文化适应"的社会交互方式，一方面，人类的身体运动行为的动机、态度、情绪、判断等心理状态显于"惯习"之中，隐于"场域"之内，是人在自然生态系统、社会生态系统之中的一种文化认知过程；另一方面，人类的身体运动行为受多种环境因素支配，除了自然生态环境的约束之外，更多的是受社会生态环境的调控，呈现人在自然生态系统、社会生态系统之中的文化适应结果。（2）作为"文化冲突"的社会交互方式，一方面，人类的身体运动行为表现出主流价值观念之下的集体认同；另一方面，人类的身体运动行为又表现出与主流价值观念相逆的越轨行为。两种身体运动行为的交错螺旋上升促进了个体与社会的协同发展。所以，从文化生态学学理上看，某种身体运动行为只有在"核心物"和"环境要素"两个部分都处在最初形态时，才能被贴上"原生态"的文化标签。

"原生态体育"的最初形态应该表现出"时间古""空间异""方式土"等初始文化特征。首先，原生态应该表现出时间上的"古"。如果某种身体运动文化可以追溯其"源头"，我们就可以从起源时的结构特质去分析事物的"原初"形态。但实际上，我国绝大部分的体育非物质文化遗产项目，无论是历史典籍记载或口述历史记忆都很难追溯其源头，身体运动文化"古"的时间指向难以确定。其次，原生态应该表现出空间上的"异"。空间（地域）上的"异"，就是某一族群因对特定环境的选

---

① 乔瓦尼·巴蒂斯塔·维柯：《新科学》，朱光潜译，商务印书馆，1989，第694页。

② 参见冯天瑜、何晓明、周积明《中华文化史》（上册），上海人民出版社，2015，第15～22页。

③ 参见司马云杰《文化社会学》，中国社会科学出版社，2007，第152～154页。

择与适应而建构的文化形态。① 实际上，我国绝大部分的体育非物质文化遗产项目与民族的迁徙与定居、散居与聚居、分化与融合等相浸润，身体运动文化"异"的空间（地域）指向难以区分。最后，原生态就是方式上的"土"。大众心目中的原生态是"较少被现代文明冲击或保持着较多原始生活习俗或民风"，"渴望回到大自然或原始质朴的生活方式中去放松自己"的代名词。② 现在许多具有"原生态体育"标签的身体运动文化，被划归为"原始的""落后的""野蛮的""与世隔绝的""不变的"文化，但实际上"从来没有一个民族在他所居住的地方一动不动地存在着，维持着一个所谓'原生态'的东西。所以，从学术角度来说，'原生态'是非常有误导性的一个东西。这是一个很重要的学理性问题"。③

原生态体育的"原初性"强调"一种初始的、质朴的、更贴近艺术源头的状态"。④ 但是，任何一种文化都是演进的，正如沃尔特·白芝浩所说："文化的细胞因为有了一种继续力，使代代相连。后代将前代之所遗加以改革，如此类推，累进无已。所以文化并非像一般没有关联的散点，而像一线不断的颜色，互相掩映。"⑤ 许多人类学家直接批判"初始的""不变的""传统的"原生态文化观就是一个伪命题。例如，马歇尔·萨林斯曾以非西方民族文化为例，批判寻找初始文化的不合理性，他说："几乎所有人类学家所研究和描述的'传统的'文化，实际上都是新传统的，都已经受西方扩张影响而发生变化的文化。"⑥ 英国学者 E. 霍布斯鲍姆与 T. 兰格则认为，"传统"本身就是人为加工和创造的，世界上并不存在

① 徐杰舜、关凯、李晓明：《中国社会的文化转型——人类学高级论坛十年论文精选》，民族出版社，2012，第 309～314 页。
② 张云平：《原生态文化的界定及其保护》，《云南民族大学学报》（哲学社会科学版）2006年第 4 期，第 67～70 页。
③ 郑茜：《"原生态"批判——对话人类学家翁乃群教授》，《中国民族》2011 年第 1 期，第66～71 页。
④ 吴仕民：《原生态文化摭谈——兼谈少数民族传统文化的保护与发展》，《西南民族大学学报》（人文社会科学版）2006 年第 11 期，第 1～4 页。
⑤ 参见陈序经《文化学概观》，岳麓书社，2010，第 339～353 页。
⑥ 马歇尔·萨林斯：《甜蜜的悲哀》，王铭铭译，生活·读书·新知三联书店，2000，第125～126 页。

"不改变或少加工"的文化存在形式，由此提出了"被创造的传统"这一重要概念，"其独特性在于这种传统的持续性很大程度上是人为的，它们采取参照旧形势的方式来回应新形势，或是通过近乎强制性的重复来建立它们自己的过去"。① 英国人类学家安东尼·吉登斯则一针见血地指出："传统具有一种有机特征：它们发展并成熟，或者衰微和'死亡'，传统的重要特征是它的动态性，它是在社会实践中不断地被建构和重新建构的，因而并不存在一种经世不变的固化的传统。传统如果失去了这种动态性质，就沦落为遗迹或遗物。"② 所以，那些标榜"原生态"的各种身体活动，哪怕参与者身穿最原始的茅草（如土家族的毛古斯、苗族的薅草锣鼓等）、兽皮（如彝族的阿细祭火、佤族的原始人抢亲等），居住在最原始的木屋、茅草屋、石屋中，在最原始的大森林等场所中表演，也不能代表这种文化形态就是"原生态"，世界上并不存在没有经过任何加工、包装和塑造的身体运动形式及文化。

三 逻辑解构：原生态体育从"文化加工"到"文化重建"的田野民族志

1. 伴唱歌词、新娘子——双凤村土家族毛古斯的文化加工模式

毛古斯舞、摆手舞是双凤村土家人"舍巴日"举行的宗教祭祀性舞蹈，但根据新中国成立初期当地文化主管部门的统计，"到1949年，已经一二十年没有人跳了。能跳摆手舞、毛古斯的仅有一位60多岁的老人，见过别人跳摆手舞、毛古斯的也只有2人"。③ 1953年，出于民族识别与认定工作的需要，永顺县文化馆馆长刘本清派遣文艺干部唐天霞入驻双凤村，恢复、改造土家族传统舞蹈及其传统文化。当时，唐天霞在恢复改造过程中定了几个主基调。第一，主题内容要"积极向上"。当地文化馆干部在恢复、整编毛古斯舞过程中，发现该舞蹈的伴唱歌词有较多"直白的性暗

---

① E. 霍布斯鲍姆、T. 兰格：《传统的发明》，顾林、庞冠群译，译林出版社，2004，第2页。
② 参见郭于华《生活在后传统之中》，《读书》1997年第6期，第11～17页。
③ 马翀炜、陆群：《中国民族村寨调查丛书·土家族——湖南省永顺县双凤村调查》，云南大学出版社，2004，第264页。

示"。唐天霞等文化馆干部找到当地即兴演唱歌手田仁信，希望不要出现"荤"内容，而是唱一些"内容积极向上的"。田仁信"自作主张"将伴唱歌词换成了歌颂党和国家政策的内容，但这次"自以为是"的改编并没有得到文化主管部门的认可。田仁信等人在文化主管部门"歌颂的同时也要体现土家特色"的具体指导意见之下，多次揣摩，最终创作出"符合条件"的伴唱歌词并参加了县里举行的国庆活动（根据当地村民 TRX 口述资料整理）。第二，要去除"封建迷信残余"。要去除一些活动中的糟粕，取其精华，将健康向上的内容展示给公众，发挥非物质文化遗产的正向功能。第三，要"展现新中国面貌"。传统毛古斯舞的表演者除了身披稻草之外，几乎赤身裸体，所以表演者必须为男性，连抢亲环节的"新娘子"也必须是由男性扮成的。妇女和儿童不能参与，甚至不能观看，会被认为"有伤风化"，这也是"舍巴日"祭祀活动中最严厉的禁忌。但是，文化馆干部认为这种"落后形式"与"男女平等"政策相悖，与当地村民多次商议之后达成折中方案：男性表演者全部穿上裤子，女性和儿童则可以在旁边观看（根据当地村民 PJQ 口述资料整理）。20 世纪 90 年代之后，双凤村的青壮年基本都常年在外地打工，村里的留守妇女与老人演变成为村寨旅游开发的主力军，毛古斯舞中的"新娘子"角色开始选择相对年轻的留守妇女担任，呈现传统体育在社会文化失衡中的性别转换现象。

　　双凤村土家族摆手舞、毛古斯舞等传统体育并非一种原初性的文化，它没有"不改变或少加工"，而是政府文艺工作者与当地村民集体"改变或加工"的一种文化再生产结果。双凤村的摆手舞、毛古斯舞可以理解为文化生态理论所说的"核心物"，这种核心物在明清时期"改土归流"集权统治过程中民族性逐渐缺失、主体性逐渐衰落。但从另一方面来看，双凤摆手舞、毛古斯舞的"环境要素"保存得较好，比如土家人仍然聚族而居，村里"仅有一位 60 多岁的老人"会跳，"见过别人跳摆手舞、毛古斯的也只有 2 人"，文化传承的基本要素依然存在。总体而言，双凤村摆手舞、毛古斯舞等"核心物"一直延续在特定的"环境要素"之中，构成了"文化加工模式"的基本条件。20 世纪 50 年代初期，在"民族识别认定"的社会背景之下，地方政府参与到特定的"环境要素"之中，通过行政手段对民族文化进行改变或加工，将国家需求融入民族文化复兴需求之中，形成一种"国家在场"的文化展演。这种"文化加工模式"的文化再生产，使地方政府与当地居民一起"改变或加工"，满足了国家与民族的双重需求，政府行政行为在文化加工模式中起到了非常重要的机制调节作用。

2. 红领带、铝合金、撵火妖仪式——可邑村彝族阿细跳月的文化移植模式

阿细跳月、霸王鞭、叉叉舞、阿细摔跤等被誉为云南省弥勒市可邑村的"原生态"体育项目，其中以阿细跳月最为典型。但是，现在人们眼中所看到的利用大三弦琴载歌载舞的阿细跳月，历史并没有想象中那么久远。"起初，男人们挥舞着扑火用的树枝和树叶起舞，女人们则用手拍着巴掌起舞。18世纪初，男子们用的乐器是小三弦和笛子。19世纪初用的乐器除了小三弦外，又配上了三胡和月琴（四弦）。20世纪30年代又配上了大三弦，50年代又配上清脆、欢快的小唢呐和响亮的指挥哨，现代又有了手风琴伴奏。"① 1999年，云南大学、浙江大学与弥勒县政府启动了为期两年的省校省院合作项目"云南民族文化旅游资源开发研究"，其中"可邑彝族生态文化旅游"子项目由云南大学的彭多意学者负责。在"名誉村长"彭多意的带动下，"集中老年人协会的集体力量一起回忆几十年前'撵火妖'的情形，恢复了撵火妖仪式；组织舞蹈基础较好的年轻人到西一镇阿细村寨红万村取经，进行文化同源移植，复兴了可邑特色的阿细跳月；将宗教'请愿还愿'意义的摔跤仪式，重组成竞技表演性质的娱乐活动；最后发挥村里阿细人的集体智慧，改良传统宗教祭祀的仪式，整理、编排成旅游文化开发中的娱乐表演项目"。② 可邑阿细跳月表演队筹建之初，为了满足表演需要，一般都到县城选购表演服装和表演器具。一位阿细跳月队员提议在"脖子上带一根红领带，既好看又有积极意义"，于是，在"阿细跳月舞蹈中，男青年曾经身着传统民族服饰，同时还佩戴红领带"。③ 几年之后，民族传统服饰搭配红领带现象受到媒体和学者的一致批

① 彭多意、崔江红：《变迁中的彝族社区——以可邑村为例》，民族出版社，2007，第209页。
② 万义：《村落社会结构变迁中传统体育的非物质文化遗产保护——以弥勒县可邑村彝族阿细跳月为例》，《体育科学》2011年第2期，第12～18、35页。
③ 卢鹏、路伟：《传统文化的复兴与发明——以彝族阿细人山寨可邑村为例》，《黑龙江民族丛刊》2009年第2期，第157～160页。

评，这种不符合传统文化情境的"红领带"因此被取消（根据当地村民GYY口述资料整理）。在可邑村民俗文化复建过程中，与"红领带"命运相反的是铝合金材质的"霸王鞭"。霸王鞭舞蹈最初的舞蹈器具为木质或竹质，但木头或竹子"容易坏，而且不具现代感"，于是表演队集体采购了机械加工、铝合金材质、规格统一的霸王鞭舞蹈器具。由于对于这种明显带有现代工业烙印的金属器具没人提出异议，所以一直保留至今。"攗火妖"仪式的恢复更具戏剧性，经历了多次反复的"集体创作"。比如，"攗火妖节"在哪一天举行，村民集体讨论后定为正月初四，"这个时候农活不怎么忙"；"火妖"有多少个，最初是1个"火妖"，现在是20多个"火妖"，"这样看着热闹些"；"攗火妖"的火从哪里来，2001年整理出来的宣传材料证实是燧人氏钻木取火，后经几次调整，变成了阿细祖先木邓赛鲁。至于怎么通过几分钟的"钻木"让"火"被取出来，这被可邑阿细跳月表演队奉为商业机密，"外面的专业人员帮我们搞了好长时间才弄出来"（根据当地村民CHR口述资料整理）。

可邑村彝族的阿细跳月、霸王鞭等传统体育项目也并不是我们想象中那种"不改变或少加工"的原生态体育。但这种文化再生产与双凤村的文化加工模式又有所区别，我们把"这种为了适应现代化的需要而对新旧文化元素进行一定的、严格的、深刻的、客观的、全面的审视考察，对新旧文化元素做出适合形势需要抉择的方式，称为文化同源移植"。[①] 可邑村阿细跳月在"文化大革命"期间被定性为"四旧"而损毁殆尽，村里已经没人会跳阿细跳月了。也就是说，文化的"核心物"已经与其所处的"环境要素"脱离了。幸运的是，西三镇的可邑村与西一镇的红万村都属于"彝族阿细文化圈"，两地的彝族阿细文化是同源文化，构成了"文化移植模式"的基本条件。20世纪90年代中期，在美国福特基金会的资助之下，云南开始推广"民族文化生态村建设"应用人类学项目。可邑阿细跳月表演队在云南大学彭多意等专业学者的指导之下，从红万村同源移植阿细跳月文化，并进行深度加工创造，使之成为可邑文化生态村的核心产品。在这种"文化移植模式"的文化再生产中，专业学术组织与当地居民一起

---

① 杨知勇：《价值选择与民族文化重组》，云南民族出版社，1989，第1~3页。

"改变或加工"，将应用人类学的理论成果转化成实践，实现了体育"传承"、文化"致富"、社区"繁荣"三赢，社会组织行为在文化移植模式中起到了非常重要的机制调节作用。

3. 表演队、省歌舞团、外聘演员——寨沙侗寨侗族哆耶舞的文化重建模式

在寨沙侗寨老人的记忆中，本村最具特色的活动有哆耶舞、芦笙舞、侗戏和侗族舞狮等，但"文化大革命"之后，"已经忘记得差不多了，如果有人领着，我们也能跳"。① 2008 年，寨沙侗寨由于紧邻国家级自然保护区梵净山和佛教文化苑而开工建设乡村旅游示范点，"总投资 5900 万元，其中群众自筹 2000 万元，财政扶贫 1100 万元，金融扶贫贷款 2800 万元"。② 5 年之后，寨沙侗寨已经建成 70 余户独具特色的侗家木楼（内部保留原有民居的砖混结构，外墙由政府统一出资进行木制装修）、后山旅游公路、侗寨寨门、侗寨吊桥、大型文化广场、民族风情表演场、侗家钟鼓楼、民族博物馆和旅游公厕等乡村旅游设施。寨沙侗寨的哆耶舞、芦笙舞等皆已失传，出于发展旅游经济的需要，江口县旅游局和寨沙村委会共同组建侗族民俗文化表演队，江口县旅游局负责表演队的资金拨款，寨沙村委会负责表演队的人员安排，并聘请贵州省民族歌舞团负责表演队的舞蹈编排和动作教学。这些外聘的专业舞蹈教练将现代侗族舞蹈的动作、技法、音乐、旋律等编入表演节目，"舞蹈节目由领导指定，动作编排都是自己想，主要考虑舞台表演需要"。此外，为了应对村民的舞蹈基本功比较差、舞台表现力不足等问题，表演队还邀请附近黎平县、丛江县等地具有一定舞蹈基础的群众舞蹈演员加入。这些外地群众舞蹈演员的排练（或表演）酬金按实际天数计算，足月给付 1500 元（根据当地村民 LZH 口述资料整理）。近 5 年来，"寨沙侗寨每日接待游客量从 800 余人次增长到 3300 余人次。目前，全寨从事乡村旅游的农家乐 74 户，占总人

① 黔东南州民族研究所：《百越文化国际研讨会学术讨论会论文集》，贵州凯里书报印刷厂，1995，第 378~396 页。

② 胡丽平：《江口县太平乡寨沙侗寨：发展旅游促增收》，《铜仁日报》2013 年 5 月 14 日，http://tr.gog.com.cn/system/2013/05/14/012281383.shtml。

数的 88%，年户均增收 2 万元以上"，也成为"没有外出打工人员的少数民族聚居村寨"。①

寨沙侗寨哆耶舞、芦笙舞等也是一种文化再生产的结果，但这种文化再生产与双凤村毛古斯舞的文化加工模式、可邑村阿细跳月的文化移植模式有所区别。寨沙侗寨哆耶舞、芦笙舞经历"文化大革命"后，"核心物"和"环境要素"都已不复存在，同时也不具备文化同源移植的条件。但是，寨沙村紧邻国家级自然保护区梵净山和佛教文化苑，地理位置又恰好处在两者之间，同属黄金旅游线，构成了"文化重建模式"的基本条件。2008 年，寨沙村筹建"乡村旅游示范点"，旅游机构开始参与到"环境要素"之中，将"寨沙村"更名为"寨沙侗寨"，并塑造成侗族原生态文化的"梵天净土"。为了迎合旅游市场需求、延长旅游产品线，旅游机构与村委会共同协作，利用现代技术手段打造侗族民俗表演队（比如外聘专业舞蹈教练、引入现代民族舞技法、重建侗族鼓楼表演场地等），将"核心物"和"环境要素"整体重建、包装、营销成一种旅游产品，满足游客回归乡村、回到温情的产品需求，其中经济市场行为在文化重建模式中起到非常重要的机制调节作用。

综上所述，双凤村土家族摆手舞、毛古斯舞，可邑村彝族阿细跳月、霸王鞭，寨沙侗寨哆耶舞、芦笙舞，并不是"少加工或没加工""原汁原味"的原生态文化，而是都经历了各种模式的文化再生产才呈现在世人面前。民族识别认定、文化生态村建设、乡村旅游示范点等社会生态环境的变迁，不仅改变了"原生态体育"的形式和内容，也改变了"原生态体育"参与群体内心深处的动机、情感和意愿。"原生态体育"的设计师和加工者不一定是原生态"境内"的社区群众，可能来自政府部门、专业组织、市场机构等原生态"境外"的群体。原生态"境外"的各类群体将本该属于自己的、"境外"的观念、知识、态度、情感等，注入原生态"境内"的身体运动文化事项之中，融合成一种看似"原生态"而实际为"现生态"的文化再生产产品。所以，"原生态体育"本

---

① 匡奇燃：《梵净山下寨沙侗寨廉政文化与和谐旅游共进》，2013 年 12 月 13 日，中国梵净山旅游网，http://www.gzfjs.gov.cn/2013/1213/dongtai1308.html。

质上就是一个虚无的"营销"（这里所说的营销不一定是指经济领域）概念，是"境外"营销者根据自身的利益，与"境内"社区居民共同营造的文化再生产产品。"原生态体育"境内的社区居民既是文化再生产的参与者和执行者，也是文化再生产的产品，迎合了处于主流社会的城市人对非主流乡土以及边缘群体的"好奇"心理，满足了城市人希望回归乡村、回到温情的一种怀旧心态。"原生态体育"的实质是现代消费主义、文化产业化背景之下的民俗民间艺术文化活动或物品被贴上了文化再生产"标签"。

四　模式重塑："原生态体育"悖论之后的体育非物质文化遗产保护反思

1. 打破虚无主义"原生态"藩篱，厘清体育非遗保护的"对象与边界"

"原生态体育"的误用或滥用，一方面，容易模糊体育非物质文化遗产保护的对象与边界，将体育非物质文化遗产的保护对象定位于"原始的""古代的""静止的"僵化文化观。文化生态视角下的体育非物质文化遗产是当下的、交互的、变化的、发展的，聚焦于体育非物质文化遗产对现在及未来的"价值"。另一方面，会阻碍体育非物质文化遗产保护的创新思维。"原生态体育"容易将体育非物质文化遗产的保护对象臆构成"少加工或不加工"的凝固文化形式，违背了文化发展变迁的基本规律，使文化处在一种"呆滞"状态，变成毫无生命活力的"死文化"，避免不了"枯萎死亡"的命运。① 文化生态视角下的体育非物质文化遗产强调文化的活态性、生态性和多样性，应该采取与时代相符的、主动的、积极的、创新的保护思路。从国外非物质文化遗产保护实践来看，20世纪初北欧国家出现了保护乡土文化的"活态博物馆"运动，其宗旨是以一个特色文化乡村为核心，将其视为一个活态的天然生态博物馆。20世纪60年代以后，法国等国家兴起了"生态博物馆"运动，"指在一定的地域，由原住民参加，把表示在该地域继承的环境和生活方式的自然和文化遗

---

① 熊关：《原生态民族文化保护观质疑》，《商业时代》2007年第19期，第97～99页。

产作为整体，以持久的方法，保障研究、保存、展示、利用功能的文化机构"。① 21 世纪初，联合国教科文组织通过了《保护非物质文化遗产公约》，发布了文化多样性宣言，将依赖一定生态环境和特定人群与历史的"生态"文化遗产保护推向时代巅峰。"活态博物馆运动"、"生态博物馆运动"强调对文化遗产、自然环境、产业环境等进行协同保护，通过营造、维系、创新文化遗产保护的生态环境，构建将文化遗产的研究、保存、展示、利用等融为一体的发展模式，解决以往文化遗产保护模式中文化遗产与生态环境相剥离的问题。

2. 摒弃封闭守旧"原生态"理念，树立体育非遗保护"可持续生态观"

20 世纪 90 年代，费孝通先生在完成"凉山行——关于开发大西南的课题"调研后，发出了"原始的贫困"的感慨："因为原始，所以贫困；因为贫困，所以原始。"② 目前，体育非物质文化遗产保护也逃离不了"原始的贫困"两个怪圈：一个是 PPE 怪圈［指贫困（Poverty）、人口（Population）和环境（Environment）之间的一种恶性循环现象］，③ 即"经济贫困→青壮年的净迁出流动→体育非遗项目传承环境退化"的恶性循环怪圈；另一个是 RAP 怪圈［指农村（Rural area）、农业（Agriculture）、农民（Peasant）各自发展条件不足所形成的一种恶性循环现象］，④ 即"农村社会分工欠发育、农村社会发育程度低→农业经济结构单一、传统农业生产份额大→农民的文化素质偏低、体育非遗技能不能转化成谋生技能"的恶性循环怪圈。体育非物质文化遗产的生存环境受制于经济贫困、人口迁移、社会分工、社会发育程度等综合因素，不是单一因素作用的结果，而是 PPE 怪圈和 RAP 怪圈恶性循环、相互耦合的结果。"原生态体育"的封闭守旧理念，容易误将体育非物质文化遗产保护导向政府扶持、财政补贴

---

① 尹绍亭、乌尼尔：《生态博物馆与民族文化生态村》，《中南民族大学学报》（人文社会科学版）2009 年第 5 期，第 28 ~ 34 页。

② 参见杨枫《论连片特困地区文化生态补偿机制建立的意义》，《学理论》2014 年第 8 期，第 136 ~ 138 页。

③ 寇辉：《PPE 怪圈与中国的可持续发展》，《中学地理教学参考》2005 年第 6 期，第 27 ~ 28 页。

④ 聂华林、路万青：《西部"三农"问题的"RAP 怪圈"》，《甘肃理论学刊》2004 年第 5 期，第 117 ~ 119 页。

的单一取向，形成一味追求体育非物质文化遗产的"原始"，而使体育非物质文化遗产拥有者（或归属地）一直处于"贫困"的发展难题。在文化生态视角下的体育非物质文化遗产保护中，促进体育非物质文化遗产的保护和传承是微观目标，促进体育非物质文化遗产的可持续发展是中观目标，促进体育非物质文化遗产拥有者的物质和精神生活水平的提高则是宏观目标。体育非物质文化遗产应该摒弃封闭守旧的"原生态"理念，树立与时俱进、开放共融、不断创新的可持续生态观，采取政府行政机制、经济市场机制、社区自治机制等综合干预机制，打破政府扶持、财政补贴的单一项目保护模式，构建体育非物质文化遗产的文化生态发展模式。

3. 扭转市场裹挟"原生态"倾向，构建体育非遗保护"文化生态模式"

贴着"原生态"标签的各种身体运动文化，在旅游商品开发中不仅十分时髦，而且深受媒体、政府、企业、游客等的关注和喜爱，形成"在市场的裹挟下原生态概念大有被滥用的倾向"。[1] "随着时间的流逝，人们的相似性将日益增加。现代化程度越高，各社会在各方面的相似性程度也就越高"，[2] 人们反而对现代的、趋同的、主流的文化之外的"异文化"产生足够的关注，构成了"原生态体育"商业推广的首要前提。城市现代化过程中暴露出的环境恶化、工作压力、健康问题、社会保障缺失等，使城市人非常向往尚未实现现代化的农村地区（特别是少数民族地区）。农村地区（特别是少数民族地区）的体育非物质文化遗产项目具有观赏性、参与性、情感性、趣味性等特点，构成了"原生态体育"商业推广的基本条件。就地方政府而言，"原生态体育"商业推广不仅能拉动地区经济的稳步增长，还能提升民族文化的品牌效应。旅游企业对"原生态体育"更是情有独钟，因为包装得越神秘、越特异、越古老，越有利于旅游产品的推介和营销，从而获得电视、网络、纸媒等的关注和报道。"原生态体育""境内"的本土居民也愿意接受"原生态"的标签，在经济收入增长的同时也能增强"狭隘的"民族自豪感。所以，地方政府、旅游企业、媒体机构、本土居民等对"原生态体育"的期望或许各有不同，但都不约而同、

① 樊华、和向朝：《原生态：一个炒出来的概念》，《文学评论》2011年第1期，第200~202页。
② 张立升：《社会学家茶座》（第2辑），山东人民出版社，2003，第64页。

"心甘情愿"地接受了"原生态"这个华丽光环。"体育非物质文化遗产的保护和传承"、"体育非物质文化遗产的可持续发展"与"社区居民的物质和精神生活水平的提高"共同指向以"人"为中心的发展目标。而市场裹挟下的"原生态体育"倾向则忽视了体育非物质文化遗产拥有者——"人"的存在与情感，将"人"当成地方政府、旅游企业、媒体机构等期望之下的"营销"产品。市场裹挟下的"原生态体育"倾向，使体育非物质文化遗产的核心——"文化"也容易脱离原有的"环境要素"，演变成为"伪民俗"，从而失去生命力。所以，体育非物质文化遗产保护必须构建"以社区居民为中心、以非遗项目为介质、以文化生态为模式、以可持续性为目的"的文化生态模式，这样才有利于体育非物质文化遗产的可持续发展。

4. 响应社区居民主位需求和自治权利，推动"社区居民自治"生态系统

社区居民是体育非物质文化遗产的拥有者，也是体育非物质文化遗产发展的保护者、传承者和建设者。保护体育非物质文化遗产，建设社会、经济、文化和谐发展的生态社区，归根结底需要社区居民自己的努力。所以，应该发挥社区居民积极性。社区居民自治的首要前提是社区居民能够参与到体育非物质文化遗产建设和发展的决策之中，并通过参与具体工作获得利益分配，从而确定社区居民的主位需求、主位思想和自治权利。"一般村民与社会精英在平等协商基础上，获得村落发展建设的自治权利后，会形成自我家园建设、自我文化发展、自我生活改善的合力。"[①] 一方面，社区居民与社会精英合力的形成，有利于体育非物质文化遗产保护工作的开展与实施，改善社区居民与社会精英之间的关系；另一方面，体育非物质文化遗产保护汇集更多的利益群体，有利于集思广益，促进体育非物质文化遗产的经济文化功能提升，从而进一步发挥体育非物质文化遗产在社区生态建设中的主体作用。体育非物质文化遗产"社区居民自治"文化生态系统建设的关键是权利问题，即社区居民能否充分享用和行使权利，而保障

---

① 王国祥：《民族文化生态村——当代中国应用人类学的开拓（探索实践之路）》，云南大学出版社，2008，第 107~115 页。

社区居民策划、决策、参与的权利是"社区居民自治"文化生态系统建设的当务之急。

5. 加强政府自我管理能力和政策帮扶，完善"地方政府管理"生态系统

地方政府是体育非物质文化遗产的主管者，也是体育非物质文化遗产发展的支持者、责任者和保障者。所以，地方政府应该在上级政府和分管部门之间架设沟通的桥梁，为体育非物质文化遗产发展提供政策、资本、宣传、协调等方面的支持，并承担相应的公共服务责任。体育非物质文化遗产"地方政府管理"文化生态系统建设的关键在于制定、实施符合当地实际的发展政策，给予当地适当的物质或资金的帮助与支持，提高当地自我管理能力，加强体系建设。一方面，政府行政职能由管理文化事业向提供文化公共服务转变，利用体育非物质文化遗产推动区域经济发展、维持社会稳定；另一方面，体育非物质文化遗产活动也有利于丰富群众业余生活，推动全民健身工程建设，从而发挥体育非物质文化遗产在社区生态建设中的协调作用。目前，我国地方政府在体育非物质文化遗产保护工作中既要"主管"又要"主导"，并未真正重视社区居民的力量，从而影响了社区居民自我选择和自我创新的积极性。所以，地方政府通过行政职能推动社区居民自下而上地自觉行动，才是体育非物质文化遗产"地方政府管理"文化生态系统建设的根本保证。

6. 引导社会组织专业指导与智囊支持，营造"社会组织指导"生态系统

社会组织是体育非物质文化遗产的指导者，也是体育非物质文化遗产发展的学习者、探索者和引路人。经济、文化全球化迅速扩张，发展中国家的体育非物质文化遗产保护面临前所未有的困境。社会组织在体育非物质文化遗产保护工作中充分施展才能，是推进体育非物质文化遗产保护工作的组织保障。学术型社会组织要倡导有识之士深入乡土，将理论成果付诸实践，唤醒社区居民的文化保护意识，探索体育非物质文化遗产的社会、经济、文化协同发展模式。专业型社会组织要将专业技术能力与体育非物质文化遗产紧密结合，通过整合社会文化资源、推动文化产品研发、深挖文化产品潜力等方式，使社区居民真正感受到民族文化的价值和意义。关于体育非物质文化遗产"社会组织指导"的文化生态系统建设，一方面，社会组织通过参与式社会评估，调适社区居民在体育非物质文化遗产保护过程之中的利益关系，制定符合大多数利益群体的发展策略；另一方面，体育非物质文化遗产保护如果拥有社会组织的专业支持和智囊支持，便能与先进的非物质文化遗产保护理念始终保持同步。所以，社会组织的灵活性和执行力得到充分的发挥，是体育非物质文化遗产"社会组织指导"文化生态系统建设的关键之处。

"社区居民自治"子系统、"地方政府管理"子系统、"社会组织指导"子系统相互协调，共同构成了体育非物质文化遗产发展的文化生态系统。它们彼此之间不是孤立存在的，而是一种相互依存、相互促进、相互影响、相互发展的动态平衡关系。就体育非物质文化遗产的文化生态模式而言，社区居民是体育非物质文化遗产保护与传承的根本力量。地方政府、社会组织要充分调动社区居民的主动性和积极性，让社区居民感受到文化遗产存在的价值和意义，并充分行使其自治权利，变被动保护为自觉行动，这样体育非物质文化遗产可持续发展才能实现"体育传承—文化致富—社区繁荣"的三赢（见图1）。

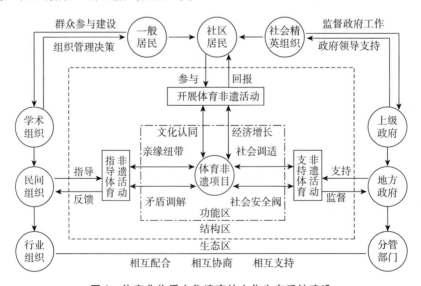

图1　体育非物质文化遗产的文化生态系统建设

参考文献

埃弥尔·涂尔干：《宗教生活的基本形式》，渠东、汲喆译，上海人民出版社，2006。

安然：《跨文化传播与适应研究》，中国社会科学出版社，2011。

白晋湘：《少数民族传统体育项目及其文化编目的价值与方法》，《体育学刊》2008 年第 9 期，第 97～100 页。

白晋湘：《少数民族聚居区传统体育非物质文化遗产保护的社会建构研究——以湘西大兴寨苗族抢狮习俗为例》，《体育科学》2012 年第 8 期，第 18～26 页。

布罗尼斯拉夫·马林诺夫斯基：《科学的文化理论》，黄剑波等译，中央民族大学出版社，1999。

布特：《和谐体育的哲学探索——现代体育的文化哲学批判与建构》，北京体育大学出版社，2011。

岑家梧：《岑家梧民族研究文集》，民族出版社，1992。

陈建宪：《神祇与英雄——中国古代神话的母题》，生活·读书·新知三联书店，1994。

陈江美：《鄂西生态文化旅游概论》，旅游教育出版社，2010。

陈勤建：《中国民俗学》，华东师范大学出版社，2007。

陈少坚、谢军、林晓英等：《闽台体育文化交流新思路及实证研究》，《北京体育大学学报》2006 年第 11 期，第 1457～1459 页。

陈小蓉：《我国体育非物质文化遗产的资源数据库建设》，《体育文化导刊》2013 年第 8 期，第 105～108 页。

陈序经：《文化学概观》，岳麓书社，2010。

陈雪飞：《跨文化交流论》，时事出版社，2010。

程斌：《原始宗教情结下的花腰傣民俗体育文化探析》，《体育文化导刊》2007年第8期，第69、93~94页。

崔乐泉：《论"原始体育形态"——体育考古学研究方法实证分析》，《体育与科学》2002年第4期，第4~6页。

大理州文化局：《大理风物志》，云南教育出版社，1986。

大卫·勒布雷东：《人类身体史和现代性》，王圆圆译，上海文艺出版社，2010。

戴康生、彭耀：《宗教社会学》，社会科学文献出版社，2007。

刁统菊、曲洪、刘爱昕：《我国民俗文化的现状分析》，《河北师范大学学报》（哲学社会科学版）2006年第5期，第131~139页。

丁世良等《中国地方志民俗资料汇编·西南卷》（上下），北京图书馆出版社，1997。

丁先琼、鲁平俊、聂啸虎：《"吹枪（箭）"的起源与发展研究》，《成都体育学院学报》2010年第3期，第34~37页。

侗学研究会编《侗学研究》，贵州民族出版社，1998。

段鼎周：《白子国探源》，云南民族出版社，1998。

段辉涛：《民俗体育"陀螺"的创新》，《体育学刊》2007年第2期，第69~71页。

段全伟、吕韶钧、雷军蓉等：《非物质文化遗产"白纸坊太狮"传承与保护》，《北京体育大学学报》2011年第9期，第38~40、47页。

厄内斯特·盖尔纳：《民族与民族主义》，韩红译，中央编译出版社，2002。

方盛良：《清代扬州徽商与东南地区文学艺术研究——以"扬州二马"为中心》，人民文学出版社，2008。

方协邦、李涛：《青海地区民族民俗体育文化与健身研究》，《体育文化导刊》2006年第1期，第92~94页。

冯萌：《民族传统节日中民俗民间体育的价值》，《中国体育科技》2006年第5期，第34~37页。

冯淑华：《传统村落文化生态空间演化论》，科学出版社，2011。

奉恒高主编《瑶族通史》，民族出版社，2007。

佛朗兹·博厄斯：《人类学与现代生活》，刘莎等译，华夏出版社，1999。

高丙中：《作为公共文化的非物质文化遗产》，《文艺研究》2008 年第 2 期，第 77~88 页。

高松山、云林森、张文普：《河洛文化中民间民俗体育的开发与利用》，《体育文化导刊》2007 年第 10 期，第 93~95 页。

葛米娜：《"活态"博物馆建设与民族地区非遗保护耦合研究》，《贵州民族研究》2014 年第 9 期，第 121~124 页。

谷臣章、谷忠诚：《桑植县民家人资料》，内部资料，桑植县印刷厂，1983。

顾海勇：《非物质文化遗产"殷巷石锁"的传承与保护》，《成都体育学院学报》2012 年第 7 期，第 60~62 页。

广西瑶族研究学会编《瑶族研究论文集》，广西民族出版社，1987。

贵州省玉屏侗族自治县委员会：《贵州玉屏县志》（清乾隆二十二年），贵州民族出版社，1995。

郭仁辉、董敏慧：《丝绸之路节令民俗体育文化初探》，《西安联合大学学报》1999 年第 2 期，第 49~52 页。

郭文庭：《民俗学视野中的我国民族传统体育文化》，《西安体育学院学报》2006 年第 1 期，第 55~57 页。

国家环境保护总局编著《全国生态现状调查与评估》（中南卷），中国环境科学出版社，2005。

国家体育总局体育文化发展中心：《体育非物质文化遗产保护与推广集萃》，科学出版社，2015。

国务院：《国务院关于进一步繁荣发展少数民族文化事业的若干意见》，http://www.hnmzst.gov.cn/V3/data/news/2009/09/956/，2009 年 9 月。

《过山榜》编辑组：《瑶族〈过山榜〉选编》，湖南人民出版社，1984。

韩斌、高文洁、詹全友：《中国共产党少数民族传统体育文化保护和利用研究》，湖北人民出版社，2014。

何光渝、何昕：《原初智慧的年轮：西南少数民族原始宗教信仰与神话的文化阐释》，贵州人民出版社，2010。

何星亮：《中国自然崇拜》，江苏人民出版社，2008。

贺学君：《民俗变异与民俗学者的立场》，《西北民族研究》2003年第3期，第117～121页。

洪荣标、郑冬梅：《海洋保护区生态补偿机制理论与实证研究》，海洋出版社，2010。

胡波：《生态场视阈下峨眉武术生存发展研究》，《成都体育学院学报》2012年第12期，第38～41页。

胡萍、蔡清万：《武陵地区非物质文化遗产及其文献集成》，民族出版社，2008。

胡小明、杨世如：《独木龙舟的文化解析——体育人类学的实证研究（二）》，《体育学刊》2010年第1期，第1～9页。

湖北省来凤县志编纂委：《来凤县志》，内部资料，湖北人民出版社，1999。

湖南省地方志编纂委员会：《武陵山片区年鉴》，湖南年鉴编辑部出版，1987。

湖南省会同县志编纂委员会编《会同县志》，生活·读书·新知三联书店，1994。

湖南省人民政府经济研究信息中心编《2007年武陵山片区经济展望》，湖南人民出版社，2007。

湖南省统计局：《2008年湖南省民族自治地方国民经济和社会发展统计公报》，2009年10月8日，http://www.mzb.com.cn/html/report/108069-1.htm。

湖南省志编纂委员会编《湖南省志——民族志》（第二十四卷），湖南人民出版社，1997。

华志、卢兵：《论我国体育类非物质文化遗产的现状及其保护》，《贵州民族研究》2010年第1期，第103～107页。

黄爱莲、潘冬南：《跨越文化的界限：民俗风情旅游问题及其解决》，旅游教育出版社，2011。

黄彩文：《仪式、信仰与村落生活——邦协布朗族的民间信仰研究》，民族出版社，2011。

黄聪、李妙：《我国民族体育文化遗产申遗研究》，《体育文化导刊》2014年第1期，第188～191页。

黄聪、周伟洲、张鲲：《论田野调查在民族传统体育研究中的应用》，《中国体育科技》2006 年第 3 期，第 57～60、110 页。

黄金钰：《中国民俗学研究八十年》，《甘肃社会科学》1999 年第 6 期，第
　　47～50 页。

黄亚南、孙守迁、孙晋海等：《体育文化遗产数字化保护研究与应用》，
　　《体育科学》2007 年第 3 期，第 12～16、67 页。

黄泽桂：《舞蹈与族群》，贵州人民出版社，1997。

黄振华：《中国农村研究的两条进路——"社会化小农"与"国家建构农
　　村"分析框架述评》，载邓正来主编《转型正义——中国社会科学论
　　丛》，复旦大学出版社，2011。

吉灿忠、韩东：《当代高校武术教育的突围与跨越》，《首都体育学院学报》
　　2014 年第 2 期，第 127～129、136 页。

吉首市人民政府编印《湖南省吉首市地名录》，内部资料，吉首市民族印
　　刷厂，1982。

吉首市志编委员会：《吉首市志》，湖南出版社，1996。

姜文华：《民俗变异与社会发展的互动作用》，《文史哲》1998 年第 1 期，
　　第 101～104 页。

蒋永峰：《少数民族地区发展重点是发挥资源优势》，2017 年 12 月 7 日，ht-
　　tp：//www. jjbhn. com/sfsx/200712/t20071207_90356. htm。

金露：《生态博物馆理念、功能转向及中国实践》，《贵州社会科学》2014
　　年第 6 期，第 46～51 页。

金秋：《中国区域性少数民族民俗舞蹈》，民族出版社，2009。

瞿明安：《现代民族学》（下），云南人民出版社，2009。

柯玲、邵荣：《中国民俗体育学探略》，《北京体育大学学报》2008 年第 6
　　期，第 760～762 页。

克利福德·吉尔兹：《地方性知识：阐释人类学论文集》，王海龙、张家宣
　　译，中央编译出版社，2000。

拉德克利夫·布朗：《原始社会的结构与功能》，潘蛟等译，中央民族大学
　　出版社，1999。

郎维伟：《四川苗族社会与文化》，四川民族出版社，1997。

郎勇春、李刚、李伟艳：《对城镇化进程中我国民俗体育演进的思考》，

《北京体育大学学报》2008 年第 2 期，第 165～167 页。

（清）李调元：《南越笔记》，商务印书馆，1936。

李本亮、万黄婷：《全球化视野下民俗的意义与价值》，《江西社会科学》2004 年第 12 期，第 15～19 页。

李彪：《舆情：山雨欲来——网络热点事件传播的空间结构和时间结构》，人民日报出版社，2011。

李长亮：《西部地区生态补偿机制构建研究》，中国社会科学出版社，2013。

李达伟、简波、齐莹：《轩辕车会的文化生态变迁和价值开发——安徽仙源镇和甘棠镇的田野调查报告》，《沈阳体育学院学报》2010 年第 6 期，第 130～133 页。

李红梅、郭泉：《对民俗体育的审视》，《体育成人教育学刊》2007 年第 1 期，第 21～22 页。

李娟、乔佳、张宗伟等：《基于旅游的传统体育遗产保护与开发研究》，《武汉体育学院学报》2011 年第 5 期，第 54～57 页。

李昆声：《云南文物古迹》，云南人民出版社，1984。

李强：《少数民族村寨旅游的社区自主和民族文化保护与发展——以云南泸沽湖与青海小庄村为例》，《贵州民族研究》2010 年第 2 期，第 106～112 页。

李伟：《土家族摆手舞的文化生态与文化传承》，《中南民族大学学报》（人文社会科学版）2007 年第 1 期，第 143～146 页。

李文管：《社会实存与社会科学——马克思主义指导下的社会及社会科学思考》，中国社会科学出版社，2011。

李延超、饶远：《傣族传统体育的水文化特征探源》，《体育文化导刊》2006 年第 9 期，第 90～91 页。

李延超、饶远：《人文地理视野中的傣族体育成因探析》，《云南师范大学学报》（哲学社会科学）2006 年第 4 期，第 5～9 页。

李延文：《浅谈全球化冲击下的中华民族精神文化》，《江汉石油职工大学学报》2005 年第 1 期，第 6～9 页。

李艳茹、汪普健、张黎：《我国民俗体育文化及其资源的开发研究》，《体育文化导刊》2007 年第 7 期，第 88～91 页。

厉震林：《论原始戏剧和前卫戏剧》，文化艺术出版社，2010。

练铭志、马建钊、李筱文：《排瑶历史文化》，广东人民出版社，1992。

廖国强、何明、袁国友：《中国少数民族生态文化研究》，云南人民出版社，2006。

廖炯然：《瑶民概况》，中华书局，1948。

廖君湘：《侗族传统社会过程与社会生活》，民族出版社，2005。

林小美、林天孩：《"掼牛"运动文化生态要素分析与结构模型建构》，《北京体育大学学报》2015年第8期，第36~41页。

林耀华：《民族学通论》，中央民族大学出版社，2007。

刘墨：《独为神州惜大儒——现代国学思潮与人物》，团结出版社，2010。

刘少英、李祥：《羌族萨朗舞的演变》，《体育文化导刊》2014年第2期，第167~169、189页。

刘少英、李祥、张璐：《基诺族大鼓舞的起源与变迁》，《体育文化导刊》2013年第2期，第123~125页。

刘世风：《索玛花的叙事——四川凉山彝族女性研究》，九州出版社，2010。

刘万武、姚重军：《体育民俗之探讨》，《西北民族学院学报》（哲学社会科学版）1999年第3期，第123~126页。

刘洋：《体育非物质文化遗产保护的路径研究——以"达瓦孜"为个案》，博士学位论文，北京体育大学，2015。

刘跃军、杨明珠：《中国传统龙舟文化遗产保护现状审视与考辨》，《成都体育学院学报》2010年第5期，第43~47页。

刘宗发、冉汇真：《武陵山区土家族、苗族村落现代化与文化变异调查研究》，《西南民族学院学报》（哲学社会科学版）2003年第5期，第53~56页。

龙佩林、舒颜开、鲁林波：《我国传统体育文化遗产保护的模式及主体博弈模型》，《南京体育学院学报》（社会科学版）2014年第4期，第22~26页。

龙生庭、石维海、龙兴武等：《中国苗族民间制度文化》，湖南人民出版社，2004。

隆名骥：《苗学探微》，民族出版社，2005。

卢塞军、代刚：《贵州苗族独木龙舟非物质文化遗产景象追踪研究》，《武汉体育学院学报》2011 年第 6 期，第 70～75 页。

鲁平俊、丁先琼、白晋湘：《民族传统体育非物质文化遗产濒危状态评价的实证研究》，《体育科学》2014 年第 11 期，第 16～26 页。

陆群：《"毛古斯"戏剧表现形态历史衍变的人类学考察》，《吉首大学学报》（社会科学版）2009 年第 1 期，第 50～53 页。

陆益龙：《定性社会研究方法》，商务印书馆，2011。

吕炳斌、王小维：《体育非物质文化遗产数字化保护的法律问题研究》，《体育科学》2013 年第 3 期，第 57～61 页。

罗剑：《论现代化进程对民族传统文化的影响——织金县茶店乡红艳村布依族传统文化调查》，《贵州社会科学》2007 年第 12 期，第 165～168 页。

罗康隆：《文化适应与文化制衡：基于人类文化生态的思考》，民族出版社，2007。

马翀炜、陆群：《土家族——湖南永顺县双凤村调查》，云南大学出版社，2004。

马冬雪、江芸、朱明勇：《基于 GIS 的中国体育非物质文化遗产空间分布研究》，《体育科学》2015 年第 6 期，第 19～24 页。

马克斯·韦伯：《经济与社会》（上卷），林荣远译，商务印书馆，1997。

马连鹏、马爱军：《民俗体育文化的开发与发展》，《陕西师范大学学报》（自然科学版）2006 年第 S2 期，第 224～226 页。

马戎编著《民族社会学——社会学的族群关系研究》，北京大学出版社，2004。

毛少莹：《中国文化政策 30 年——三大阶段与未来重点》，国家公共文化网，2010 年 12 月 3 日，http://www.cpcss.org/_d271157125.htm。

孟林盛、李建英：《民间体育非物质文化遗产的法律保护研究——以山西忻州挠羊赛为视角》，《体育与科学》2012 年第 2 期，第 75～79 页。

米歇尔·福柯：《福柯集》，杜小真译，上海远东出版社，2003。

默顿：《社会理论和社会结构》，唐少杰、齐心译，译林出版社，2006。

南宁市地方志编纂委员会编《南宁市志》（文化卷），广西人民出版社，1998。

聂华林、李莹华：《中国西部农村文化建设概论》，中国社会科学出版社，2007。

牛爱军、虞定海：《非物质文化遗产保护视野下的传统武术传承制度研究》，《体育文化导刊》2007年第4期，第20～22页。

彭兆荣：《人类学仪式的理论与实践》，民族出版社，2007。

皮埃尔·布迪厄、克洛德·帕斯隆：《再生产——一种教育系统理论的要点》，邢克超译，商务印书馆，2002。

乔纳森·特纳：《社会学理论的结构》，邱泽奇译，华夏出版社，2001。

乔世明：《少数民族地区生态环境法制建设研究》，中央民族大学出版社，2009。

饶远：《民俗中的体育与体育中的民俗——以云南彝族传统体育文化研究为例》，《体育文化导刊》2005年第1期，第78～80页。

饶远、张云钢、徐红卫：《论中国少数民族体育政策的特征与启示》，《体育科学》2007年第10期，第56～60页。

任福君、翟杰全：《科技传播与普及概论》，中国科学技术出版社，2012。

任远金：《农村现代体育和民俗体育的冲突与融合》，《军事体育进修学院学报》2008年第1期，第23～26、39页。

《桑植县2008年国民经济和社会发展统计公报》，湖南统计信息网，2009年4月8日，http://www.hntj.gov.cn/tjgb/xqgb/zjjgb/200904080045.htm。

桑植县地方志编纂委员会：《桑植县志》，海天出版社，2000。

桑植县人民政府编《湖南省桑植县地名县》，桑植县印刷厂，1983。

《生态影响评价》，国家环境保护总局环境工程评估中心译，中国环境科学出版社，2006。

盛琦：《中外体育民俗文化》，北京体育大学出版社，2011。

石朝江：《中国苗学》，贵州人民出版社，1999。

石启贵：《湘西苗族实地调查报告》，湖南人民出版社，2008。

石裕祖：《云南民族舞蹈史》，云南大学出版社，2006。

斯蒂文·贝斯特、道格拉斯·凯尔纳：《后现代理论批判性质疑》，张志斌译，中央编译出版社，2001。

宋天华、罗萍：《非物质文化遗产视野下峨眉武术产业发展的困境与出路》，《成都体育学院学报》2011 年第 2 期，第 63～66 页。

孙锐：《冲突与调适——国家在刑事诉讼中的角色分析》，中国检察出版
  社，2012。

孙英春：《跨文化传播学导论》，北京大学出版社，2008。

塔尔科特·帕森斯：《社会行动的结构》，张明德、夏遇南、彭刚译，译林
  出版社，2003。

覃东平、吴一文：《蝴蝶妈妈的祭仪——苗族鼓社文化研究》，贵州人民出
  版社，2006。

谭志丽、饶远、刘定一等：《外来迁徙民族传统体育传承、演进与发展的
  成因探析——以云南省通海县兴蒙乡村落调查为例》，《体育科学》
  2007 年第 4 期，第 72～75 页。

汤立许、蔡仲林、秦明珠：《蔡李佛拳非物质文化遗产的内涵及传承》，
  《体育学刊》2011 年第 5 期，第 114～118 页。

唐纳德·L. 哈迪斯蒂：《生态人类学》，郭凡、邹和译，文物出版社，2002。

田秀芳：《简读中国文化》，黄山书社，2009。

通道侗族自治县概况编写组：《通道侗族自治县概况》，民族出版社，2008。

涂传飞、余万予、钞群英：《对民俗体育特征的研究》，《武汉体育学院学
  报》2005 年第 11 期，第 6～9 页。

万义：《村落少数民族传统体育发展的文化生态学研究——"土家族第一
  村"双凤村的田野调查报告》，《体育科学》2011 年第 9 期，第 41～
  50 页。

万义：《村落社会结构变迁中传统体育的非物质文化遗产保护——以弥勒
  县可邑村彝族阿细跳月为例》，《体育科学》2011 年第 2 期，第 12～
  18、35 页。

万义：《侗族"舞春牛"文化生态的变迁——通道侗族自治县菁芜洲镇的
  田野调查》，《体育学刊》2010 年第 12 期，第 92～95 页。

万义：《我国民族传统体育志的历史发展研究》，《上海体育学院学报》2011
  年第 6 期，第 61～65、83 页。

万义、白晋湘：《中国传统体育的文化悖谬与重建》，《成都体育学院学报》
  2008 年第 6 期，第 1～4 页。

万义、胡建文、白晋湘：《苗族鼓舞文化生态变迁的人类学研究——湘西德
　　夯的田野调查报告》，《西安体育学院学报》2010 年第 6 期，第 695～
　　699 页。

万义、王健、龙佩林等：《村落族群关系变迁中传统体育社会功能的衍生
　　研究——兰溪古寨勾蓝瑶族长鼓舞的田野调查报告》，《北京体育大学
　　学报》2014 年第 3 期，第 33～40、106 页。

万义、王健、龙佩林等：《少数民族原始宗教与身体运动文化形成的文化
　　生态学分析——东巴跳与达巴跳的田野调查报告》，《体育科学》2014
　　年第 3 期，第 54～61 页。

汪雄、聂锐新、李延超等：《族群记忆与文化认同：花腰彝"女子舞龙"
　　文化生态变迁的人类学考察——基于滇南石屏县慕善村的田野调查》，
　　《武汉体育学院学报》2014 年第 12 期，第 47～54、92 页。

王安白：《少数民族文化的两难境地：以武陵山区傩文化为例》，《西南民
　　族学院学报》（哲学社会科学版）2003 年第 1 期，第 43～46 页。

王岗、吴志强：《民间传统武术保护中国家与传承人的双向责任》，《天津
　　体育学院学报》2010 年第 3 期，第 53～55 页。

王国祥：《民族文化生态村：当代中国应用人类学的开拓（探索实践之
　　路）》，云南大学出版社，2008。

王京龙：《齐地民俗对早期体育活动蕴生的影响因子》，《山东体育学院学
　　报》2008 年第 3 期，第 42～44 页。

王俊奇：《赣皖边区村落民俗体育研究》，《北京体育大学学报》2006 年第
　　11 期，第 1480～1481、1484 页。

王俊奇、刘国华：《论江西民俗体育文化的特点及其现代发展》，《山东体
　　育学院学报》2004 年第 2 期，第 31～33 页。

王培、刘延兵、李瑜：《百年中国奥运之路》，华文出版社，2008。

王思斌：《社会学教程》（第三版），北京大学出版社，2010。

王晓红、李金龙、孟云萍：《全球化视野下中国体育的发展》，《体育文化
　　导刊》2007 年第 11 期，第 37～39 页。

王卓：《公益诉讼：传统体育非物质文化遗产法律保护的新思路》，《上海
　　体育学院学报》2013 年第 4 期，第 20～25 页。

维克多·特纳:《戏剧、场景及隐喻:人类社会的象征性行为》,刘珩、石毅译,民族出版社,2007。

巫允明:《中国原生态舞蹈文化》,上海音乐出版社,2010。

吴明深:《论体育生态系统的可持续发展》,《体育学刊》2004 年第 3 期,第 22~24 页。

吴晓蓉:《外推与内生——西南民族地区经济生产方式转型与社会文化变迁》,广西师范大学出版社,2010。

吴永章:《瑶族史》,四川民族出版社,1993。

吴增基等:《现代社会学》(第三版),上海人民出版社,2005。

吴兆祥:《体育百科大全:科学研究》,安徽人民出版社,2010。

武陵谷姓白族志编纂委员会:《武陵谷姓白族志》,桑植帅乡彩印厂,2001。

武文:《中国民俗学古典文献辑论》,民族出版社,2006。

夏成前:《农村体育非物质文化遗产的困境及其救赎——以盐城地区义丰龙舞及楼王莲湘为个案》,《体育与科学》2011 年第 5 期,第 60~63 页。

咸春林:《民俗文化的经济新思维——以经济学视角解读新形势下中国民俗文化之价值取向》,《西北民族研究》2004 年第 2 期,第 150、206~210 页。

谢雪峰:《体育生态的迁移与潜移规律及其实证》,《武汉体育学院学报》2005 年第 12 期,第 1~3、16 页。

谢雪峰:《体育生态研究的哲学前提》,《北京体育大学学报》2005 年第 12 期,第 1585~1588 页。

谢雪峰、曹秀玲:《体育生态的敏感因素与体育系统的良性循环》,《体育科学》2005 年第 12 期,第 84~86、91 页。

谢雪峰、曹秀玲:《我国体育生态研究现状与思考》,《上海体育学院学报》2006 年第 1 期,第 1~5 页。

新晃侗族自治县志编纂委员会:《新晃县志》,生活·读书·新知三联书店,1993。

信春鹰主编、董薇副主编《中华人民共和国非物质文化遗产法解读》,中国法制出版社,2011。

许连军、李云安：《全球化背景下都市民俗研究对象变迁论》，《湖南文理学院学报》（社会科学版）2006 年第 3 期，第 92～95 页。

薛林平：《西湾古村》，中国建筑工业出版社，2012。

严强、魏姝：《政治学研究方法》，江苏教育出版社，2007。

杨昌才：《中国苗族民俗》，贵州人民出版社，1990 。

杨昌鑫：《土家族风俗志》，中央民族大学出版社，1989。

杨海晨、沈柳红、赵芳、周少军：《民族传统体育的变迁与传承研究——以广西南丹那地村板鞋运动为个案》，《体育科学》2010 年第 12 期，第 36～43、77 页。

杨红英：《西部边疆建设的理论与实践研究》，科学出版社，2011。

杨文安：《祭龙与少数民族传统文化研究》，《北京大学学报》（哲学社会科学版）2001 年第 S1 期，第 229～233 页。

叶涛：《中国民俗》，中国社会出版社，2006。

尹碧昌、彭鹏、郑锋：《文化政策视野下中国武术文化发展研究》，《中国体育科技》2010 年第 1 期，第 106～112 页。

尹国昌、涂传飞、钞群英：《当前我国民俗体育文化发展存在的问题及其对策》，《南昌大学学报》（人文社会科学版）2007 年第 5 期，第 139～142、155 页。

游俊、李汉林：《湖南少数民族史》，民族出版社，2001。

于晨：《2007 年上海市体育社会科学研究成果报告》，上海大学出版社，2008。

于浩：《中国"重装保护"民族优秀传统文化》，《中国人大》2011 年第 5 期，第 53～54 页。

（清）俞克振等纂《晃州厅志》，成文出版社，1970。

沅陵县地方志编纂委员会：《沅陵县志》（点校本），湖南娄底湘中地质印刷厂，1998。

袁海强、卢玉、方新普：《非物质文化遗产与体育旅游融合的现状分析及对策——以安徽省为例》，《成都体育学院学报》2015 年第 3 期，第 60～63 页。

岳品荣：《景颇族目瑙纵歌历史文化》，德宏民族出版社，2009。

臧留鸿、张志新：《维吾尔族传统体育项目达瓦孜的传承与变迁》，《体育学刊》2010年第1期，第88~91页。

曾繁仁：《生态美学：后现代语境下崭新的生态存在论美学观》，《陕西师范大学学报》（哲学社会科学版）2002年第3期，第5~16页。

曾小娥、肖谋文：《我国民族传统体育非物质文化遗产的法律保护——以知识产权保护为视角》，《体育与科学》2013年第5期，第85~88页。

曾舟记：《心迹原生态》，武汉出版社，2008。

詹姆斯·W.凯瑞：《作为文化的传播》，丁未译，华夏出版社，2005。

张宝强：《中国古代击壤文化初论》，《成都体育学院学报》2013年第3期，第59~64页。

张春燕：《我国民族传统体育非物质文化遗产法律保护现状与路径》，《武汉体育学院学报》2011年第10期，第16~19页。

张国栋、刘坚、李运等：《我国民俗体育发展现状及对策研究》，《西安体育学院学报》2008年第1期，第4~7页。

张健：　《电子文件信息安全管理研究》，世界图书出版上海有限公司，2012。

张景华：《中国文化概要》，北京师范大学出版社，2009。

张丽剑：《湖南桑植散杂居白族研究现状及存在的问题》，《中南民族大学学报》（人文社会科学版）2008年第2期，第42~45页。

张文勋：《白族文学史》（修订本），云南人民出版社，1983。

张晓欣、陶战波、王金宝：《我国岁时节日中的民俗民间体育活动》，《北京体育大学学报》2004年第11期，第1581~1583页。

赵廷光：《瑶族祖先崇拜与瑶族文化》，中央民族大学出版社，2002。

郑国华、何元春：《我国民族传统体育沉浸的影响模型》，《体育科学》2011年第10期，第50~60页。

中共湘西土家族苗族自治州委政策研究室编《湘西自治州经济社会发展战略研究》，中共湘西土家族苗族自治州委政策研究室，1986。

中国21世纪议程管理中心：《生态补偿原理与应用》，社会科学文献出版社，2009。

中华人民共和国国家旅游局编《中国旅游业发展"十五"计划和2015年、2020年远景目标纲要》，中国旅游出版社，2001。

中华人民共和国文化部：《关于申报第一批国家级非物质文化遗产代表作的通知》，2005 年 6 月 30 日，http://www. ihchina. cn。

中华人民共和国文化部、财政部：《关于实施中国民族民间文化保护工程的通知》，2004 年 4 月 8 日，http://www. ihchina. cn。

中华人民共和国文化部办公厅：《关于开展非物质文化遗产普查工作的通知》，2005 年 6 月 9 日，http://www. ihchina. cn。

中华人民共和国文化部办公厅：《文化部关于加强国家级文化生态保护区建设的指导意见》，浙江省非物质文化遗产网，http://www. zjfeiyi. cn/xiazai/detail/4 - 98. html，2010 年 2 月 10 日。

中华人民共和国主席令：《中华人民共和国非物质文化遗产法》，中国非物质文化遗产网·中国非物质文化遗产数字博物馆，http://www. ihchina. cn，2011 年 2 月 25 日。

周大鸣、秦红增：《参与式社会评估：在倾听中求得决策》，中山大学出版社，2005。

周宗麟：《大理县志稿》，张培爵修、周宗麟纂，成文出版社，1974。

庄孔韶：《人类学概论》，中国人民大学出版社，2006。

A. J. 维尔：《休闲与旅游研究方法》，聂小荣、丁丽军译，中国人民大学出版社，2008。

图书在版编目（CIP）数据

体育非物质文化遗产的反思与重建：武陵山实践 /
万义著. -- 北京：社会科学文献出版社，2020.7
ISBN 978 - 7 - 5201 - 6536 - 5

Ⅰ.①体…　Ⅱ.①万…　Ⅲ.①体育文化 – 非物质文化
遗产 – 研究 – 贵州　Ⅳ.①G812.773

中国版本图书馆 CIP 数据核字（2020）第 061667 号

体育非物质文化遗产的反思与重建
———武陵山实践

著　　者 / 万　义

出 版 人 / 谢寿光
责任编辑 / 胡庆英
文稿编辑 / 许文文

出　　版 / 社会科学文献出版社·群学出版分社（010）59366453
　　　　　地址：北京市北三环中路甲 29 号院华龙大厦　邮编：100029
　　　　　网址：www.ssap.com.cn
发　　行 / 市场营销中心（010）59367081　59367083
印　　装 / 三河市尚艺印装有限公司

规　　格 / 开　本：787mm × 1092mm　1/16
　　　　　印　张：15.5　字　数：247 千字
版　　次 / 2020 年 7 月第 1 版　2020 年 7 月第 1 次印刷
书　　号 / ISBN 978 - 7 - 5201 - 6536 - 5
定　　价 / 128.00 元

本书如有印装质量问题，请与读者服务中心（010 - 59367028）联系